汇集思想与实践的丛林

许蓓 / 著

黑龙江教育出版社

图书在版编目（ＣＩＰ）数据

汇集思想与实践的丛林 / 许蓓著. -- 哈尔滨 ： 黑龙江教育出版社，2021.1
ISBN 978-7-5709-2104-1

Ⅰ．①汇… Ⅱ．①许… Ⅲ．①小学语文课－教学研究 Ⅳ．①G623.202

中国版本图书馆CIP数据核字(2021)第029601号

汇集思想与实践的丛林

HUI JI SI XIANG YU SHI JIAN DE CONG LIN

许蓓 著

责任编辑	徐永进	
封面设计	乔　阳	
责任校对	程　佳	
出版发行	黑龙江教育出版社	
	（哈尔滨市道里区群力第六大道1313号）	
印　　刷	哈尔滨圣铂印刷有限公司	
开　　本	787毫米×1092毫米　1/16	
印　　张	18.75	
字　　数	260千字	
版　　次	2021年4月第1版	
印　　次	2021年4月第1次印刷	

书　　号 ISBN 978-7-5709-2104-1　　　**定　价** 50.00元

黑龙江教育出版社网址：www.hljep.com.cn
如需订购图书，请与我社发行中心联系。联系电话：0451-82533097　82534665
如有印装质量问题，影响阅读，请与我公司联系调换。联系电话：0451-82569074
如发现盗版图书，请向我社举报。举报电话：0451-82533087

教学大赛、讲座

参加全国第十七届小学优质课大赛执教习作课《这件事感动了我》获得优秀示范课

参加全国第十六届小学优质课大赛执教阅读课《窃读记》获一等奖

在教育部规划课题结题会上执教观摩课
《美丽的小兴安岭》

《愚公移山》一课获省德育渗透优质课
大赛一等奖

《蟋蟀的住宅》一课获全国第三届小学语文教师课堂教学多种风格展示会二等奖

在省小学语文教材辅导中执教口语交际课《我爱我家》

在省小学语文学科教师培训会上进行讲座

在《黑龙江教育》组织"同课异构"进校园活动中进行教学展示

在省汉语拼音和识字教学研讨会作《识字写字的教学策略》经验交流

获市"杏坛杯"教学大赛特等奖

市第三届小学语文教师素养大赛获特等奖

素养大赛中进行才艺展示

市"探索杯"教学大赛中进行反思

市小学语文教研论坛上执教研讨课
《谁敢试一试》

市小学教研论坛非阅读教学课执教
习作研讨课《第一次 _____》

在市小学语文教研论坛中执教研讨课
《桃花心木》

参加"国培计划（2020）"-内蒙古自治区巴彦淖尔市临河区青年教师助力项目送教下乡培训活动

在市青年教师课堂教学及专业技能展示
道里综合场进行评课

成为市语文学科工作室成员

市、区教研员多次指导许蓓老师备课

我和我的语文团队

市、区语文教研员参加学校语文团队主题研修汇报

带领学校语文团队夺得区优秀学科组

带领语文团队在市现场会进行汇报

带领团队进行写字教学主题研修汇报

助力团队教师成长

第一届毕业生

运动场上我们是最棒的

儿童节送礼物

我们打雪仗

我们一起徒步

体验节日文化

带领孩子参加社会实践活动

参加社会实践活动

家长的感谢

序

教师的专业成长之路

　　成为一名卓越的教师是每一个教育工作者的追求，从青涩的毕业生成为一名合格的教师，再逐渐成长为骨干教师，再升华为名优教师甚至名师，这是一段马拉松式的成长历程，也是我们群力实验小学校许蓓老师的专业成长之路。她的成长离不开名师引领，离不开团队的共生，离不开她个人直面挑战、不断超越的韧劲。

一、名师引领教育追求与学科素养

　　学校的发展离不开教师，教师的成长离不开名师。名师的课堂异彩纷呈，却都富有非常明显的个人教学风格，彰显着自己独特的教育思想与智慧，所以名师的课堂会深深地影响着一批批青年教师。许蓓老师初登讲台，就有幸得到我省语文特级教师——刘克校长手把手地指导点拨。刘校长重学、务实、创新的教学风格，"以语言训练为基础，以发展学生的认识和思维为重点"的教学设计理念，潜移默化地影响着许蓓老师。所以二十多年后的她，也努力"追求简约灵动的语文课堂"。许蓓老师成长的路上得到过许多名师的专业的引领，省、市、区各级教研员一次次有计划、有梯度的指导，助力了她专业素养的全面提升。特别是她的导师区语文教研员杨广荣老师陪她一路走来，成功时给予她鞭策，失败时给予她鼓励，共同体验淬火的历练！

二、团队共生质疑精神与教育创新

当一株植物单独生长时，显得矮小、单调，而与众多同类植物一起生长时，则根深叶茂，生机盎然。人们把植物界中这种相互影响、相互促进的现象，称之为"共生效应"。人与人之间也存在"共生效应"。一个人做事，难免会遇到智穷力竭、颓废丧气的时候。而一个团队一起做事，不仅能创造出积极的氛围，也会因为竞争，孕育出更大的活力；同时大家一边竞争，一边抱团，相互帮助，相互成就。许蓓老师成长在经纬这个名师的摇篮，更有幸成长在省优秀学年组中。我们在同一个学年共事十余载，从使用人教版教材到作为第一批尝试北师大版教材的学年，再到使用教科版教材，她从学年的一名普通教师，成长到一名学年组长。

许蓓老师的日趋成熟，离不开在市教研员于志强老师带领的语文工作室中的磨砺。她与来自哈尔滨市不同区域的九位名优骨干教师共同学习、在共同研修，严谨、自由和争鸣的团队氛围中提升着探究与创新精神，在思维碰撞中获得智慧的共生！许蓓老师的日趋成熟离不开在区语文工作坊的历练，在导师的带领下，从教科版教材到统编教材，她们深入梳理着各板块知识间横向和纵向的联系，为整体把握教材知识体系奠定基础。

许蓓老师的日趋成熟体现在作为与群力实验小学共成长的第一批教师，七年间她带领学校语文团队共同经历了初建期的兴奋紧张，磨合期的相互适应，到如今稳定期的勠力同心。她们相互扶持，虚心地走好每一步，在一次次跋涉中享受着磨砺、蜕变、超越、成长的喜悦！

三、个人学习反思总结与不断超越

美国心理学家波斯纳说过，"成长 = 经验 + 反思"。一次的成功有偶然的因素，如果想不断成功，那就需要教师个人不断地学习实践、反思总结、调整完善、再次实践。所以许蓓老师的成长也离不开个人的不断学习、实践、反思、完善、再实践，这样一个不断循环发展的历程。这条路上一定是布满荆棘，但想要成为一名优秀教师就要无畏风雨，在一次次直面新层级的挑战中不断超越自己，在一次次超越中成熟起来。

"一花一世界，一人一精彩，一师一特色。"教学的成功取决于每个细节的成败，更取决于教师的教育思想。教师的思想成长需要一点一滴的积淀，更需要自身对教育的责任心与使命感！希望我们的许蓓老师怀揣教育初心，在教育的长河中一路寻梦，一路前行，不问平坦崎岖，只向青草更青处漫溯……

校长：

哈尔滨市群力实验小学校

序

我的教育观点

◆ 追求简约灵动的语文课堂 ◆

初登讲台的我追寻着行云流水，环环相扣的最美语文课堂，几年的学习经历中我开始懂得去探究环环相扣的课堂背后所折射的教育智慧，但那个阶段的自己更多关注的是教师"如何教"。2010 年开始我对最美语文课有了新的认识，渐渐感觉美好的语文课堂应该是让孩子在体验中习得语文能力，在运用中获得拔节的快乐，那时的自己开始思考教师一节课到底要"教什么"的问题。直到 2015 年第二次参加全国教学大赛执教习作课，我对最美语文课堂的认知又悄然发生了改变。在读了周一贯老先生的文章后，我意识到比"教什么""怎么教"更重要的，应当是"为什么教"。因为语文教学归根到底是要适合学生的需求，有益于学生的发展成长，所以我们要为学生思维的发展而教。

从怎么教→教什么→为什么教，我心目中最美语文课堂的样子逐渐清晰起来，我所追求的正是"简约灵动的语文课堂"，即：教师教学简约，学生思维灵动。

找准了问题的核心，确定了两个着力的点，不断摸索、总结出可以遵循的四个原则及运用的六个策略，几年来我努力实践完善着自己的教学观点。

一个核心：发展学生思维能力，提升学生语文素养

两个着力点：着力课堂的简约实效

　　　　　　着力学生的真实需求

四个原则：明确教学的终结目标　找准学生的起点能力

　　　　　　体验经历中习得能力　实践运用中发展思维

实施策略：

①精准定位简约的教学目标

②精密设计简单的教学板块

③精心预设简洁的关键问题

④捕捉教学生成发展思维的独特性

⑤提升理解能力发展思维的深刻性

⑥利用认知冲突发展思维的批判性

一、追求语文教学的简约

　　陶行知先生早就提出过："凡做一事，要用最简单、最省力、最省钱、最省时的法子，去收最大的效果。"从这个意义上讲，我们的语文课堂教学也应该是简约有效的。这里的"简约"不是简单意义上的做减法，是力求返璞归真，摒弃一切浮华作秀，简简单单教语文，本本分分为学生，实实在在促发展，这才是教育的真谛。

　　所以在教学实践中我力求把课上得简单一点、实在一点、深刻一点。我努力寻找着教师教学与学生需要的完美对接，力求在课堂里，给孩子更多的时间，更大的空间去彰显自己的个性，真正把语文课上得实中有活、活中求实，使课堂教学充满灵动与和谐。怎样能让我们的教学简约而富有实效呢？

（一）精准定位简约的教学目标

　　语文教学最忌浮光掠影、蜻蜓点水般地"眉毛胡子一把抓"，什么都教，

什么都没教透彻。记得一位特级教师曾说过："课堂的灵魂是目标，灵魂只有一个，所以我们要聚焦教学目标。一节目标过多的课，就如同许多幽灵在游荡，最为可怕。"由此可见教师备课时不能什么都想给予学生，因为学生的成长不是一蹴而就。我们要根据学生的年龄特点，以及教材所处的年段、单元所承担的任务来精准定位简约的教学目标。

1. 树立单元整体备课的意识

我们制定一节课的课时目标要依据《语文课程标准》的年段目标、单元目标，本课在单元中所处的位置来确定。特别是统编语文教材采取双线并行的方式编排单元内容，每个单元同时包含着人文主题和语文要素两方面。语文要素包含着"学什么"和"怎么学"两方面。我觉得《语文课程标准》定位了教学的终点，它决定这节课我到底要提升学生什么语文能力；单元语文要素就是通过什么媒介、什么途径培养这方面的语文能力；单元内每篇课文的学习目标，都属于单元整体目标任务下的一个部分，在能力提升中承载着过程性任务。

例如六年级上册第二单元的语文要素是"了解文章是怎样点面结合写场面的"、"尝试运用点面结合的写法记一次活动"。《课程标准》中指出，六年级阅读目标之一是"在阅读中了解文章的表达顺序，体会作者的思想感情，初步领悟文章的基本表达方法。"说明这一个年段学生要通过语文学习最终实现学会有序表达，在体会作者情感过程中学会各种表达及写作的方法。而依据第二单元的语文要素，我们确定在实现最终目标过程中，这个单元重点学习点面结合的写作方法。结合每一课在单元中所处的位置及课后练习，我们就可以聚焦每一课的教学目标。第五课《七律·长征》运用抓关键词句想象画面的方法，体会诗句的意思及表达的情感，初步感受作者点面结合写场面的方法。第六课《狼牙山五壮士》学习课文既关注群体又聚焦个体的这种点面结合的写法。第七课《开国大典》聚焦"阅兵式"这个场面中点面结合的描写方法，不仅让人感受到整个阅兵式的庄严、隆重，还领略到各个队伍的特色。第八课《灯光》一课学习作者把情感蕴含在场景和对人物的细节描写处。本单元习作《多彩的活动》，是在学生原有把活动过程写清楚的基础上，尝试运用在阅读课中学到的点面结合写场面的方法，来写自己印象最深刻的部分。在关注整个场景的同时，也要关注个体的表现，写一写他们的神态、动作和语言。还要写出活动中的体会。

统编语文教材以双线并行的方式组织单元，使单元形成一个相对独立的整体，这样的结构特点为单元整体备课提供了方便。比如刚刚我们列举的六年上第二单元，围绕着"学习作者表达情感过程中采用的点面结合的写作方法"这条主线，从初步学习感知→学习人物描写中的点面结合→学习场景中的点面结合→学习把情感蕴含在场景和对人物的细节描写处→学以致用习作练习，有了单元整体意识，我们对单元教学的目标的落实就有了明确而又清晰的整体认识，对单元中每一课教学目标定位时，也能关注知识间的相互联系，定位更为精准。

2. 找准学生学习的起点能力

学生的起点能力是指学生在接受新的学习任务之前，原有知识能力是什么，也就是说学生为达到今天的新能力，必须具备的最基本的知识能力。就好比孩子要想正确流利地朗读课文，就必须先要认识课文中这些字一样，如果基础能力不具备，则无法进入达成新目标的学习。

例如在定位一年级下册《端午粽》一课的朗读目标时，我们应该明确本课是第四单第二课，单元语文要素是指导学生读好长句子。学生在一年级上册时能读好逗号和句号的停顿，而在本单元第一课《夜色》这首儿童诗中出现了比较明显的长句子，但依据单元教学要求，课堂中老师只是初步引导学生感知长句子的停顿，读通、读懂即可，而在本课教学中教师要对长句子的朗读方法作重要指导。说明在学习本课之前学生的起点能力是能读好逗号、句号的停顿，已经在前一课尝试读通顺长句子，这一课是学生从初步感知过渡到学习朗读方法的重要阶段。

我们只有树立单元整体备课的意识、只有真正读懂学生的需要，才能把语文教学的阶段目标、本单元目标、课时目标完美结合起来；才可能从文本所呈现的众多知识中提炼出那些对学生真正有用的"核心知识"，提炼出符合学生年龄特点的简约充实的教学目标，真正做到"任你弱水三千，我只取一瓢饮"，真正落实一课一得的教育理念。

（二）精密设计简单的教学板块

"板块式教学"是全国著名语文特级教师余映潮所提出的一个语文教学理论：即在一节课或一篇课文的教学中，从不同角度有序地安排几次呈"块"状分布的教学内容或教学活动。"板块式"教学把课堂真正还给了学生，学生成了课堂真正的主人。这种教学设计把以往环环相扣的线性结构，变为预设几个学生参与的实践活动为主的板块，各个板块之间既独立存在，又相互联系。环环相扣的教学设计扣住的只是教师的教学流程，却无法扣住学生的课堂生成，所以我们教师的教学设计要成板块化，给学生创设自主、合作、探究的学习环境。

例如在教学五年级下册《杨氏之子》一课，我就预设了这样几个以提升学生语文能力为目的，以学生实践为主的教学板块。

板块一：初读 读通课文。学生在回顾旧知交流补充的过程中梳理出小学阶段学习文言文的几个常用的学习方法，（借助注释、联系上下文猜测、结合插图想象、抓关键字词突破句意）并运用这些方法自主阅读，大致读懂这篇小古文主要讲了一个什么故事。并用"据义定音"的方法判断两个多音字的读音，在初步理解的基础上把文言文读正确、读通顺，又为后面理解意思读好停顿做好准备。这个板块的设计旨在培养学生运用旧知自主阅读文言文的能力。

板块二：再读 读好停顿。这个板块中我设计以学生运用旧知的迁移，在合作互动中读懂短文每句话的意思，我只在学生出现困惑的时候适当提供解决的方法，比如可以尝试运用联系生活实际或者补充省略部位的方法理解句子意思。接着我引导学生回顾在《司马光》《王戎不取道旁李》等课文，诵读中我们都在谁做什么、谁怎么样中的"谁"后面稍做停顿。学生在知识迁移中尝试自主读好停顿，我只在学生发生分歧的地方稍加点拨。这个板块设计目的仍是提升学生运用知识迁移的方法解决问题的能力。

板块三：思读 背诵积累。这个板块我引领学生抓住文中关键语句谈谈"杨氏子"的特点，学生在深入思考交流互补中体会到杨氏子的聪慧、有礼貌；在师生配合读中体会到"应声答曰"仅仅四个字就体现了孩子的反应机敏。之后学生再次诵读时，不但读好了停顿，还注意了语速的变化，水到渠成地完成了背诵积累的目标。

板块四：拓展 感悟古文魅力。因为《杨氏之子》是五年制小学阶段最后一篇文言文，所以这个板块我引导学生运用学会的古文阅读方法，自主阅读《世说新语》中其他有趣的小故事，认识更多像杨氏子这样聪慧的孩子，一方面巩固学古文的方法，一方面引导学生感受语言是思维的外显，如果自己也想说出如此幽默机智的语言，必须提升自己的思维能力。

以上《杨氏之子》的教学中我力求把教学内容合理地安排在四个教学板块中，在每一个板块的教学中都引导学生在充分语文实践中提升语文能力。

（三）精心预设简洁的关键问题

课堂中为了避免琐碎问题的提出，我们应该力求在每一节课中找到一、两个"牵一发而动全身"的主要问题，这个问题是教学要解决的重点、难点，是能引发学生对课文深入思考的兴趣，或是激发学生探究争论的矛盾点。这样的问题我们可以从课后练习中进行提炼，还可以从文前导读中受到启发，或可以从文章题目入手进行设计……总之教师要在解读文本的基础上寻找到教学目标和学生所需的契合点进行设计。

例如在教学五年级第六单元《慈母情深》一课时，教学伊始，我们借助课后第二题组织同学直奔教学重点开展学习。学生默读课文去寻找作者与众不同的表达方法，并标注出自己的读后感受。首先学生很快关注到全文很多段落运用了"反复"的表达方法，接着他们在默读中深入思考这样表达有什么好处，随后在汇报交流中逐步完善自己的认知，最后在实践运用中提升着语文能力。这一问题的设计一方面找准了提升学生语文能力的着力点，另一方面为整节课教学选准了主体线索，为长文短教选准了切入点。

总之，我们的语文课堂就要追求简约求实的境界，精准定位简约的教学目标，精密设计简单的教学板块，精心预设简洁的关键问题，努力创设启发式、探究式、参与式、讨论式的课堂模式，让学生的学习真正发生。

二、追求学生思维的灵动

现代教育中最时髦的词莫过于"核心素养"，它如一场头脑风暴席卷着我们迫不及待地把自己许多教育行为向提升学生核心素养上靠拢。但"中国学生发展核心素养"主要指学生应具备的，能够适应终身发展和社会发展需要的必备品格和关键能力，它的确是教育改革的"关键"。但"核心素养"同样是高考评估的"核心"，是学生高三毕业时希望能达到的目标能力！北京教育科学研究院副院长褚宏启教授提出，核心素养是"高级素养"，不是"低级素养"，甚至也不是"基础素养"。核心素养是跨学科的，高于学科知识；是综合性的，是对于知识、能力、态度的综合与超越。而传统的"读写算"等基础素养，未被纳入核心素养的范畴。

所以我们小学教师在语文教学中能做到的就是，引领孩子在自主、合作、探究的学习过程中，提升语言建构与运用能力；在文化理解与传承中，培养学生的创新能力、合作能力、思维品质，为学生核心素养的形成奠定坚实的基础。

（一）捕捉课堂生成发展思维的独特性

苏霍姆林斯基说："教育的技巧并不在于能预见到课的所有细节，而在于根据当时的具体情况，巧妙地在学生不知不觉之中做出相应的变动。"课堂是千变万化的，教学是不断生成的，学习是意义建构的过程，教师不可能完全按照预定的教学内容和教学程序一成不变地进行教学。所以教师要练就及时捕捉课堂生成的能力，不断修炼自己的教学机智，成就精彩的语文课堂。

我们要善于抓住课堂临时生成的教育资源，巧妙运用教学机智引导学生深入思考寻求与众不同的解决问题的途径，获得标新立异有创造性的结果。我们要引导学生克服从众心理，激励他们对任何自己感到不解的事情持有一种质疑、探究的态度，因为只有善于发现和提出问题的人，才能产生创新的冲动。

在教学《桂林山水》一课时，我提出的最后一个问题是"这篇课文写得这么美你有什么要对作者说的？"目的是让学生总结自己在学文后的收获。很多同学都说要学习作者这种细致观察的方法，学习作者有条理地进行写作，学习作者善于积累并灵活运用好词佳句……总之都是赞扬的话。这时有一个学生却说："我要给作者提个小建议。"听了他的话，同学们一片哗然，都笑他自不量力。这个学生一时间也很尴尬，不知是继续说出来还是该坐下。

而学生在这里出现问题也是我没有预设到的，但此时我想应该给他一个发表见解的机会，这正是培养学生敢于向权威挑战的好机会，所以我马上根据学生的生成临时调控了教学环节。我对全班同学说："有自己独到见解的人最了不起，你先把想法说出来让同学们帮着参谋参谋。"听了我的鼓励，学生大胆地说："我在查找有关桂林历史文化资料时发现，其实桂林本是历史文化名城，有很多名胜古迹，岭南有最早开凿的著名水利工程灵渠，全国保存最好的古代藩王王府和墓葬等等文化遗存。但人们却只知道'桂林山水甲天下'不知道桂林有这么丰富的人文资源，所以这些名胜古迹的旅游景点都很萧条。看完报道之后我想向写《桂林山水》这篇文章的作家提出一个意见，能否在文章后面接着写出桂林丰富的人文资源，那样世界各国的人们就会更向往神秘的桂林，更想到那里看看，桂林也就会更名扬天下。"听了他的发言，大家都感到有道理，我也趁热打铁地说："今天学到了书本上没有的知识，我们要感谢谁呀？"这时大家马上意识到提出问题的同学，把热烈的掌声送给他，这个学生一扫刚才的尴尬，骄傲地抬起头，此时我也感到无比的欣慰。

因为我正确地处理了生成性教学资源，面对突发的课堂生成，灵活地调整自己的教学策略，并及时营造宽松平等的教学环境，因势利导，创造性地组织适合学生参与自主创新的教学活动，既让学生学到了新的知识，又培养了学生思维的独特性，使他们勇于向常规发出挑战、敢于标新立异，同时也保护了学生的自尊心。

（二）提升理解能力发展思维的深刻性

林崇德教授在《学习与发展》一书中指出："思维的深刻性，即逻辑性，是一切思维品质的基础。"它表现为智力活动中深入思考问题，善于概括、归类，逻辑性强。作为教学活动的设计者和学生思维发展的促进者，教师首先要深入多元地解读文本、吃透教材，才能抓住文本的精彩处引导学生深入品析，在感性领悟和理性思辨的过程中提升对文章的理解能力，不仅促使学生积极展开语言实践活动，更能促进学生思维的深度发展。

例如在执教五年级《窃读记》一课时，我引领学生围绕着"作者又是怎样把窃读中的快乐和惧怕写出来的呢？请大家默读课文，画出相关语句。要特别注意对人物的动作、心理活动和神态的描写。可以在旁边简单写写自己的体会"这个问题展开第二板块的自主教学。

学生在体会【最令人开心的是下雨天，越是倾盆大雨我越高兴，因为那时我便有充足的理由在书店待下去。就像在屋檐下躲雨，你总不好意思赶我走吧？我有时还要装着皱起眉头，不时望着街心，好像说："这雨，害得我回不去了。"其实，我的心里却高兴地喊着："大些！再大些！"】这段文字时，一个平时能言善辩的女孩率先发表了看法："我感觉雨天海音窃读有快乐也有恐惧，但快乐大于惧怕的，因为她希望雨大些！再大些！可见她喜欢在雨天放心大胆窃读。"

因为这个孩子的发言逻辑性强，平时思维就很缜密，所以班级的其他孩子没有人敢提出异议。另一方面科学研究表明：大脑的本能不是思考，而是记忆，大脑的思考力就像一团很难被锻炼的肌肉，一旦被使用就会感觉到累，很想停止。所以此时孩子们也就懒得再深入思考了。但阅读是个性化的体验，作为教师我们要为学生创设恰当的问题情境，激发学生的深度思考，激发学生的求异思维，决不能停留在人云亦云的层面上。

所以此时我临时调整了教学预设，说道："看来小时候的林海音竟然是个表里不一的孩子，明明心里是高兴的，却又要皱眉，又要埋怨这雨害得她回不了家。"

一听我如此批评他们心目中爱书如痴的小海音，很多孩子皱起眉头来，马上进入文本深度阅读思考去寻找反驳我的依据。有的孩子说："她不是表里不一，她装作不耐烦的样子，其实说明她窃读的恐惧。她怕老板看出她想只读不买，会撵他走。"

有的孩子说："其实我感觉这段写出了海音窃读是既快乐又惧怕的矛盾心理，但更多的是内心的恐惧。"

"我感觉这段还写出海音此时的兴奋激动，终于可以明目张胆地窃读了，不用怕老板撵她走了！"

……

此时孩子深入阅读，理解分析、判断甄别的兴趣被激发，他们自觉地走入文本细细品读，透过人物神态、心理感受到海音窃读的快乐与惧怕相互交织，甚至联系生活实际体会到更为微妙的情感。同时在争论的过程中逻辑思维、推理能力和口语表达能力都得到了提升。

（三）利用认知冲突发展思维的批判性

发展学生批判性思维，要在其逻辑思维到达一定程度的基础上展开。目的是拓宽学生思考的空间，使思考从浅表走向深层，从单一的走向多维，是理性的、反思性的思维方法。需要教师运用一定的方法引导学生发现疑点和矛盾，形成认知冲突，激发其深入的思考，去发现问题、剖析问题、解决问题。教师可以抓住文本中作者的逻辑与学生的认知冲突，激发学生提出疑问，进行思辨；可以抓住课堂中学生之间的不同观点激发争论。

例如在《愚公移山》一课"读懂人物语言 感受性格特点"的板块教学中，我依据单元整体备课的原则，设计了如下活动。

师：通过刚才的学习，我们读懂了故事、明白了道理。其实学习语文的目的是为了更好地使用它。本单元学习《挑山工》《愚公移山》两篇课文有一个共同的目的，就是更好地完成单元习作——写一位值得敬佩的人。要想写好人物就要抓住他的动作、神态、语言等细节进行描写来表现人物的性格特点或美好品质。《愚公移山》这篇课文中人物的语言描写就非常有特色，让我们一起来看看。

接着我引导学生走入文本细细品味文中别具匠心的对话描写，体会人物的性格特点。如同样都是反对愚公移山，妻子的语言是劝阻，而智叟的语言则充满了讽刺。由于性格特点的不同，说话的语气竟是截然不同的。当学生体会到这层含义之时，我感觉学生完成了语言建构的第一步，于是我结合课后习题创设了让孩子尝试运用的情境场。"想象一下，当道路通畅后，愚公再次和智叟相遇，智叟会对愚公说些什么呢？"听到问题后学生第一反应就是围绕本课的寓意阐述自己的观点。

生1：愚公啊，两座大山被移走了，你为乡亲们造了福。

生2：愚公，之前是我不应该因为你年岁大就看不起你，做事情就要持之以恒。

如果依据人文主题看学生们的发言是完全没有问题的，但通过这节课我们传递的不光是持之以恒的精神元素，还有语言文字的积累和运用。于是我抓住学生认知与文本逻辑之间的冲突质疑："刚刚我们抓住对话品析的过程中，感受到智叟是什么性格了？自以为是、盛气凌人、说话充满嘲讽的味道的智叟，面对愚公的成功会用什么样的语气说话，又会说什么呢？同桌商量商量，可以一个扮成愚公，一个扮成智叟。"

此时学生充分调动之前语言文字的学习经验，进行自主的"分析、评价、创造"，努力把拥有的知识迁移到真实的情境中去，发言的内容也突破了思维定势。

生1：愚公啊，你有什么了不起，还不是玉皇大帝帮你把山移走的吗？

生2：课文中我们看到智叟的确是比较傲慢说话带刺，但并不一定就是不敢面对自己错误的人。所以他也许会说"愚公虽然按常理说你的年纪去移山不可能成功，但你这股不服输持之以恒的精神的确令人佩服，连玉皇大帝都来帮你了。"

……

透过孩子的发言我知道这节课他们是真正有所得的，不只停留在对语言文字的感悟上，更体现在能把文字、生活、情感融合在一起去解决实际问题。在这个思辨的过程中学生思维的深刻性和批判性都得到相应的发展，语言文字的运用能力也得到提升。

以上就是几年了我对如何追求简约灵动语文课堂的一些具体实施策略。

目录

序篇

用思想的成长创造使命的精彩

花开花落，云卷云舒，转眼间我已在三尺讲台上坚守 25 个冬夏轮回。回首九千多个日日夜夜，从重返校园，遇见最美语文，到学习模仿，初品成长滋味；从沉潜反思，丰盈教学理论，到深入学习，转变教学观念；从磨砺积蓄，梳理教学主张，到思想成长，创造使命精彩。一路走来，我有幸获得许多前辈恩师的引领，有幸与团队的伙伴同行，有幸和学生共同经历生命成长的过程。

一、重返校园 遇见最美语文

儿时的家就在学校对面，因此我从小与经纬小学结缘，亲身感受到"让每个不同禀赋的经纬人绽放异彩"的教育理念。5 岁起我开始学习速滑，这项冰上运动很苦很累，因此坚持了 5 年之后，我想要放弃速滑。但在这时，班主任竟然推选我担任当时经纬校唯一的一名女体育委员，给了我继续学习速滑的信心和勇气。从那时起我就在心底悄悄种下了一个教师梦，我也想做一名给孩子勇气、帮孩子实现梦想的小学教师。

1996 年，我再次走进经纬的大门，登上了魂牵梦绕的三尺讲台，成为一名小学教师！在工作岗位上我虽是老师，但更是一个虚心好学的学生，从有经验的教师课堂中我懂得了教学要亲切自然，从名优教师的课堂中我明白了先进的教学理念是上好课的关键。给我印象最深的就是刘克校长的语文课堂，她亲切自然的语言，灵活驾驭的能力像一块磁石吸引着孩子的目光。

此时我感觉最美的语文课就要这样行云流水，环环相扣，教师胸中有丘壑，学生眼中有光亮！

从此我对语文课堂情有独钟，努力修炼成为一名优秀的语文教师，成了我儿时梦想的延伸。

二、学习模仿 初品成长滋味

机缘巧合有幸成为刘克校长的徒弟，无疑为我圆梦搭建了一条通途。我经常有机会走入刘校长及学校其他名优骨干教师的课堂，我关注着他们的一举一动、说话的语气语调，认真记录听课笔记，回头反复回味、琢磨他们每一个精彩设计。我也会在课堂里尝试运用这些教学策略，当发现效果不佳的时候，就会反思自己是哪里出了问题。刘校长也经常走入我的课堂手把手地指导我教学。机会是留给有准备的人，终于在从教第三年我有幸参加区"希望杯"教学大赛，并一路晋级参加市"雏鹰杯"教学大赛、市"翱翔杯"教学大赛的。

三、沉潜反思 丰盈教学理论

然而 2001 年这次"翱翔杯"大赛超时 7 分钟，让我经历了职业生涯中的第一次挫折。在师父的引导下我一步步回看教学录像，找到问题的结结：教学机智不够灵活，脑子里关注的都是如何滴水不漏地完成教案，却没有根据学生的实际情况调控课堂。我开始反思自己之前的模仿，虽然短时间内收到一些成效，但并没有触及教育的实质，没有碰触到行云流水，环环相扣最美语文课背后所折射的朴实无华，求本求真，一切从学生需要出发的思想内涵。而理论的匮乏正是自己无法揣摩明白大师课堂背后蕴含的教育理念的症结所在。要想成为一名有特色的语文教师还要有真功夫，要有自己的底蕴，于是我开始广泛阅读，多方吸收。

书籍让我领悟到成功的教师要有深厚的文化底蕴，成功的教师要用学习、实践、反思、写作促成自身的成长，成功教师要敢于在课堂实践中不断创新，真正把课堂还给孩子，因为"一切为了每一个学生的发展"正是新课程的最高宗旨和核心理念，而"动态生成"是新课程理念下课堂教学的主要特征。教育的技巧并不在于能预见课堂中所有细节，而在于根据当时的具体情况，巧妙地在学生不知不觉中作出相应的调整和变动。反思自己，

在课堂中关注更多的是自身表现，是教学预设完成的情况。

此时我觉得最美的语文课不但要有精彩的预设，更要及时捕捉到学生的生成资源，因为学生得以成长的课堂才是最精彩的。

"纸上得来终觉浅，绝知此事要躬行。"如果说先进的教育理念是教师成长的阳光，那么教学实践则是教师成长的土壤，伴随着新一轮的课程改革，我迅速成长着：在全国教育科学"十五"规划课题结题会上做观摩展示课，参加全国第三届小学语文教师课堂教学多种风格展示获二等奖；在中央教育科学研究"十一五"部级规划课题优质课评审中，获得一等奖……我先后在省、市、区各级各类大赛中执教公开课 20 余节，这时的我在一次次大赛中积蓄经验，磨砺着自己的教学技能，努力耕耘着自己的教育麦田。

我也先后被评为哈尔滨市语文学科骨干教师、市语文学科带头人，然而我更清醒地认识到这一张张证书绝不仅仅是我个人的荣誉，他们凝聚着教研员和学校领导的悉心指导栽培，他们是经纬语文团队智慧的结晶。

四、深入学习 转变教学观念

在反思中我感悟着，在感悟中我记录自己的一些教育教学收获，我撰写的十余篇教学设计和论文有幸被收入书籍、发表在杂志上。2010 年我成为区语文名师工作室的一员。工作室为我的专业成长提供了一个更广阔的平台，这里不但有经验丰富的教研员杨广荣老师作为导师，更有来自区内不同学校的 9 名优秀语文教师作为共同学习研究的伙伴。导师一再强调："只有博观而约取，才能厚积而薄发"，所以工作室开展了一系列的课题研究。此时的我们不但大量阅读教育教学方面的书籍，而且每个假期都要看全国名师的教学视频和全国语文大赛的光碟，记录下其中精彩的环节，并分析出这精彩背后蕴含的教育理念，思考他们巧妙设计与学生实际之间的关系。

近十年的沉潜反思、学习提升中我的教学观念也随之改变。此时我对最美语文课又有了更深一层的认识——让孩子在体验中习得语文能力，在

运用中获得拔节的快乐。

正如崔峦老师提出的观点："落实年段学习目标，加强语言文字运用"。也就是说我们要把握好年段目标，恰当取舍教材，真正让学生一课一得，让孩子的语文素养在大量语文实践活动中得到提高。

于是我在每一节常规课的备课中努力实践着，每次备课我都会思索，这节语文课究竟在哪方面让孩子切身感受到从不懂到懂，从不会到会的跳跃和生长，获得春日里"拔节"的快乐呢？

这一时期学校也为我提供了许多历练的机会。我执教的《愚公移山》一课在省德育渗透课大赛中获优质课一等奖并进行现场展示，《我和祖父的花园》一课在哈尔滨市首届"杏坛杯"教学大赛中获特等奖，在市小学新课程教学活动中执教习作、口语交际、阅读等多种课型的示范引领课，获得市首届语文教师素养大赛特等奖。

作为一名市学科带头人，我把积极发挥引领带头作用视为自己专业化成长的重要途径。在"省教育学院第二期农垦骨干教师培训"、农村教师"金种子"培育计划中我都担任实践指导教师。学校中我指导林杨老师参加"雏鹰杯"大赛，还指导刘芳老师在"十一五"规划课题实验汇报中进行教学展示。

同时我还积极参加各类科研课题的研究活动，先后荣获"中央教科所全国优秀实验教师"、"哈尔滨市义务教育课程改革先进教师"、"省教科版小学语文骨干教师"光荣称号。

五、磨砺积蓄 初步梳理教学主张

2013 年由于工作需要，我调动到哈尔滨市群力实验小学校，这所新区新建校给了我更广阔的发展空间。在这里我虽然承担着一部分教学管理工作，但始终坚守在自己热爱的语文课堂上。2013 年 8 月在天津举办的"第三届全国百佳语文教师"评选活动中我获得"全国百佳语文教师"称号，在哈尔滨市"第三届小学语文教师素养大赛"中我作为主选手获得特等奖。

2014年中国教育科学研究院举办的"第十六届小学优质课观摩评议会"中，我执教的阅读课获得一等奖。当我从全国小语会副理事长李春旺老师手中接过这全国大赛一等奖的证书时，激动的泪水夺眶而出，我的心中充满了感激，感激各级领导及教研员的一次次指导把关，感激我的导师杨广荣一次次与我磨课，一句句帮助我推敲，感激成长路上一路帮助、关心、鼓励我的恩师和朋友，同时我决心要像青青翠竹一样深深扎根，不断拔节。

2015年我又一次代表哈尔滨前十六届一等奖选手参加了"十七届小学优质课观摩评议会"，这次接到的任务是执教习作课，我又一次踏上了磨课的历程。习作课型，比赛之前完全不能见学生，课堂上学生的习作会是什么样子完全不可预料。又是我的导师、区教研员杨广荣老师，带着我一遍遍地预设，一遍遍地试教，一遍遍地推翻重构……都说一块铁，只有经历昼夜淬火方能利刃出鞘，经历两个多月60多天里的磨课，再次登上领奖台接过全国大赛优秀示范课的证书时，我竟有一种淬火涅槃脱胎换骨之感，我深刻认识语文课环环相扣的设计只能扣住老师，却无法扣住学生，所以语文课"要洗尽铅华呈素姿"，洗去一些不必要的东西，洗净课堂表面的热闹，使语文课堂扎扎实实，富有内涵，且充满张力。

此时我逐渐梳理着自己的教学观点"追求简约灵动的语文课堂"，即：教师教学的简约，学生思维的灵动。

围绕着一个核心，找准两个着力点，遵循四个原则，运用六个策略，几年来我努力实践完善着自己的教学追求。

每节课为了能寻到一个或"提领而顿，百毛皆顺"的关键问题，或激发学生求异思维的矛盾点，引发学生在争辩中闪现思维的灵动、智慧的火花，我一遍遍走入文本，用心去感受作者低吟浅唱的内心独白，静观举手投足流露的真情实感。都说磨课要"入乎其内，出乎其外"方能让课堂充满智慧的灵动。课堂中我陪伴着孩子潜入文本的字里行间去寻觅与作者的心灵相通，在培养学生理解能力中发展其思维是深刻性；我引导孩子在交流互动、争论碰撞中表达个人的感受，培养其思维的批判性；在文本留白处我启发学生展开大胆而合理的想象，在个性朗读中诠释自己独特的体验，培养其思维的独特性。在每节课中，我都尽量挤出时间来创设读写结合点，因为学会表达是语文教学的终极目标。

六、思想成长 创造使命精彩

在梳理教学认知、完善个人教学主张的过程中，我的思想也不断经历着拔节的成长。2017年我代表道里区教师参加了《黑龙江教育》杂志社组织的首次"同课异构"进校园活动，2018年12月我区"幸福教育"阶段成果汇报会上，我作为唯一的现场授课教师，为专家呈现幸福的语文课堂。作为市语文工作室的成员，在市区教研员的引领下，我参与了多个课题的研究。并积极发挥着示范辐射作用，曾在省教育厅举办的"省义务教学小学语文学科教师省级培训班"中进行《教科版教科书与统编教科书比对与各领域教学建议》的专题讲座。在省汉语拼音和识字教学研讨会进行《识字写字的教学策略》相关讲座，在市小学语文网络培训中进行过《习作单元教材解读与教学建议》《教科版教科书与统编教科书习作板块比对与教学建议》《阅读教学中的任务及学情分析》《教师如何进行课堂观察》四个专题讲座，均获得教师好评。参与国家教材局组织编写的《国家统编版小学语文教材教学指导与——其他版本教材的比对和衔接研究》一书的编写工作。担任《资源评价》六年级上下册副主编工作。

七、辐射引领 助力团队发展

群力实验小学是我事业的一个崭新起点，在这里我有幸参与了学校师资队伍建设的过程，带领着学校的语文团队在研修的路上勠力同心，相互扶持，在思维的碰撞中擦出智慧的火花，在反思交流中提升自己的专业素养，在艰难的跋涉中享受着磨砺、蜕变、超越、成长的喜悦！

在团队建设中我努力构建多元研修形式，真正为青年教师专业成长助力。我指导教师五次夺得区"创新杯"语文学科大赛特等奖，并成功晋级市"烛光杯"教学大赛取得佳绩。我还先后指导青年教师参加市"青年教师课堂教学及专业技能展示"、市"四新"教学展示、市小学"双师同堂 同课同构"课堂教学展示等活动取得优异成绩。2020年9月刚刚复课，我负责帮助学校骨干教师磨课，为市小学语文学科"烛光杯"教学大赛执教"线上线下混合教学模式"的引领课。我先后指导学校十多位教师在区语文教研活动中执教示范引领课。

2020年由于工作需要，我来到机场路小学顶岗支教一年。这一年中我承担着四年二班的语文教学，还负责指导五位青年教师的语文教学。支教是一种体验，一种磨炼，更是一种人生财富。每次午休帮助孩子们查缺补漏时，他们会送来几瓣橘子或心爱的小零食，用纯真与质朴表达着真诚的感激；每天清晨六点半我坐在赶往学校的通勤车，都会由衷敬佩乡村教师的敬业与坚韧；当大雪封路时，学校领导亲自带教师踩冰踏雪，步行往返于近3公里的上下班必经之路，我懂得了什么是选择扎根，不惧风雨的教育情怀。支教经历如一杯清茶，没有华丽的色泽和醇厚的味道，淡淡的清香却让人回味无穷。

八、师爱无痕 方见育人智慧

在语文教学的路上我一路播种，一路收获，在育人的路上我同样品尝着教育的甜美。近20年的班主任工作中，我一直希望用自己无痕的师爱串起和学生相处的点点滴滴。教学中我用自然平和又充满鼓励的语言，让孩子爱上课堂，更找到自信；生活中我希望用智慧演绎无痕的师爱：间操时我总是站在最淘气的孩子身边和他一起认真做操，用行动告诉他什么是对的，这时爱是包容和尊重；学生的作业本上总能看到我亲笔画的笑脸，这时爱是信任和鼓励；冬日的清晨我总是第一个到班级，为学生插上饮水机的电源，这时爱是关怀和温暖……

　　我与学生建立了亦师亦友的关系，每年儿童节我都要精心为全班同学选购礼物：拎美术用具的小兜，装作业的夹子，亲手写上每个人名字的记事本……每次外出学习我都会为每个孩子寄回一张有当地特色的明信片，在每一张明信片上都写出对他们的思念和鼓励。我会在每个期末为学生制作优秀作文集《小脚印》，会从孩子入学的第一天开始就细心地为他们留下每次活动的照片和视频，五年后制作成一盘光碟送给他们作毕业礼物……

　　人们常说："选择了教师就意味着选择了奉献。"年少的我当时不能体会其中的内涵，只认为把精力都投入到工作中去，就是奉献了自己的全部。可是 2003 年我刚刚接了一年级的新班，就接到父亲得了癌症的噩耗。"树欲静而风不止，子欲养而亲不待"，守候在父亲病床前尽孝是为人子起码的责任；但我请假，那刚入学的 50 多个孩子就会不适应，50 多位父母在工作岗位上不又要担心。正当我进退两难之时，父亲首先撵我走，"你是大夫呀？留下什么也不会干，再说因为我一个人耽误那么多孩子，我心里不安生，你快走。"所以每个白天守候在父亲病床边的是母亲和我的丈夫，我只有下班后才能匆匆赶到医院陪一会父亲。身为冰上教练员的父亲是一名严师，一直希望我能像他一样成为让学生既爱又敬的老师。现在我终于懂得教师的奉献不但需要自己的热情，更需要融入家人默默的奉献与支持。

　　随着阅历的增长，我对教师的责任有了更深刻的体会。记得 2017 年我临时接了一个五年级毕业班，班里有一个叫浩浩的孩子，对语文识字存在着很大的障碍，只要 6 个字以上放到一起就不可能全写对。所以一到测试他就会请病假。我耐心地从简单的识字方法开始给他补习，但收效甚微。我发现孩子主观是想认真学习，但对看到的汉字就是不能完整准确记忆。几次和家长推心置腹地沟通后，我了解到孩子感统失调比较严重。了解情况后，在平时课堂中我更用心地观察他，逐渐发现浩浩数学思维很好，只要是计算题或能读懂的应用题他都可以做对。于是在班级我有意为浩浩提供口语表达的机会，和数学老师沟通，给他创造为大家讲解复杂应用题的机会。经过一段时间的调整，浩浩自信了许多，我就和他商量，不管什么考试都要来参加，不能逃避，数学成绩只要及格，语文成绩比上次有进步就算胜利。有了约定孩子终于鼓起勇气参加了期中监测，在监考老师帮忙读应用题的基础上孩子数学及格了，但语文成绩仍然一塌糊涂。成绩出来后，我有意忽略语文成绩，表扬他第一次参加学年统一监测数学就及格了，是个很不错的开端。看着浩浩露出天真的笑容，我心里酸酸的，并下了决心：即使孩子最终毕业考试语文不及格，我也绝不放弃他，能多教一点就多教一点。

班级像浩浩这样偏科的孩子有好几个，但不都像浩浩这么棘手。因为学校教室不够五年级在中学上课，所以每天上午我到班级上课、批改作业，下午回到小学部完成学校教学常规相应工作，但在下午4点之后我一定赶回中学，利用看护时间给像浩浩这样在语文方面存在问题的孩子补课。

在临近毕业前最后一个课后辅导时，浩浩妈妈冒着大雨来到学校给我送锦旗，她激动地说："许老师其实您明知道我家孩子毕业考试语文不可能取得好成绩，但您从没因此放弃他，看着孩子从不敢来考试，到分数从个位数到十位数，到今天接近及格线，我特别感谢。"

家长朴实真挚的语言和行动，孩子敢于直面自身问题并努力解决的成长经历，都令我感到为人师光荣。同时我更深刻理解了师者的责任就是要培养学生的能力，培养他们具备适应终身发展和社会发展需要的必备品格和关键能力！

山一程，水一程，回首来时路，无论是跌倒的泪水，还是跋涉的艰辛，都使我的成长异彩纷呈。因为爱上了和学生一同前行的感觉，爱上了在精彩的语文世界中漫步，所以教书对我来说不单是一种职业，更是让我享受其中，愿意为之奉献的事业。在教育的旅程中我会一路坚守，一路播种，一路用思想的成长创造使命的精彩。

第一部分
统编教材的学习与初探

A. 统编小学语文教科书与教科版教科书的比对研究概述

一、两个版本教科书编排意图解析

1. 教科书编排意图的共同之处

统编和教科两个版本的教科书均吸纳了语文课程改革的优秀成果，沉淀了课程改革的先进理念和成功经验；都注重培养学生的创新精神和实践能力，积极倡导自主、合作、探究的学习方式，加强语言文字运用，加强语文和生活的联系，致力于构建开放的、富有活力的教科书体系，全面提升学生的语文素养。

2. 统编教科书编排的主要特点

（1）以立德树人为根本任务，引导学生树立正确的价值观。教科书编写按照"整体规划、有机融入、自然渗透"的基本思路，将社会主义核心价值观、中华民族优秀传统文化、革命传统教育、良好的思想道德风尚等人文教育内容自然地融合在教科书中。采用集中编排与分散渗透相结合的方式，以教科书选文为主要载体，辅以精心设计的语文实践活动，使学生在学习语言文字的过程中潜移默化地受到优秀传统文化的熏陶和感染，逐步树立正确的思想观念和高尚的道德情操，最终使社会主义核心价值观内化为精神追求，外化为自觉行为。

（2）重视加强中华优秀传统文化教育内容。封面图片是表达教科书设计理念的重要载体。一年级上册的封面《忙趁东风放纸鸢》，一年级下册的封面《儿童晴雪图》，使学生一拿到语文教科书，就感受到扑面而至的传统文化元素。教科书中还增加了大量中国画作为情境图，引导学生从中国画中感受中国传统文化的一大精髓——文人志士的人文志趣。一幅幅精彩生动的民俗画卷，让学生感受到中国传统的饮食文化、服饰文化、节日文化……教科书中还安排了大量古诗文，并增设专题栏目，安排楹联、成语、谚语、歇后语、蒙学读物等传统文化内容。这些内涵丰富、传诵已久、脍炙人口的经典篇章，积淀了中华民族几千年的文化精神。

（3）课程内容双线组元，尝试构建语文学科训练体系。统编小学语文教科书编排上的一个重要创新，是采用双线组元的方式安排课程内容，即以宽泛的人文主题将单元课文组织在一起，形成一条贯穿全套教科书显性的线索；同时还有另一条线索，即将语文训练的基本要素作为主线、明线，包括必备的语文知识、基本的语文能力、适当的学习策略和学习习惯等，分成若干个知识或能力训练点，由浅入深，由易及难地分布在各个单元。

（4）教科书强调阅读与表达并重。统编教科书改变传统的完全以阅读为中心的教科书编排体系，从三年级开始，每个单元都编排了单元导语，分别从阅读和表达两个角度提出单元学习的要点。教科书中还安排专门的习作内容、习作栏目，并在一些课文后面安排小练笔，在"语文园地"的"词句段运用"中设计书面表达的习题等。可见，统编教科书在重视培养阅读能力的同时，加大表达，特别是书面表达在教科书中的比重，力求达到阅读理解和表达内容上的均衡。

3. 教科版教科书编排的主要特点

（1）突出人文主题。本套教科书每单元以人文主题为明线，知识体系隐含在课文的课后题或者单元的"语文七色光"中。

（2）阅读起步早。阅读与汉语拼音同时起步，发挥汉语拼音的多功能作用，让学生借助拼音提前阅读，大量阅读。

（3）写话起步早。利用提前读写的优势，不受识字、写字量的约束，学完拼音后学生就可以运用拼音加汉字的形式完整写一句话。

（4）语言表达与书面表达并重。从二年级开始，每个单元后面紧紧围绕人文主题安排了"能说会写"这一专属训练板块，这种写前先说的训练方式，为学生有条理写作搭建了阶梯。

二、两个版本教科书体系构建

1. 统编教科书的体系构建

（1）"先识字再学拼音"的编排方式。这是统编教科书考虑汉字与拼音的关系、语文教科书传承文化的功能、识字教学的历史经验、一年级的教学实际和学生的认知规律等因素后，作出的科学设计。

（2）单元导语蕴含着语文能力训练体系。统编教科书从三年级开始，每个单元都编排了单元导语，每个单元导语都配有一幅能够体现单元主题思想的画面。单元导语一般包括两部分，一部分是用简短的语言点明单元人文主题，一部分从阅读和表达的角度提出单元学习的要点。有些单元还指出了单元学习的基本内容。单元导语明确了任务指向，蕴含着语文知识体系，增强了教科书的可操作性。

（3）编排阅读策略单元，提升阅读素养。从中年级开始，教科书有目的地编排了阅读策略单元，引导学生获得必要的阅读方法，提高学生阅读效率，提升阅读能力。

（4）创建习作单元，突出关键能力的培养。统编教科书从三年级开始，每册都编排了以培养学生习作能力为核心的习作单元，改变了传统的完全以阅读为中心的编排体系，在重视培养阅读理解能力的同时，引导语文教学更加关注表达。

2. 教科版教科书的体系构建

教科版语文教科书采用以主题课文为核心，听说读写密切配合的形式构建单元。每个单元围绕单元主题，由"阅读""能说会写（你说我说）""语文七色光"三个板块组成。"阅读"部分包括课文和"快乐读书屋"；"能说会写（你说我说）"板块编有口语交际、写话；每单元后均设有综合学习活动"语文七色光"。

（1）选文特点。课文是语文教科书的主体内容，是整套教科书的灵魂，直接决定着教科书的质量。教科版教科书选文上尽可能选取有震撼力和感染力的美文，力求发掘文化精品，奉献语言精粹，使教科书具有文化性、时代性和审美性，从根本上提升教科书的文化品位。

（2）语文学习活动的设计特点。本套教科书语文学习活动的设计包括两个方面：一是课文后的学习活动；二是"快乐读书屋"前的阅读提示。课文后的学习活动设计因文而异，基本有3类：整体把握文章内容的题目；从本课向课外扩展，开发利用语文资源的题目；语文知识技能的落实与练习。

（3）"语文七色光"设计特点。这个栏目是根据单元主题设计的一些相关的语文活动内容。其宗旨是体现语文学习的综合性和多途径，突出语文知识的综合运用、听说读写能力的整体发展。

（4）口语交际设计特点。本套教科书口语交际自成体系，体现"文语并重"的语文教育观念。遵循《义务教育语文课程标准》中所强调的"双向""互动""情境"原则，强化口语的交际功能。

（5）写话的设计特点。本套教科书写话自成体系，适当地提高了写话的起点，突出了"提前读写"的特点和优势。

【撰写背景】

2019年秋季，全国小学各年级全部使用教育部统一编写的语文教材，为了更好地帮助全国各省市中、高年级小学教师解决中途更换教材版本的问题，人民教育出版社教材比对衔接课题研究应运而生。

此项课题研究时间紧、任务重，从2018年9月份开始前期调研，到10月份省语文教研员带领我区语文教研员杨广荣老师和我，赴北京参加人教社小学语文室主任、编审陈先云组织的教材座谈交流，领会课题研究的重要意义、导向及策略，到学期末接到研究成果撰写通知，再到今年3月份上交研究成果，只有近半年的时间。

在省教师发展中心语文教研专家的引领下，我区小学语文教研员杨广荣老师带领区语文工作坊的八名骨干教师参与此项国家级课题研究，分别从识字、写字、选文、阅读、写话、习作、日积月累、综合性学习等方面，比对教科版教材和统编教材编排的相同之处与不同点，撰写了一份近十万字的研究报告。研究报告中梳理了教材衔接过渡中需要补学的内容，提供了具体可行的补学建议，制订了完整翔实的补学方案，设计了灵活实用的补学课例，为我省小学语文教师更好地使用新教材，顺利完成新旧教材衔接与过渡做好了铺垫。

从期末接到撰稿任务到开学初上交研究成果，整个寒假，大家几乎没有休息，克服自身困难，忘却家庭琐事，多次进行集体研讨，集中汇稿，反复修订。尤其在交稿前夕，大家夜以继日地补充完善，提炼凝缩，最终形成了《统编教材与教科版教材的比对研究成果》。这份研究成果体现着团队领衔人先进的教育理念、精益求精的研究精神，浸润着团队成员全情投入、孜孜不倦的工作态度，更彰显了"道里小学语文工作坊"这个优秀团队的勇于担当和团结奋进！我也为自己是其中一员而倍感骄傲！

收录本书的《统编小学语文教科书与教科版教科书的比对研究概述》

和《统编教材与教科版教材习作板块比对与教学建议》两部分内容是我在教研员指导下编写完成的。

B. 统编教材与教科版教材习作板块比对与教学建议

一、两版教科书习作板块编写的共同点

1.配合单元主题，贴近生活。两个版本教科书的习作板块的编排主旨都是紧紧围绕课程标准指出的："写作教学应贴近学生实际，让学生易于动笔，乐于表达，应引导学生关注现实，热爱生活，积极向上，表达真情实感。"话题的设计都是配合单元主题，只是统编教科书配合的是写作能力的主题，而教科版教科书配合的是单元人文主题。同时，两个版本教科书的习作内容都贴近学生生活，引导学生关注平时的日常生活，选取亲身经历的事情写，让学生有话可写。

2.创设想象空间，自由表达。两个版本的教科书都设计了想象类习作，其目的都是为了引导学生写奇思妙想、科学幻想，或者编写童话故事等，以求激活学生的大胆想象，培养学生的创造思维，引导学生关注想象的合理性。想象类习作有利于拓宽学生习作的选材范围，解决学生"无事可写，无话可说"的问题，更有利于学生不拘形式地自由表达，激发学生写作的积极性，增强他们的自信心。

3.注重读写结合，以读促写。两个版本教科书的习作单元都是由课文和习作例文构成。这些课文的编排都为学生拓宽习作选材、习得习作方法、学会布局谋篇提供了范例，学生可以通过阅读课，从关注"写什么"，到慢慢体会到"怎么写"，从阅读中习得方法，提升能力，再到写作中加以实践运用。两个版本教科书都是引导学生从读学写，以读促写，

逐步提高学生的写作能力。

二、两版教科书习作板块编写的不同点

1.开始写话的时间存在差异。统编教科书一年级上册要求会写100字，一年级下册要求会写200字，这样的写字量支撑学生写话有一定的困难。另外，作为言语发展的高级形式，书面表达是以一定的独白言语能力和一定的阅读能力为基础的。由此可见，统编教科书从二年级上册开始安排主题式写话是依据学生认知发展和言语发展规律作出的合理选择。教科版教科书从一年级下册第二单元"能说会写"开始，就正式出现了看图写话的训练。教科版教科书利用注音识字的优势，提前读写，不受写字量的约束，在入学一个月学完拼音之后，就鼓励小学生把心中所想、口中要说的话用拼音和文字相结合的形式 写下来。

2.知识体系构建方式存在差异。统编教科书强调语文教学阅读与表达并重，编排了以习作能力发展为主线组织的单元内容，改变传统的完全以阅读为中心的编排体系。教科书单元导语页双线揭示本单元教学重点，一个明确指向阅读，一个明确指向习作表达。本套教科书在习作能力培养方面，依据课程标准中的年段目标构建了科学的训练序列。因为观察能力是习作的基本能力之一，所以三年级上册要练习的习作要素就是"留心观察"，接着三年级下册练习"想象"，四五年级重点帮助学生了解写人、记事等不同种类习作的方法。由此可见，统编教科书对习作能力的培养遵循小学生的认知规律，具有严谨的序列性。统编教科书设计了单独的习作单元，自成体系，具有整体性，突出习作关键能力的培养。三年级开始每册教科书都独立编排了一个以培养习作基本能力为核心的习作单元，包括六个部分：导语、课文、交流平台、初试身手、习作例文和习作。其中，精读课文在理解内容和积累语言方面不作更多要求，更注重引导学生体会课文在表达上的特点，学习课文的表达方法。习作例文选取的文章，贴近儿童的

生活，便于学生仿写。"交流平台"是对本单元学习到的一些表达方法进行梳理。"初试身手"提供一些片段练习或实践活动，让学生试着用学到的方法练一练。最后，在充分获得感性认识的基础上，学生掌握了一定的习作方法，进行习作练习。这六个部分围绕着一个核心。如对于四年级上册第五单元来说，这个核心就是"把一件事情写清楚"；对于四年下册第五单元来说，这个核心就是"按一定的顺序写景物"。这个核心使六个在教学内容、教学形式上完全不同的部分，呈现出整体的教学功能。教科版教科书习作板块的编排特点是隐性构建知识体系，突出人文主题。教科版教科书习作板块的编排以人文主题为明线，如有关于中国革命和建设的主题、关于杰出人物的主题、关于自然风光的主题等。

教科书无论是阅读还是表达的知识体系都没有显性地提炼出来，需要教师深入挖掘教科书，依据课标纵向、横向梳理出每个学年、每个单元的知识框架。

3.训练的方式方法存在差异。统编教科书构建的是立体化的习作训练框架。只有量的积累，才会有质的飞跃。所以要想提高学生的习作水平，必须加大习作练习的数量。统编教科书不只设计了与以往教科书相同的内容，如在阅读单元中的习作训练，以纪实作文和想象作文相互配合，加强应用文的练习，用以构建习作学习的骨架等之外，还在每册独立编排了一个以培养习作能力为主线的习作单元。除此之外，统编教科书还设计了形式多样的习作练习途径。例如，在三年级上、下册的课后练习或"语文园地"的"词句段运用"中分别安排了小练笔。习作单元中还安排了"初试身手"的练笔形式。除此之外，书中还设计了一些习作的单项练习。例如，三年级下册安排了学习修改习作的符号，五年级下册安排了修改习作的方法，内容涵盖标点符号的用法、习作修改、语言积累等多个方面，这也是习作训练的有机组成部分。统编教科书正是通过习作单元、单元练习、小练笔、单项练习多种习作训练的形式相互配合，构建了一个提升学生习作能力的立体框架。

教科版教科书习作训练的方式主要是先说后写，提高习作质量。教科书习作和口语交际是相辅相成的，被安排在每个单元阅读课文之后的"能说会写"这一专属训练板块中。这种写前先说的训练方式不仅能帮助学生克服对作文的畏难情绪，而且能帮助学生在畅所欲言中相互启发，打开思路。

三、习作板块的比对教学建议

1. 两个版本每册习作的语文要素的不同？

（1）问题分析

对于开学后升入四年级的学生来说，需要补学的是三年级落下的知识点，而对于升入五年级的学生来说，需要补学的则是三四年级落下的知识点。要想明确每个学年要补学哪些知识点，我们首先就要梳理出两个版本教科书三至六年级每册在习作方面的语文要素是什么，以便对比后明确需要补学的内容。

（2）比对两个版本教科书习作板块的语文要素

依据前面所述，我们已经了解到教科版教科书语文知识体系是隐性的，主要以人文主题为线索。所以每册教科书习作训练点，需要教师按单元和文体进行横向和纵向的梳理，详见下列表格。

表 1-1　教科版教科书习作要素梳理

册次	记事类习作	写人类习作	写景类习作	状物类习作
三上	把事情写清楚写完整。	抓住人物不同方面的特点。	初步对写景类的习作有所了解。	按一定的顺序写出动物的外形特点和生活习性。
三下	把事情经过写具体，写出自己的感受。	通过具体事例记叙自己的优点。	把季节的特点写具体，尽量做到语句通顺。	

续表

册次	记事类习作	写人类习作	写景类习作	状物类习作
四上	学习构段方式，学习细节描写，表达自己的真情实感。		按一定的顺序，层次清晰把景物特点写具体。抒发自己的情感。	有顺序认真观察，要写出植物的外形和习性特点，最后表达出喜爱之情。
四下	学习运用细节描写，做到详略得当。与别人产生情感共鸣。	通过几个事例写出人物美好品质。	能运用联想的方法，把景物写生动，学习多角度观察景物特点。	
五上	写出自己的独特感受，学习夹叙夹议的写作技巧。		从不同侧面展示景物特点尝试运用比喻的方法，借景抒情。	
五下	综合运用记事文章写作技巧，能写出事件中其他人物的表现和感受。	运用细节描写和夹叙夹议的方法写出人物高尚品质。	多方面搜集资料，多角度详略得当地介绍各方面知识。	了解这种植物的生长过程。结合生活体验，写出独特感受。
六上	把事写具体，还要写出自己的看法。	写一位熟悉的有某种特长的人。	做一次景物描写的摘抄。	按一定的顺序，把这种植物的特点写具体。
六下	写清楚故事的情节、故事中的人物和自己的感受。	运用多种表达方式写一个品德高尚的人。	注意段与段之间过渡要自然。	

表1-2　统编教科书习作要素梳理

册次	语文要素	册次	语文要素
三上	留心观察	三上	展开大胆的想象
四上	把一件事情写清楚	四上	按一定顺序写景物
五上	运用说明方法介绍一种事物	五下	学习描写人物的方法
六上	围绕中心意思写	六下	表达真情实感

对比两个版本教科书的习作要素，我们明显感觉教科版教科书依据"提前读写"的优势，学生比较早地接触到写话的练习，所以每册的习作难度要高于统编教科书。例如统编教科书四年级上册才要求把一件事情写清楚，而教科版教科书在三年级上册已经要求有顺序地把事情写清楚、写完整。统编教科书四年级下册才要求按一定顺序写景物，而教科版教科书四年级上册就要求按一定的顺序，层次清晰地把景物特点写具体。

教科版教科书针对每类习作都是分不同年级逐步提高难度，例如写动物的习作，三年级上册要求按一定的顺序写出动物的外形特点和生活习性，四年级上册再出现则要求能写出与动物之间的一件事表达喜爱之情。但教科版教科书对每类习作怎样写的方法没有明确要求。而统编教科书习作每册一个重点，并通过习作单元提供具体的写作方法指导，并在不同的单元有侧重点地巩固练习，让学生掌握写好这一类习作的具体方法，绝不囫囵吞枣，真正做到了一册一得。

2. 四年级学生需要补学哪些习作内容，如何补学？

（1）问题分析

开学升入四年级的学生在更换教科书后，应该补学统编教科书中三年级学习的习作知识点有哪些？在四年级我们该怎样补学？

（2）补学内容梳理

依据对两版教科书中习作知识点的纵向梳理，以及针对三年级两个版本教科书习作 具体内容及语文要素的梳理，我们明确了升入四年级的学生需要补学的内容（见"统编 教科书三年级习作要素及完成情况统计表"中的"需补学"项）。详见下列表格。

表1-3 教科版教科书三年级习作内容及语文要素表

册次	单元	题目	语文要素
三上	一	（ ）对我真好	学写一件事。
	二	我最喜爱的动物	从几方面观察动物特点。
	三	五星红旗升起来	有顺序地记叙一件事。
	四	学写信	学习书信格式。
	五	我的好朋友	从几方面观察人物特点，并写出人物之间发生过的事情。
	六	第一次	写好开头，把事情经过写清楚，写完整，写出感受。
	七	我当小小设计师	大胆想象，把自己设计的景物详细写下来。
	八	续写	展开合理想象，续写故事。
	九	信任	结尾写出自己的感受。
三下	一	我的课余爱好	把事情写具体。
	二	夸夸我自己	通过具体的事例反映人物优点。
	三	学写板报稿	学习格式及内容。
	四	过节	搜集节日资料，并把自己参与的节日活动和场景写具体。
	五	喜欢的季节	写出季节的特点。尝试运用平时积累的好词佳句。
	六	连续观察日记	学写连续观察日记。
	七	续写故事	请展开想象，续写故事。
	八	写写身边的好人好事	把事情经过写具体，并写出自己的感受。
	九	我成功了	有顺序地记叙小实验（或小制作）的过程。

表1-4　统编教科书三年级习作内容及语文要素表

册次	单元	题目	语文要素	教科版教科书完成情况
三上	一	猜猜他是谁	体会习作乐趣。	三上五单元已完成。
	二	记日记	学习写日记。	二上第九单元已完成。
	三	我来编童话	试着自己编童话，写童话。	需补学。
	四	续写故事	尝试续编故事。	三上第八单元已完成。
	五	我们眼中的缤纷世界	仔细观察把观察所得写下来。	需补学。
	六	这儿真美	习作的时候，试着围绕一个意思写。	需补学。
	七	我有一个想法	留心生活，把自己的想法记录下来。	二下第四单元《出主意想办法》中学生通过口语交际的形式完成，但没有进行记录。
	八	这次玩得真高兴	学写一件简单的事。	三上第一、三、六、九单元已完成。
三下	一	我的植物朋友	试着把观察到的事物写清楚。	需补学。
	二	看图画，写一写	把图画的意思写清楚。	二上第五单元已完成。
	三	中华传统节日	收集传统节日的资料，交流过节经历。	三下第四单元已完成。
	四	我做了一项小实验	观察事物的变化，把实验过程写清楚。	三下第九单元。
	五	奇妙的想象	发挥想象写故事，创造自己的想象世界。	需补学。
	六	身边那些有特点的人	写一个熟悉的人，尝试写出他的特点。	三下第二单元已完成。
	七	国宝大熊猫	初步学习整合信息，介绍一种事物。	需补学。
	八	这样想象真有趣	根据提示，展开想象，尝试编童话故事	需补学。

（3）建议对策

结合四年级统编教科书每个单元的具体习作要求，我们应该把要补学的习作穿插融合到四年级的习作教学中，可以具体采取以下补学措施。

一是补学三年级上册"我们眼中的缤纷世界"和三年级下册"我的植物朋友"。这两个内容可以融合在统编教科书四年级上册第三单元"写观察日记"中进行。"写观察日记"要求既可以写植物的生长变化，也可以写动物生活习性或自然现象的变化。教学中我们可以先用"植物生长"这一方面的观察日记作为例文，教给学生写观察日记的方法，再放手让学生运用方法写其他方面的观察日记。这样既补学了前面的知识又不局限学生的思路。教学例文时，我们要教给学生留心观察的方法，引领学生通过看植物的样子、颜色，闻植物的气味，摸植物的茎、花、叶等多角度观察植物的特点及生长变化，并有序地记录下来，还要记录观察过程中自己的心情和想法。

二是补学三年级下册"奇妙的想象"。这个内容可以在四年级上册第四单元"我和 ＿＿＿ 过一天"中进行补学。指导学生编写童话要展开大胆合理的想象吸引读者眼球，童话中要有主角还要有其他角色。童话故事要有时间、地点，事件要完整。

三是补学三年级上册"这儿真美"。这个内容可以在四年级上册第一单元"推荐一个好地方"中进行补学。本次习作选材范围很广，可以是室内或室外，可以写自然景色，也可以写人文景观……教师教学时可以先以自然美景为例文，进行课堂的习作指导。课前就请同学拍摄下自己周边喜欢的美景照片，课堂上引导学生借助图片观察回忆景色特点。教给学生以总起句开头，后面的内容围绕一个中心写。学生当堂完成这篇关于周边自然美景的习作。在习作点评课后，教师可以再指导学生以口语交际的形式完成其他范围的选材。

四是补学三年级下册"国宝大熊猫"。这个内容可以与五年级上册第五单元"介绍一种事物"相融合。本次习作范围要求很广泛，可以写动物、植物、物品等，教师教学时，就可用"介绍熊猫"作示范，教给学生搜集和整理信息的初步能力。

3. 五年级学生需要补学哪些习作内容，如何补学？

（1）问题分析

对于开学升入五年级的学生来说，更换教科书后应该补学哪些知识点？怎样补学？

（2）补学内容梳理

依据前文对两个版本教科书习作知识点的纵向梳理，以及对三四年级习作具体内容的梳理，可以看出升入五年级的学生就语文要素来说，要补学内容较少（见"统编教 科书四年级习作要素及完成情况统计表"中的"需补学"项），详见下列表格。

表1-5 教科版教科书四年级习作内容及语文要素表

册次	单元	题目	语文要素
四上	一	宽容他人	把事情经过写具体，写出自己的感受。
	二	我能_____	把事情写具体，表达自己的真情实感。
	三	我眼中的_____	有顺序记叙一种植物的特点。
	四	缩写《飞夺泸定桥》	培养学生提炼概括的能力
	五	我爱家乡的_____	把景物写具体，写出自己的感情。
	六	长辈对我的关心爱护	按要求分段写出事情起因、经过、结果，表达出自己的真情实感。
	七	我喜欢的地方	有一定的表达顺序，重点突出，表达情感。
	八	建议书	学习写建议书
	九	写动物	写出自己和动物之间发生的事情，从而表达出自己的喜爱之情。
四下	一	观美景 写感受	写出景物特点，以及感受、体验或联想。
	二	写一篇读（观）后感	学习写读后感的方法。
	三	童年的回忆	写出自己的感受，同时也要让别人产生情感共鸣。

续表

册次	单元	题目	语文要素
四下	四	和奶奶在一起的时候	展开合理想象。
	五	写风雨景象	写出自然景象本身的特点，及对环境带来的变化。学习多角度观察景物随时记录下来。
	六	这件事感动了我	学习修改习作。
	七	我真的佩服他（她）	通过几个事例写出人物品质，详略得当。
	八	勇敢面对的事	综合运用学习过的习作方法。
	九	展开想象写童话	学习写童话的方法。

表 1-6　统编教科书四年级习作要素及完成情况统计表

册次	单元	题目	语文要素	教科版教科书完成情况
四上	一	推荐一个好地方	向同学推荐一个好地方，写清楚推荐理由。	四上第五单元已完成。
	二	小小"动物园"	写一个人，注意把印象最深的地方写出来。	需补学。
	三	写观察日记	进行连续观察，学写观察日记。	三下第六单元已完成。
	四	我和___过一天	展开想象，写一个故事。	四下第九单元已完成。
	五	生活万花筒	写一件事，把事情写清楚。	三年已完成。
	六	记一次游戏	记一次游戏，把游戏过程写清楚。	二上第六单元三下第一单元完成。
	七	写信	学习写书信。	三上第四单元。
	八	我的心儿怦怦跳	写一件事，能写出自己的感受。	四年级下已完成。
四上	一	我的乐园	写自己喜欢的某个地方，表达出自己的感受。	四上第七单元已完成。
	二	我的奇思妙想	展开奇思妙想，写一写自己想发明的东西。	需补学。
	三	轻叩诗歌大门	合理编小诗集，举办诗歌朗诵会。	属于综合性学习。
	四	我的动物朋友	写自己喜欢的动物，试着写出特点。	四上第九单元已完成。
	五	游___	学习按游览顺序写景物。	四下第一单元已完成。

续表

册次	单元	题目	语文要素	教科版教科书完成情况
	六	我学会了____	按一定的顺序把事情的过程写清楚。	三上第六单元已完成
	七	我的"自画像"	学习用多种方法写出人物特点	三上第五单元和三下第二单元共同完成
	八	故事新编	按自己的想法新编故事	四下第四单元已完成

（2）建议对策

一是补学统编教科书四年级上册"小小'动物园'"的语文要素。可以在五年级上册第二单元"'漫画'老师"的习作训练中进行。我们可以在课前导入中用口语交际的形式呈现，依据"'漫画'老师"的习作要求，先想象人、动物在长相、习惯、性格等方面的相似处（例如妈妈的头发是波浪卷，绵羊的毛也是卷的；爷爷很威严，就像大老虎）。范围不局限于家人，可以扩展到同学、朋友、老师，只要让学生组织的这段语言能准确恰当地描述主人公与动物之间的相似之处，表现出人物的一方面特点就可以。这样既补学了四年级的语文要素，又为本单元学习结合具体事例写出人物的特点搭建了阶梯。

二是补学统编教科书四年级下册"我的奇思妙想"。可以在五年级上册第四单元习作"二十年后的家乡"中进行。本次习作提纲提示学生可以从环境、工作、生活这三方面大胆想象家乡变化，我们就可以拓展出变化的范围，引导学生展开奇思妙想发明一种东西，使二十年后的家乡变得更美好。这样把两个想象作文融合起来，既补学了知识，又不给学生增加负担。

5. 重复出现的内容怎么教?

（1）问题分析

对比三年级教科版教科书与四年级统编教科书的习作内容和要求，以及四年级教科版教科书与五年级统编教科书的习作内容和要求，我们可以看到有一些重复内容，这些内容教师如何教学?

（2）重复内容梳理

针对这一问题，我们把重复出现的习作要求进行比对，发现其实它们的训练侧重点还是存在很大差异的，所以这些重复出现的习作，教师要把握不同点进行有重点的指导。详见下表。

表1-7　重复内容训练侧重点比对

内 容	统编教科书训练侧重点	教科版教科书训练侧重点
写观察日记	选材范围广泛，可以写植物、动物、自然现象等题材。（四上）	重点写"环保"主题的相关内容。（三下）
记一次游戏	重点强调写出游戏后自己的收获。（四上）	重点强调有顺序记叙游戏过程。（二上）
写信	不但强调书写格式，还强调信封该如何书写。（四上）	只强调书信的格式。（三上）
我学会了____	重点写出学习过程中心情的变化。（四下）	只要求在最后写出自己的感受。（三上）
写读后感	任意一本书或一篇文章都可以。（五下）	重点写抗日战争题材的读后感。（四下）

（3）建议对策

一是"写观察日记"。在四年级教学时候，重点不再是写作体例和方法，而是落在选材上，而且要补学三年级上册习作单元留心观察的方法及三年级下册"我的植物朋友"这两个内容。

二是"记一次游戏"。在四年级教学时，重点不再是把游戏过程写清楚，而是要把自己通过做游戏收获了什么写出来。可以写自己懂得了凡事都要遵守规则，懂得了同伴间要团结协作，遇到困难自己要积极想办法等。

三是"写信"。四年级学生再次学习写信，信的格式还是一个复习重点，因为在互联网发达的今天，书信不是经常应用的一种文体，学生会遗忘书信的格式。这次教学的新知识点就是信封该如何书写，这也是统编教科书贴近生活的一个体现。

四是"我学会了"。在四年级教学时，重点应该放在学习的过程中心情变化的过程，而不仅限于在结尾写出感受。

五是"写读后感"。这是五年级重复出现的内容，同样读后感的构段方式还是要重点复习的，毕竟学生不经常应用。另外本次教学重点是帮助学生拓展选材范围。

6. 统编教科书习作教学如何落实单元整体设计？

（1）问题分析

统编教科书采用双线按单元组织课程内容，尝试构建语文学科训练体系，按照阅读与表达并重、同时推进的思路综合编排。单元设计尽可能考虑单元内部彼此之间的横向联系，使之相互促进，协同发展，将语文学习方法的掌握、语文能力的发展落到实处。从三年级开始，在每个单元导语中，一般围绕阅读、表达两个方面，明示本单元的语文要素。单元导语、课后思考练习题、交流平台、词句段运用等栏目作为一个整体，阅读与表达的方法、能力有机联系、相互促进，这是教科书编排上的特色。所以我们在教学中可以尝试围绕习作要素落实单元整体设计教学的想法。

（2）落实方法的梳理

一是明晰单元导语中习作训练重点。统编教科书单元导读中明确指出阅读和习作两方面的教学重点，而且这两方面都是相辅相成的，阅读能力的培养正是为更好完成习作任务作铺垫。例如四年级上册第四单元安排了四篇神话故事《盘古开天地》《精卫填海》《普罗米修斯》《女娲补天》。阅读教学任务一是"了解故事的起因、经过、结果，学习把握文章的主要内容"；二是"感受神话中神奇的想象和鲜明的人物形象"。习作内容是"我和____过一天"，要求是展开想象，写一个故事。习作最后要达到的目标是大胆想象和一个神话或童话人物过上一天，想象要依据人物的特点，要把一天中的经历写清楚。由此可见，本单元阅读教学的重点正是为突破习作重点作准备的。因此我们要在带领学生进入单元学习之初，就明晰写作要达到什么目标，阅读能力的提高，有助于突破习作哪方面的难点。只有提前知晓，才能做到心中有数。

二是学习单元中阅读课例的写作方法。在进行单元阅读教学时，教师要带领学生站在单元习作的高度，审视每篇课文，透过"写什么"的内容学习，慢慢走进"怎么写"的形式研读，从而探寻出单元习作的奥妙。还以四上第四单元为例，习作内容是"我和___过一天"，要求是展开想象，写一个故事。我们组织阅读教学时，可以根据不同课文，联系单元导读中制定的阅读和习作教学双线目标。首先通过三篇精读课文《盘古开天地》《精卫填海》《普罗米修斯》的学习，引导学生获得把事情写清楚的初步认识与体会。一是写事情要有一定的顺序；二是要关注事情的起因、经过和结果。习作表达目标是在《盘古开天地》《普罗米修斯》的教学中，引导学生领悟并学习作者叙事时大胆展开想象的表达方法，体会大胆、合理想象细节，可以使文章感人的妙处。《精卫填海》和《女娲补天》故事相对短一些，习作表达的目标则可确定为学习作者条理清晰地写一件事。这样在阅读教学中渗透着习作教学的训练点，而且依据课文特点分散了教学的难点。

三是习作指导策略有的放矢。在单元习作教学中究竟该运用课文中习得的哪些方法，如何运用这些方法？这需要教师找准单元阅读和习作的结合点，在读中体会写作方法，在仿中练就写作技法。王荣生教授说："将含有无限可能性的选文，限制在一个特定的侧面、特定的点来作为例子，这就是'范文'的实质。"如四年级下册巴金笔下的《海上日出》，文章脉络清晰，按日出前、日出时、日出后的顺序重点描绘了晴朗天气和有云时海上日出的几种不同景象，对光和颜色的描写十分生动。《记金华的双龙洞》记叙了叶圣陶游览金华双龙洞的情景，是按游览顺序记叙的。先写沿途所见的美景；继而写外洞的洞口、外洞；再写孔隙；最后写内洞。是按空间顺序写的。教学时把这样的结构讲清，帮助学生理清思路并运用到本单元"游___"的习作中，给学生一个规矩，让他们在规矩里成方圆。

7. 统编教科书习作单元"习作例文""初试身手"板块如何教学?

（1）问题分析

统编教科书编写的一个特点就是增加了习作单元。习作单元自成体系，具有整体性特点，包括六个部分：导语、课文、交流平台、初试身手、习作例文和习作。这个单元的精读课文要注重引导学生体会课文在表达上的特点，学习课文的表达方法。那么"习作例文""初试身手"两个板块该怎样教学呢？

（2）"习作例文"教学建议

教科书中选编的习作例文与略读课文编排方式不同，承担的功能不一样，不能当成略读课文教学。习作例文选取的文章贴近儿童的生活，便于学生仿写，教学功能更是直接指向习作，分别以批注和课后思考练习的形式来实现。旁批只是针对局部的或某一点内容，针对精彩的、表达上有特点的、有启发或者有疑问的词句段，一般不对内容的体会、感受作批注。主要分两类：一类直接点出习作的知识与方法；一类用提问的方式，启发学生自己思考。两篇例文，在选取材料、表达方法、目标与要求等方面，也各有侧重。第一篇习作例文旁批侧重点评；第二篇习作例文侧重引导学生体会训练点。如果有特别精彩的或者与第一篇习作例文表达上明显不同的，可以引导学生提出两三个问题，或在空白处简单地写一写自己的批注。

例如三年级上册的习作例文教学重点，就是围绕课后练习和旁批让学生进一步感受作者观察的细致。

在教学《我家的小狗》时，引导学生通过感受小狗"王子"的淘气可爱来感受作者观察的细致，通过对两个旁批的学习，进一步强化这个认识：正是因为作者的细致观察，他才能发现"王子"学"狗"字的时候叫得最欢，也才能发现"王子"竟然敢跟火车赛跑这样有趣的事情。

在教学《我爱故乡的杨梅》时，首先引导学生通过对杨梅外形、颜色和味道等特点的梳理，体会作者运用多种感官去观察的方法。通过学习两个旁批，进一步感受作者观察的细致。

（3）"初试身手"教学建议

在进入"初试身手"之前，学生已经学习了本单元的前三项内容：导语、精读课文和"交流平台"，此时需要来一次小规模的实践性练习，就是一次片段小练笔活动。从整个体系来看，每个习作单元都有两次写的内容，一个是"初试身手"，一个是"习作"。大多数习作单元的这两个板块，教科书都编排了不同的练写内容，因此这两个板块应该是相对独立的：一个是小试牛刀，用几句话先写一写；一个是综合运用学到的方法，写的内容相对完整。但也有单元的"初试身手"是"习作"前的一次试写，而"习作"是在"初试身手"基础上进一步提升，两次练写的成果是不一样的。例如三年级上册第五单元"初试身手"，要求能观察生活中的事物，并用几句话写下观察所得，和同学交流。习作训练要求能继续仔细观察一种事物，把观察所得写下来。

教学过程中我们先完成两篇精读课文的教学，重在观察和表达方法的发现与获取，凸显"阅读铺路，读中学写"之理念。接着通过"交流平台"的讨论、交流，整理归纳出本单元习作要素（例如三年级上册第五单元通过"交流平台"，我们归纳出"留心周围的事物，我们就会有新的发现""细致的观察可以让我们对事物有更多更深的了解"两个习作要素）。再通过"初试身手"，尝试运用总结出来的习作方法写几句话。

"初试身手"的教学要引导学生读懂要求，例如三年级上册第五单元内容："你在生活中观察到了什么？用几句话写下来和同学交流吧！"我们就要引导学生读懂两方面要求：在观察实践的基础上做交流；尝试写下来，写后再交流。第一个出示的小片段是引导学生回忆留心观察才会有发现。第二个片段引导学生复习使用多种感官做细致观察的方法。实践中尽管有些学生能够写得多一些，但是目标要求一定不能拔高。

C. 简析统编语文教材五年级上册习作单元

自 2018 年我区接触语文统编新教材之初，区语文工作坊的各位教研组长就开始在教研员杨广荣老师的带领下围绕统编教材的编写理念、体系构建、育人价值等方面进行深入学习，并针对统编教材各个板块开展了课例研修。今天结合统编语文教材五年级上册第五单元（即习作单元）与大家交流教材解读与教学建议。

一、习作单元的结构

小学语文统编版教材自三年级开始每册教材都独立编排了一个以培养习作基本能力为核心的习作单元，这样的特殊单元体例，是以往各个版本教材编排中没有出现过的。统编教材习作单元依据学生作文能力发展的规律，提出最基本的写作方法，每学期都有凸现的习作教学重点。

表 1-8　统编教科书习作要素梳理

册次	语文要素	册次	语文要素
三上	留心观察	三下	展开大胆的想象
四上	把一件事情写清楚	四下	按一定的顺序写景物
五上	运用说明方法介绍一种事物	五下	学习描写人物的方法
六上	围绕中心意思写	六下	表达真情实感

习作单元围绕"学习表达方法 培养习作能力"这一核心任务，安排了六个在教学内容、教学形式上完全不同的部分：单元导语—两篇精读课文—交流平台—初试身手—两篇习作例文——单元习作。

二、明晰各板块所承载任务

1. 单元导读——指出单元语文要素，突出表达方法

本次习作的语文要素有两条，第一条"阅读简单的说明性文章，了解基本的说明方法"，指出了单元读写结合点。第二条"搜集资料，用恰当的说明方法，把某一种事物介绍清楚。"指向习作要点。

2. 精读课文——从阅读中学习习作知识和表达方法

习作单元的精读课文与普通单元的精读课文在功能定位上有所不同。习作单元精读课文指向"写作"的阅读，其功能是引导学生关注习作知识和表达方法。所以精读课文的课后习题也明确指向学习表达方法。

例如《太阳》作为习作单元中的精读课文，课后第二题就指向对说明方法的学习。要引导学生了解列数字、作比较、举例子这些基本的说明方法，体会其好处并学习运用。

在此基础上学习的第二篇精读课文《松鼠》是文艺性说明文，课后第二题，就是引导学生感受说明性文章不同的语言风格，可以像《太阳》一样平实，也可以像《松鼠》一样活泼。

3. 交流平台——归纳梳理，提炼方法

这一板块主要是在学习两篇"精读课文"之后，以对话的形式，总结归纳出本单元的集中体现的写作知识和表达方法。本单元交流平台梳理总结了说明性文章的作用和它在表达上的一些特点：

①说明性文章能帮助读者认识事物，获取知识。

②运用恰当的说明方法可以将抽象复杂的事物介绍得通俗易懂。

③要抓住事物鲜明的特点进行具体说明。

④说明性文章的语言风格多种多样。

⑤表达时都要做到准确、清楚，有条理。

4. 初试身手——学生初步尝试运用，教师诊断教学

学生通过导语、精读课文和"交流平台"的学习，此时需要来一次小规模的实践性练习，将前面学习到的习作知识向写作能力进行迁移，进行一次片段小练笔尝试。

本单元初试身手第一题以电视塔为例，引导学生选择身边的事物，有意识地进行观察或搜集资料，运用多种说明方法，抓住特征介绍事物，进行片段描写。

第二题让学生将散文《白鹭》的部分段落改写成说明性文章，介绍清楚白鹭的外形特征，再与原文作比较，让学生进一步体会到说明性文章和叙事抒情性文章的不同，感受到说明性文章的语言特点。

5. 习作例文——进一步感知方法

习作例文就相当于平时习作课上我们为学生提供的范文，是为了指导学生习作服务的。习作例文不单独占用课时，要放到习作教学中进行。

6. 习作练习——综合运用形成单元学习成果

教材呈现的是一个体现写作全程的综合性教学过程。"习作单元"的习作较之其他单元的同类习作，给予学生个性化的空间更大，习作选材上也呈现出多维度的空间。

本单元安排的习作"介绍一种事物"，是对本单元学习的说明方法和布局谋篇相关知识的综合运用。我们从书中表格左边第一栏内容可以感受到选材的角度广，可以是动物、植物、物品、美食以及感兴趣的话题，将"事物"的范围全部囊括其中。而从表格呈现出来各种题目，我们可以感受到介绍的角度也很广泛，可以介绍事物的特点，例如：恐龙、菊花。还也可以介绍制作和使用的方法，例如：溜溜球的玩法，怎样泡酸菜。

而写之前，教材中要求细致观察要写的事物，并搜集相关资料，进一步了解这个事物，想清楚从哪几方面来介绍。这一部分的要求是对三上仔细观察的方法和三下第七单元《国宝大熊猫》这个习作中学到的"初步学习整合信息，介绍一种事物"这些学习过的习作知识的综合运用。

而写时注意几点，是要求学生综合运用多种表达方法，对学生思维发展提出了更高要求。

三、灵活处理各板块之间的关系

习作单元六个板块全部指向"写作"。如果把从开始学习"写作知识"到最终形成"习作能力"，作为习作单元的一个完整教学任务，那么这六个版块实际就是引领学生经历从学习"习作知识"到形成"习作素养"的全过程。

一般我们教学是按照从精读课文中学习感受说明方法，在交流平台中归纳梳理，提炼学到的说明方法和表达方式，在初试身手中尝试运用一两种说明方法进行片段练习，经过初步尝试运用，学生有了基础段落或重点段落的习作经验，最后进入整篇的大习作训练。教师适当引入习作例文进行点拨，引导学生经过比对发现自己习作中的不足，从而进行修改提升习作能力。

但是我们也可以灵活处理各板块之间的关系，不一定必须按照教程编排的顺序进行。

方法一：可以把初试身手和精读课文相联系，在教学完《太阳》一课列数字、举例子、作比较的说明方法后，我们可以结合初试身手第一题引导学生进行小练笔，看看能否运用学到的一两种说明方法写出身边事物的特点。

《松鼠》一课重点是引导学生体会说明文语言风格的多样性，我们在学完《松鼠》一课后就让学生完成"初试身手"的第二题，让学生在改写过程中体会说明性文章和叙事抒情文章语言风格的不同。

　　方法二：我们还可以把初试身手和大习作结合。可以在完成初试身手第一题的基础上，进行大习作的练习。例如学生在初试身手中介绍的是小动物一个特点，我们可以接着引导学生在大习作中写出小动物的其他方面的特点或者生活习性，这样就大大降低了选材的难度，做到由易到难，有段到篇的训练。

　　方法三：习作例文可以和精读课文相结合。例如在学习《太阳》一课列数字的说明方法后，我们可以引入习作例文《鲸》的第一段，引导学生感受列数字的说明方法能准确有说服力地写出鲸的大这一特点。

四、需要注意的问题

1. 准确定位习作单元的精读课文

　　习作单元的精读课文与普通单元的精读课文在功能定位上有所不同。习作单元精读课文指向写作相关知识，普通单元的精读课文，指向理解文章内容。

　　例如《太阳》这篇课文曾是人教版三年下册的一篇精读课文，比对两套教材的课后题，我们发现作为普通单元的精读课，在教学时更偏重于文章内容的理解，也就是重点落在明确作者写了什么上面。当它作为习作单元中的精读课文，教学重点则落实在学习作者怎么写的方法上，也就是学习作者用什么方法把太阳的特点写清楚、写明白的。所以教学中我们设计了让学生自主学习填写表格，目的就是帮助学生明确作者写了什么，用什么方法写的，这样写的好处什么。同时梳理出文章布局谋篇的方法。

　　同样，《松鼠》一课也承担着相同教学任务，它是一篇文艺性说明文，如果作为普通单元的阅读课文来教学，重点就是让学生了解松鼠的特点，是对文章写什么的理解。而它作为在习作单元的精读课文，教学目标就不一样，目的是让学生通过与《太阳》一文的比对，感受说明性文章的

不同语言表达风格。

2. 正确定位习作例文并恰当地使用

习作例文不能当作普通单元的略读课文来教，习作例文就相当于平时习作课上我们为学生提供的范文，是为了给学生习作提供一定帮助的，所以习作例文不是略读课文不单独占用课时教学，要和习作在一起的使用。

习作例文可以放在习作前指导习作时用，也可以放在学生习作完成后，进行评改时候运用。比如当学生没有写明白小动物的特点时，我们可以引导学生读习作例文《鲸》，结合批注看看作者怎么介绍清楚鲸外形大、鲸的捕食方式和呼吸方法的，学生在与自己习作比对的过程中发现了自己习作的修改方法。

五、具体落实方法

（一）凸显习作单元要素，体会语言特点，学习表达方法

《太阳》一课的教学教师依据习作单元精读课文所承载的任务，准确定位了本课教学重点，就是学习作者运用的说明方法，体会其好处并尝试运用。所以教师在每一步教学中都紧紧围绕着学习作者运用多种说明方法把事物介绍清楚展开。

1. 回顾方法，关注链接，明确学习重点

上课伊始，教师以学过的课文中的例子，引导学生回顾列数字这种最基本的说明方法，并回忆曾接触过的说明方法。这样在新旧知识的链接中自然引出今天学习的《太阳》一文，明确学习任务，那就是"文章怎么用不同的说明方法恰到好处地把太阳的特点说清楚，写明白的。"

2. 借助表格，理清结构，落实教学重点

引导学生借助说明文层次清晰的特点，梳理文章主要内容，运用填写表格的形式为孩子构建文章的整体结构框架。同时表格内容的设计，也凸显了教学重点就是研究作者怎么写，并体会这样写的好处。

写什么		怎么写（说明方法）	好处
特点	远		
	大		
	热		
过渡句			
作用			

3. 围绕表格，层层递进，学习说明方法

有了表格所呈现的研究方向，接下来老师就引领学生"通过自读自悟，圈画出作者在说明太阳特点时候所运用的说明方法，并做好标注。"展开有层次的学习。以列数字这个说明方法为线索，牵动整体学习过程。

（1）首先通过两句话的对比，引导孩子明确列数字的说明方法好处是准确介绍事物特点。

（2）接着老师引入习作例文《鲸》的第一段，进一步感受到列数字这一说明方法不但能突出鲸大的特点，而且准确有说服力。

（3）第三步，教师引导学生思考作者列出的第二组数据，【到太阳上去，如果步行，日夜不停地走，差不多要走三千五百年，就是坐飞机，也要飞二十年。】有什么意义。学生在比对中明确了要把一个事物的特点介绍清楚，只用一种说明方法是不够的，还可以举出身边的例子，与生活中熟悉的事物作比较。从而引导学了解举例子，作比较的说明方法的好处就是能把事物介绍得更清楚。

（4）在理解太阳大的特点时，教师给学生呈现了自己列出的一组数据，【大约1000个木星的体积才能抵得上一个太阳。】让学生与书中的句子比较，引导学生明确，在运用列数字的说明方法时，所列数字不能太大，一方面不好认读，另一方面无法让人在头脑中清晰感受事物特点。所以作者选用了我们熟悉的地球与太阳做比较，让我们真切感受到太阳大的特点。这一步的教学，目的是引导学生懂得要运用说明方法要恰当。

（5）最后老师联系表格总结介绍一种事物的方法，就是要选择恰当的说明方法。所列举的数字，一定要查找资料和相关数据，必须真实可信。在用举例子、作比较的说明方法时，要选择生活中熟悉的事物，才能让读者切身感受到事物的特点。

4. 提炼概括，交流互补，明晰太阳作用

5. 提供资料，激发兴趣，知识迁移运用

老师提供关于人体细胞的资料，请同学用上一种或者两种今天学习的说明方法来介绍一下细胞的特点。

总之《太阳》一课围绕着研究作者"写什么"和"怎么写"这两个目标，展开教学，抽丝剥茧引领学生学习表达方法。

（二）在比对中感受说明文多样的语言风格

《松鼠》一课教学的前两个环节与《太阳》一课相近。

1. 回顾方法，关注链接，明确学习重点

都是通过先回顾旧知，在新旧知识的衔接中明晰了本节课要学习另外一种语言表达特点的说明文《松鼠》。

2. 借助表格，理清结构，落实教学重点

仍延续太阳一课的学习方法，借助表格帮助学生梳理文章脉络，理清作者是从外形特点和生活习性两大方面介绍松鼠的。生活习性中又是分四个自然的四个方面分别介绍松鼠的生活规律、活动特点、选址搭窝和其他习性。描述这些内容时还恰到好处地用一句话进行概括，整段课文都是围绕这句话详细描述的。这样的设计是为学生习作中，分段介绍一种事物不同方面的特点打下基础。

3. 围绕习题，细读对比，学习表达方法

（1）教师以课后题为切入口引导学生通过三组比对逐步引导学生明

晰介绍事物的同一个方面特点,要想使说明准确简洁就用列数字的方法,要想使表达生动形象就用打比方的方法。

(2)接着老师引导学生在课文的2、3自然段中找找作者运用了哪些说明方法把松鼠的生活规律、活动特点介绍明白的呢? 画出相关句子,把说明方法标记在旁边。这个环节的设计目的是引导学生进一步体会作比较这种说明方法可以使文章变得生动有趣。

4.总结方法,学以致用,链接初试身手

这一环节中教师先总结说明文不同的语言表达风格,接着链接初试身手的第二题,引导学生通过查找资料试着将《白鹭》2-5自然段改写成一段说明性文字,在学以致用中感受说明文多样的表达风格。

(三)尝试运用有效指导完成片段写作

1.运用单元学习收获,读懂"初试身手"例文

(1)老师首先带领学生回顾在习作单元两篇精读课文中学到的把具体的事物介绍清楚的说明方法,以及说明文不同的语言表达风格。

(2)接着老师引入"初试身手"第一题对电视塔介绍的文字和图片,让同学读一读提炼出这段文字写了电视塔什么特点,运用什么说明方法。让学生真切感受作者要体现电视塔高这一特点,选择了列数字作比较打比方的说明方法,短短两句话就把特点介绍清楚明白了。

2.趁热打铁尝试仿说

刚刚在老师的点拨下学生已经掌握了写出电视塔高这一特点的方法。接着教师出示学校的旗杆图片,让学生观察尝试写出他的特点。选择旗杆进行练笔,其实就是一个仿写练习,因为他与电视塔的特点相似都比较高。学生只要把刚刚学到的方法进行迁移就可以完成这个片段的写作,而且教师提供了教学楼、五年级儿童身高数据、旗杆具体高度的数据,这些资源的提供让学生在运用列数字、作比较等说明方法时,能真正有

话可说，有例可举，大大降低了写作的难点。

进过自由练说，在老师的帮助指导下，很多学生都能完整地说出旗杆高的特点，并感受到写说明文也不是那么难，我们要选择恰当的说明方法用平实的语言就可以介绍自己身边最为熟悉事物的特点。

3. 拓宽选材跟进指导

学生在仿写中尝试运用了说明方法，而且初步感受到介绍一种事物，先要确定介绍什么特点，再选择适当的说明方法。

尝试介绍了静态的事物，接着教师出示了泰迪狗的图片引导学生进行介绍动物的练笔。教师分为三个步骤引导学生进行练笔。

（1）先带领学生回顾《松鼠》第一自然段对外形的介绍方法，之后进行仿照来介绍泰迪狗的外形。学生先确定要介绍小狗可爱的特点，然后按照一定的顺序进行观察，并适当地运用打比方的说明方法介绍小狗可爱。

（2）教师播放小狗玩耍、吃食物、奔跑等视频引导学生进行观察，为学生介绍小狗的生活习性做好铺垫。

（3）学生自己组织语言后介绍小狗。教师、学生进行点评。

4. 指导选材明确练笔内容

当学生口述了静态的旗杆、活泼的小动物后，虽然没有落笔写，但本单元两种说明文的语言风格学生都尝试运用了。接着教师帮助学生明确什么是身边事物，我们可以从动物、植物、建筑、物品等方面进行选材，选后学生要确定自己介绍事物什么特点。

5. 动笔练习反馈改进

有了前期有效的指导，学生又明确了自己要介绍的事物的特点，接下来学生动笔进行片段书写就水到渠成，都能有话可说，最低程度学生能写出旗杆或者泰迪狗，程度好的学生就可以选择身边其他事物介绍。最后学生在交流反馈中相互取长补短，逐步把知识转化为能力。

（四）借助习作要求 扩宽选材范围，依托习作例文 学习多角度介绍

本次习作《介绍一种事物》重点是"抓住事物主要特点，运用恰当的说明方法，从不同方面把一个事物介绍清楚。"但具体可以从哪些方面介绍事物的一个特点，习作单元却没有专项指导，所以本次习作我们定位在文前指导，重点是帮助学生扩宽思路，明晰可以从哪些方面入手介绍事物一个特点。动笔写作和评改我们放的第二课时。下面重点介绍本节习作课的两个过程

1. 充分发挥习作要求中表格蕴含的作用

（1）观察表格确定写作范围。

教师引导学生读习作要求，明确本次习作选材更广了不再局限于身边的事物，而是自己感兴趣的事物。接着教师引导学生观察确定可以写的范围，学生通过观察发现表格左边一栏，呈现的动物、植物、物品美食或其他感兴趣的内容都是我们可以写作的范围。

（2）观察表格拟定文题。

确定了写作范围，教师接着引导学生观察表格后三组发现他们都与文章题目有关，随后教师分三组引导学生观察题目，

第一组: 从《恐龙》《灯》《菊花》引导学生发现文题可以是平白如话，写什么就以什么为题目。

第二组: 通过《袋鼠的自述》《种子的旅行》引导学生发现文章运用拟人化的口吻，换一种人称，更妙趣横生吸引人。

第三组: 从《溜溜球的玩法》《涮羊肉》《泡酸菜的做法》这几个题目中教师引导学生发现我们还可以写事物的制作过程或者某种事物的玩法。而且以此命题主题鲜明。

经过对几组题目分析，此时教师引导学生给自己要介绍的事物命题就水到渠成了。

2. 依托习作例文，学习多角度介绍

如果说上面的环节教师引导学生确定了写什么，那么这个环节就是帮助学生明确怎么写。

（1）教师带领学生回顾精读课文《松鼠》一文的框架结构，明确作者从外形和生活习性两方面介绍松鼠的，为了使生活习性这部分的特点，介绍的更有条理，作者又从这四方面逐条介绍。

如果说松鼠为我们提供了写身边的熟悉小动物的范例，那么习作例文《鲸》就为我们提供了写不熟悉的动物，可以用什么方法，抓住哪方面的特点进行介绍的范例。

（2）教师带领学生一起读例文的第一自然段，梳理出作者介绍了鲸庞大的特点，运用了作比较、列数字、举例子的说明方法。

（3）引导学生用这段文字与《松鼠》一文的外形介绍进行比对，发现语言风格的不同。

（4）学生对习作例文的内容和批注，进行自学梳理，发现作者从捕食方式、呼吸、睡觉、生长速度惊人等方面介绍鲸生活习性的特点。与介绍《松鼠》生活习性的几个方面有所不同，使学生明晰了都是介绍生活习性，我们介绍的角度可以不同。

（5）打开了学生的思维，教师趁热打铁让学生思考介绍泰迪狗、介绍植物丁香花、介绍表格中的扫地机器人、介绍美食我们都可以从哪些方面，抓住什么特点介绍呢？

学生在讨论交流中拓宽了思路，丰富了可以介绍的角度。期间教师适时引入第二篇不同风格的习作例文——《风向袋的制作》，为这方面选材的同学提供了参照。

D. 依据统编教材特点，准确定位文言文教学目标

中华优秀传统文化是由崇高的民族气节、优秀民族的精神凝结而成，也是中华民族精神核心所在。小学 2011 版《语文课程标准》中提出"认识中华文化的丰厚博大，汲取民族文化智慧。"2017 年《中共中央办公厅、国务院办公厅关于实施中华优秀传统文化传承发展工程的意见》颁布，首次以中央文件形式推动延续中华文脉，传承中华文化基因，习近平总书记更是在多个场合为优秀传统文化"代言"。由此可见，中华传统文化是我们民族的"根"和"魂"，而新版的统编小学语文教材从识字第一课《天地人 你我他》就处处彰显着中华优秀传统文化教育的理念，六个年级 12 册中，古诗文 124 篇，占所有选篇的 30%，比原有人教版增加 55 篇，增幅达 80%。特别是教材从三年级开始安排了 14 篇文言文的学习，这也是统编教材的一大变化。

文言文对于小学生特别是中年级的学生来说，学习有一定的难度。大多数学生对这一文体比较陌生，读起来、理解起来都比较晦涩，学习起来会存在一定的为难情绪。所以如何教好小学统编教材中的文言文，是摆在教师面前的一个不可回避的问题。为此我校语文团队分年段开展了《把握统编教材特点 准确定位文言文教学课时目标》的主题研修，归纳整理出几点准确定位各年段文言文教学课时目标的方法。

一、依据教材编写整体理念，确定一以贯之的教学目标

统编教材中体现的一以贯之的课时目标就是激发学生学习文言文的

兴趣。我们纵观教材中各年级安排的 14 篇文言文，除五年级上册两篇文章以外，其余篇目内容故事性都很强，特别像历史故事《司马光》《囊萤夜读》《铁杵成针》都是学生早就熟知的故事，只是用不一样的语言表达形式呈现出来，而著名的思维科学家张光鉴在《相似论》中曾经说道："学生只对既熟悉又陌生的事物感兴趣"。所以这样的选文方式正凸显了统编教材文言文一以贯之的教学重点就是激发学生对文言文学习的兴趣。而且纵观每一册教师用书开篇在编写说明中都对文言文教学内容进行了强调，都突出以各种形式激发学生学习文言文的兴趣。

表 1-9　统编教材文言文篇目

年级	文言文篇目
三年上册	《司马光》
三年下册	《守株待兔》
四年上册	《精卫填海》《王戎不取道旁李》
四年下册	文言文二则《囊萤夜读》《铁杵成针》
五年上册	《少年中国说（节选）》《古人谈读书》
五年下册	《自相矛盾》《杨氏之子》
六年上册	《伯牙鼓琴》《书戴嵩画牛》
六年下册	《学弈》《两小儿辩日》

二、依据课后练习内容，确定"朗读训练"教学目标

明确了教材中文言文整体的教学目标，我们再来看各年段不同的教学侧重点，而教科书对各年段文言文教学定位，是通过课后题从朗读训练、理解内容、语用三个方面有梯度地呈现出来。

表 1-10　统编教材对文言文朗读要求

年级	文言文篇目	课后练习.朗读训练
三上	《司马光》	跟着老师朗读课文，注意词句间的停顿。背诵课文
三下	《守株待兔》	把课文读通顺，注意读好"因释其耒而守株"。背诵课文。
四上	《精卫填海》《王戎不取道旁李》	正确、流利地朗读课文。背诵课文。
四下	文言文二则《囊萤夜读》《铁杵成针》	借助注释，理解课文中每句话的意思，再正确、流利地朗读课文。
五上	《少年中国说（节选）》	正确、流利地朗读课文，做到连贯而有气势。背诵课文。
五上	《古人谈读书》	正确、流利地朗读课文。背诵课文。
五下	《自相矛盾》	正确、流利地朗读课文。背诵课文。
五下	《杨氏之子》	正确、流利地朗读课文，读好下面的句子。背诵课文。孔指以示儿曰："此是君家果。"未闻孔雀是夫子家禽。
六上	《伯牙鼓琴》《书戴嵩画牛》	正确、流利地朗读课文。背诵《伯牙鼓琴》。
六下	《学弈》《两小儿辩日》	正确、流利地朗读课文。背诵课文。

　　梳理各册教材中对文言文朗读的要求，我们不难看出，三年级上学期第一次接触文言文，所以教材要求学生跟着老师读正确即可。学生朗读文言文时最大的障碍是不会正确断句，这主要是因为不理解文字意思所致。所以教师要通过多种形式的跟读，让学生在反复朗读中感受停顿的一些规律。比如像"群儿""一儿""众""光""儿"这些词语都是表示人物，他后面的词句都是在说人物做了什么或怎么样，一般遇到"谁做了什么"或者"谁怎么样"的句子时，我们都在表示人物的词语也就是"谁"后面稍作停顿。而三年下朗读的提升点则落在，朗读文言文时，读准难读的语句，初步获得语感。

四年级上册两篇文言文都要求"正确、流利地朗读课文、背诵课文"。教师用书中明确指出：是让学生在教师的帮助下正确、流利地朗读文言文，获得初步的文言语感。四年下开始引导学生自己把文言文读正确、读流利的方法就是结合注释理解每句话的意思，再根据句子的意思读出正确的断句。

　　五年级随着年级的升高，文言文内容越来越长，所涉及的句子也越来越复杂，朗读方面的教学目标也逐步提高，要求学生借助对文本的理解，独立把文言文读正确、读流利，在《少年中国说（节选）》中还要引导学生结合文意和时代背景准确把握课文的感情基调。

　　纵观各年段朗读训练，学生经历着"跟着老师学习正确流利地朗读 —→ 在老师的帮扶下尝试着自主朗读 —→ 运用所学方法在理解文章的基础上自主朗读"的过程，朗读能力逐步提高。而且每个年段都要求背诵课文，这不但丰富了学生的语言积累，同时也潜移默化地增强着学习文言文的语感。

三、依据课后练习内容，确定"理解感知"教学目标

表1-11　统编教材文言文教学"理解感知"教学目标

年级	文言文篇目	课后练习.理解感知
三上	《司马光》	借助注释，用自己的话讲一讲这个故事
三下	《守株待兔》	借助注释读懂课文，说说那个农夫为什么被宋国人笑话。
四上	《精卫填海》《王戎不取道旁李》	结合注释用自己的话讲讲这个故事。
四下	文言文二则《囊萤夜读》《铁杵成针》	1.借助注释，理解课文中每句话的意思。 2.照样子填一填。
五上	《少年中国说（节选）》	能借助注释，理解课文内容，体会少年中国与中国少年之间的联系。
	《古人谈读书》	1.借助注释，用自己的话说说课文大意2.联系自己的读书体会，说说课文的哪些内容对你有启发。

续表

年级	文言文篇目	课后练习．理解感知
五下	《自相矛盾》	1. 联系上下文，猜测加点字的意思。 2. 用自己的话讲这个故事。 3. "其人弗能应也"的原因是什么？生活中有类似的事情吗？
	《杨氏之子》	借助注释了解课文内容，说说从哪些地方看出杨氏之子的机智与幽默。
六上	《伯牙鼓琴》 《书戴嵩画牛》	1. "伯牙破琴绝弦，终身不复鼓琴，以为世无足复为鼓琴者。"说说这句话的意思再结合"资料袋"和同学交流感受。2. 用自己的话讲讲《书戴嵩画牛》故事。
六下	《学弈》《两小儿辩日》	1. 联系上下文，理解下列加点字的意思。2. 对照注释，想象每句话的意思，再连起来说说故事的内容。3. 在《两小儿辩日》中，两个小孩的观点分别是什么？他们是怎样说明自己的观点的？

　　纵观课后练习中对"理解感知"的目标要求中都提出要借助注释理解文章内容，但每个年级要求各不相同，也是有梯度变化的。三年级是引导学生迁移运用借助注释学习古诗的方法，让学生借助注释讲故事，不要求逐字逐句翻译，而是整体感知故事了解其大意即可。过于生硬机械地翻译会让学生觉得晦涩难懂，失去学习的兴趣。四年级下册则要求借助注释，理解课文每句话的意思，同时教给学生理解关键字词意思的方法。到了五年级课后练习中则出现不同角度对课文内容进行深入理解，培养了学生的思维能力。五上《古人谈读书》要求学生结合自己生活中读书经验谈读书体会，这是培养思维的独特性；五下《自相矛盾》则启发学生关注寓言故事渗透的逻辑；六上《伯牙鼓琴》则引导学生结合资料袋，交流对人物形象的感悟感受；六下《两小儿辩日》则引导学生关注议论文的论点和论据之间的关系，锻炼学生的思辨能力。

　　课后练习中还提供了学生理解文言文大意及重点词语的方法，比如"借助注释""组词理解"（四年下知识泡泡中提到的"用这样的方法，我们能更好地学习文言文。"）"用自己的话讲故事""结合资料袋""结

合生活实际""联系上下文猜测"等。教学过程中我们要结合深入理解课后练习的设计意图，并根据学生的具体学情灵活运用这些方法，引导学生理解感知文言文的意思。

四、依据课后练习内容，确定"语用"教学目标

语文课程是一门学习祖国语言文字运用的综合性、实践性课程。所以在文言文教学中，教师同样要挖掘课后练习中体现的语用层面的内容来确立教学目标。例如在《司马光》一课中，我们一方面要引导学生从课后练习第三题"这篇课文和其他课文在语言上有什么不同？和同学交流。"中初步感受文言文的特点，简单说出文言文与现代文的区别。一方面我们要结合课后练习第二题"能借助注释了解课文大意，并用自己的话讲故事。"引导学生借助注释或是插图用自己的话讲故事，发展学生自身的语言表达能力。

而四年级主要引导学生结合注释讲故事，所以三年级出示了一幅完整的插图，四年级《精卫填海》只出示了故事中一个片段的插图。在讲述故事的要求方面也有了提升，三年级能够把故事讲出来即可，而四年级要根据单元的语文要素，按照起因－经过－结果，把事情说完整。而且三年级是让学生简单说出文体的区别，而四年级是让学生感受人物形象，体会精卫的美好品质。

五年级的议论文《少年中国说（节选）》所在的单元语文要素是结合资料，体会课文表达的思想感情。因此，我们在确定教学目标中不仅要强调从文本中理解课文内容，还要结合现实生活中的人和事进一步感悟文本的思想感情，并在制作手抄报的过程中完成语言文字的积累与运用。

以上是我校语文团队针对"把握统编教材特点 准确定位文言文教学目标"这一主题展开研修后，梳理出来的如何确定一节文言文教学目标的几种方法。关于统编教材文言文教学的研究，我们会继续一路探索。

E. 把握语文学科特点　提升学生语文素养
——《端午粽》课堂教学设计的反思

文本解读

《端午粽》是统编教材一年级下第四单第 10 课的教学内容，本单元语文要素是指导学生读好长句子。在第 9 课《夜色》一文中出现了比较明显的长句子，课堂中老师只是初步引导学生感知长句子的停顿，读通、读懂长句子即可；而在第 10 课教学中教师要对长句子的朗读方法作重要指导，说明这一课也是学生学习读好长句子的重要起步阶段，由此我确定了本课教学的一个重点。

课程标准中明确指出低年段语文以识字写字教学为重点，统编教材在实施过程中也要求低年级的阅读课要完成三部分内容：识字、阅读、写字。所以我在教学预设时，确定了本课两个教学目标。

■【教学目标】

1.通过多种识字方法认识"端、粽"等 13 个生字，复习形声字及多种识字方法的同时，鼓励学生留心观察，在生活中识字。

2.重点学习"分、米"两个汉字的书写，学生通过观察关键笔画撇捺所处位置不同，书写也存在着变化，从而了解正确、规范书写这两个字的方法。

3.学习运用短语连读，分散难点的方法，读好第 2 自然段第一句话这个长句子，在多种形式的朗读中学以致用，读好课文中其他长句子。

4.通过观看视频，初步了解端午节包粽子、吃粽子的习俗的来历，

进一步感受中国传统文化的魅力。

■【教学反思】

反思本节课的教学，我能够完成预设的教学目标，在以下几点做得比较好。

一、精准定位课时目标，找准提升学生语文能力的增长点

1.多种途径识记汉字，培养识字能力。对于一年级下学期的学生来说，他们已经掌握了一定的自主识字的方法，但还不具备自主归类识记汉字的能力。所以教学中我结合学生已有知识经验和年龄特点，采用随文识字和集中识字相结合的方法，对13个生字做合理分类，运用多种途径引导学生识字。例如："端"和"粽"字在教学中渗透字理识字的方法，"豆"和"肉"字是创设超市商场的购物环境，培养学生在生活中主动识记的意识，"带"字则利用一字多义组成词语多见面的方法识记，而"念"是联系故事内容理解记忆。最后再调动学生运用以前就已经掌握的"熟字加、减偏旁"和"熟字换偏旁"等识字方法识记剩余的生字。学生在学习中收获的不仅仅是这十几个汉字，更是识字的兴趣和能力。

■【教学案例】：谈话导入 识记汉字

（1）中国人的传统节日总是和美食分不开的，你们知道这些节日和哪些食物是对应的吗？（春节吃饺子，元宵节吃元宵，端午节吃粽子，中秋节吃月饼）再读一读这些节日的名字，相信大家一定记住这个"节"字。

（2）今天我们学习的内容就跟端午节吃的粽子有关。端午节的粽子还有一个好听的名字就是端午粽，齐读课题。

（3）字理识字识记"端""粽"。

"端"这个字原本指一个老人，挂着拐杖直立的样子，所以这个"端"字的左半部分就是我们认识的"立"，当立做偏旁时和独体字"立"字有什么区别？你能用"端"字组词吗。

"粽"这个字里面藏着我们今天要学的第二个新偏旁（米字旁），那"粽"字为什么是米字旁呢？引导学生利用以前学过的形声字的方法识记汉字。

（4）创设情境生活中识记"豆""肉"。其实在生活中我们经常会看见"豆"和"肉"这两个字，现在老师领大家去超市转一转。引导学生读商品标签过程中识记汉字。如果同学们仔细看，肉的红白相间的纹理多像肉字当中的这些笔画啊。（渗透字理识字）希望同学们做一个生活中的有心人，在生活当中识记他们也是一种认字的好方法。

2.写字教学突出重点，发现书序规律。本课教学中我重点指导了"米"和"分"两个汉字的书写。选择这两个字的原因是它们都有撇和捺两个基本笔画，而且位置一个在上，一个在下，我重点强调撇捺由于位置不同，书写时要有变化，而且在学生评价时，也强调要围绕这个重点展开。这样潜移默化地引导学生在书写有相同笔画的字时，要特别注意笔画位置的不同决定了它的变化规律，为学生写好一类字做好铺垫。

■【教学案例】指导书写 发现规律

（1）今天我们来写"米"和"分"，他们有什么共同特点？引导学生总结出撇和捺无论在上或下都要写得舒展。

（2）虽然都有撇捺，但它们所处的位置不同，书写时又有什么不同的地方？引导学生注意撇捺位置不同书写也有变化。当撇捺在上要写得略扁，盖住下部分；撇捺在下要写得略长一些，使字显得舒展修长。

（3）学生书写，评价中总结规律。

3.阅读教学，力求一课一得。依据教材单元及本课内容，我确定的学生能力的培养点是引导学生对长句子的内容进行分解，明白句子表达的内容，通过各种形式的练读增强语感、掌握方法，并在其他长句子朗读中实践运用。

二、恰当选择教学策略，找准提升学生语文素养的着力点

确定了教什么，我们进一步要考虑的就是"怎么教"，这正是决定一节课是否高效的核心问题。我把第2自然段第一句话的朗读作为培养学生语文素养的着力点。引导学生通过短语连读，分散难点的方法读好长句子。首先我引导学生读懂外婆包的粽子的材料有"青青的箬竹叶""白白的糯米""红红的枣"。接着我指导学生学习"的"字短语连读的方法，"的"字要读得又轻又快，并反复练读好短语。第三步我通过指导读和学生的个人练读、同桌比赛读等形式，引导学生感受到重读表示颜色的词语、语调上扬、注意节奏，就可以读出粽子颜色鲜艳以及自己对粽子的喜欢。最后同学把短语放到句子中，再借助以前读文的经验注意逗号、句号的停顿，经过反复练习学生循序渐进地掌握了读好长句子的方法。

■ 【教学案例】精读课文 突破难点

（1）外婆包的粽子都需要什么材料啊？引导学生找出：【青青的箬竹叶 白白的糯米 红红的枣 】这些"的"字短语

（2）通过教师范读、学生练读等多种形式，指导学生掌握"的"字短语连读方法。

（3）能用你们的朗读让大家感受到颜色的漂亮吗？

（4）你们也能像这样用叠词说一说表示颜色的词语吗？

（5）这些短语我们读好了，现在我们把它们放回到句子当中。这句话比较长，怎样才能读好呢？除了这些短语要读连贯，我们还要注意在这些"的"字短语前稍作停顿。这里的停顿要比逗号的时间短。

（6）通过教师范读、学生练读、指名读、评价反馈等形式读好这个长句子。

我感觉整个过程中学生是在有目的、有层次的朗读训练中，学会了读好长句子的方法，经历了由开始磕磕绊绊地读，到最后流利有感情朗读的过程，不但获得了语文能力的提升，同时也获得了成功的体验。

三、关注新旧知识链接，找准提升学生语文能力的实践点

我们知道每门课程都肩负着培养学生核心素养的不可或缺的独特使命。而培养学生的语言构建和运用能力是语文学科所承载的一个重要使命。在教学中我努力寻找着学生新旧知识的链接点，选择恰当的契机或创设适合的情境，为学生进行语文实践提供机会。

例如在教学中我通过第2自然段中"青青的箬竹叶""白白的糯米""红红的枣"这些短语的学习，不但教给学生读好"的"字短语的方法，还引导学生联系生活实际说说自己知道的表示颜色的叠词短语。这正是潜移默化地给学生提供了语言实践的空间。

另外当学生学会读好长句的方法后，我趁热打铁请同学运用学到的方法去读第2自然段后面的几个长句子，实际也是为孩子们创设一个学方法、用方法的实践过程。

■【教学案例】学以致用 读好长句子

（1）引导学生运用在第2自然段第一句话中学会的读长句子方法，自己练读第2自然段后两个长句子。同桌两个人每人读一句，看看是不是把这个长句子读好了。

（2）指导把句末的这个词语语调上扬，"清香来""又黏又甜"读得慢一点，注意轻重音，让大家感受到粽子的好闻，好吃。

（3）"外婆包的粽子不仅让我们吃个够，还让我们带回去分给邻居们吃呢"第3自然段这句话也很长，现在我们就用刚才读长句子的方法，大家先练读一下这句话。

（4）总结读好长句子的方法，就要把词语读连贯，在长句子当中要适当停顿。在以后的学习中遇到长句子也用今天的这种方法来多加练习，这样我们的朗读能力就会不断提高了。

四、激发学生学习动机，找准提升学生语文情感的途径

一节语文课我们要关注学生语文能力的提升，同时也要关注学生价值观的构建。本课的一道课后题要求学生了解关于端午节或粽子的故事。充分体现了统编教材重视中华优秀传统文化教育内容。所以在教学中我扩展了一段关于屈原以及端午节习俗的动画视频。视频的引入符合了一年级学生的年龄特点，同时扩展了第四自然段的内容，让学生了解为什么大家称屈原是爱国诗人，以及端午节的习俗。不但以传统文化滋养着学生的心灵，同时为理解识记"念"字做好了铺垫。

第二部分

语文课堂的实践与探索

A. 交流中拓宽选材　互评中习得写法　修改中提升能力
——《这件事感动了我》教学实录及评析

一、教学目标

1. 帮助学生在审题中理解"感动"的含义，启发学生选取生活中真实感人的习作素材。

2. 引导学生把要写的事件清楚地表达出来。

3. 在师生互评中渗透细节描写的作用，引导学生初步尝试在习作中运用细节描写的方法。

二、教学重、难点

在师生互评中渗透细节描写的作用，引导学生初步尝试在习作中运用细节描写的方法。

三、教学过程

（一）创设情境导入，观察中渗透写法

师：同学们第一次合作，自我介绍一下，我姓许，许多的许，咱们打声招呼？知道许老师从什么地方来吗？你怎么知道的？

师：你真是个善于观察的孩子，老师相信在座许多同学都是生活中的有心人，都养成了认真观察的好习惯，那先观察这幅图。【课件出示：小男孩打针大哭，其他同学不同表现的图片。】画面最吸引你的是什么？快来说说。

【设计意图：引导学生明确，观察图片要从主要内容入手观察，要有顺

序。而且可以抓住人物动作、表情猜测人物心理活动，渗透习作中细节描写的方法。】

师：孩子们你们看，摄影师善于用镜头捕捉到精彩的瞬间，你们却能用生动的语言把最吸引你的地方清楚地描述出来。你们语言表达能力真强，相信写作能力也一定很棒！接下来老师和大家一起完成一节习作课。

（二）师生共同审题，朗读中明确要求

师：看这就是我们今天习作的题目。谁能给大家读读？

生 1：学生朗读题目时重点强调题目中的"感动"一词。

师：老师听出来了你在读的时候强调了"感动"一词，你一下就找到本次习作的题眼，要写感人的事，是本次习作的目的。那咱们就先来看看这个"感"字，上半部分的"咸"，在古时候，它的本意是指"酸涩的味道"，下面加上"心"字底，合起来你想到了什么？

生：心中的酸涩。

师：当你的心中有一种酸酸的感觉，说明了你的心灵受到了触动，这就是"感动"。一个"感"字，还告诉我们，感动不是用眼睛去发现，而是用心灵去感受。谁还想读读题目。

生 2：学生朗读时候重点强调"这件事"一词。

师：听出来了吗？和刚才强调的词语不一样了，她强调的是——"这件事"说明只能写一件事。还能读出不同的味道吗？

生 3：学生朗读时重点强调了"我"。

师：大家听出来了她强调的是"我"这个词，告诉我们必须写自己亲身经历的，对吗？那这件事一定是真实的。

【设计意图：引导学生运用阅读教学中学过朗读的方法来读课题，通过强调不同的词语，明确本次习作的要求：感动 真实 清楚】

师：知道了本次习作要写的内容，有把握写好它吗？

师：这么自信！老师曾经教过四年级的同学，他们写这篇习作都感到挺为难，而今天要三年级的你们来完成，这么大的挑战，你们毫不畏惧，真棒！孩子们，今天只要你们能把这件感动你的事写清楚，让人读得懂，就是非常好的习作了，现在更有信心了吧？

（三）图片拓宽思路，交流中确定选材

师：当时四年级同学觉得难，其中一个原因就是不知道写什么，其实感动在我们身边无处不在。

师：课件出示图片【母亲扇扇子、教师带病讲课、同学为灾区捐款、动物与人类、动物与动物之间和睦相处】，这些都是发生在我们身边却往往容易被同学们忽视的小事。孩子，如果你也曾经亲身经历过或亲眼看见过这类事情，那么它们就是你本次习作可以选择的写作内容。

师：现在就请大家打开记忆的闸门，去搜索你的生活中曾经有的这样令你感动，同样也能打动别人的事情。想好可以先说给同座听一听，一会我们交流。

【设计意图：图片渲染情境，一方面是为学生拓宽选材的范围，一方面是创设感人的情境，让学生身临其境更容易引起共鸣，同时回忆起自己亲身经历的类似事件。】

生：学生用比较简练的语言汇报自己经历的感人事情。

（四）学生尝试写作，评价中渗透写法

师：看了老师刚刚为大家提供的画面，又听了同学们所列举的感人事例，如果你也有过类似的经历，那这些都是大家一会儿动笔可以写作的内容。下面同学们就在脑海中回放感动你的那件事，然后像摄影师一样捕捉到最令你感动的瞬间，再用笔把这个瞬间记录下来吧。不用写开头和结尾，开篇空两格直接写就可以。

生：学生尝试动笔写作。

作品一：早上出发时，因为小区停电了所以我们打不开车库门，我和爸爸只能打车上学。我发现这位司机师傅没有腿，他说车厂特意把车闸和油门安装手动的，照顾残疾人。

师：能结合习作要求评一评这个片段吗？

生1：这位同学能选择今天早上刚发生的事情，选的事情真实。

生2：他把事情写清楚了。

【设计意图：第一个片段选择的是全班大多数同学都能达到的水平，就是把事情写清楚，目的是激发学生习作的自信。】

师：再来看看这篇习作，与上一篇相比，有一些句子特别令老师感动，你找到了吗？

作品二：一天放学，我本以为是妈妈接我，不知为什么换成了爷爷。一问才知道是妈妈单位管得严，请不了假，于是爷爷承担起接我的责任。从那天开始，爷爷每天放学都帮我拿着书包。看着他迈着有点沉重的脚步，我很感动。

生1：我觉得他写"爷爷迈着沉重的步子"让我看到爷爷走路的样子了很感人。

师：你与老师有同感，你看就这么一个动作写得特别感人，从中我们就体会出一份爱，你可真了不起，这样的动作描写可是四年级学生才能做到的。老师把这句话画下来。还有哪句话令你感动？

生2：他说自己很感动，写出了自己的感受。

师：你读懂了他的感动，这就是心理描写的魅力，能引起大家的共鸣。

【设计意图：第二个片段选择的标准是，在把习作写清楚的基础上，加入一两处对人物的细节描写，引导学生在评价中感受细节描写的好处，同时体会到只要自己运用上一两处细节描写就很不错，激励孩子习作的自信。】

师：老师这还有一位同学的习作，让我们一起来欣赏欣赏。

作品三：有一天晚上，天气很热，我总是睡不着，奶奶就给我扇风。我凉快了很多，迷迷糊糊中，我看到汗水从她脸颊上流下来，她用手不停地擦。我说："奶奶您别扇了，快睡吧。"奶奶说："没事，你睡着奶奶就不扇了。"月光下看着奶奶慈祥的笑脸，我心里酸酸的。

【设计意图：第三个片段选择了一个细节描写比较成功的习作，引导学生在欣赏的过程中，了解班级最优秀的习作是什么程度，让孩子有一个努力的目标。】

师：欣赏了几位同学的作品你一定从中学到了好的词语、句子，而且你发现了吗？想让习作更感人，我们也可以学着他们的方法写一写人物的动作、神态、语言、心理。其实老师刚刚发现咱们班有好几位同学的习作中都有这样的描写，快举手让我们认识认识这些小作家。

师：这节课，我们分享了别人的感动，也学习了如何表达自己的感动。今天的作业是请同学们给文章片段加上开头和结尾，然后读给你爸爸、妈妈，看是否能感动他们。

【本课在全国第十七届小学优质课观摩评议会上被评为示范课】

■ **课后评析：**

本次大赛中《这件事感动了我》一课，为我们呈现了一个精彩的中年级习作教学案例。执教者依据教材年段特点以及学生实际情况，准确定位本课教学目标，激发学生的写作兴趣；精心创设感人情境，打破学生选材的局限；巧妙利用评价环节，引导学生学习写作方法。

一、准确定位教学目标，激发学生习作兴趣

《语文课程标准》中第三学段习作强调要"能写简单纪实作文，要内容具体，感情真实。"《这件事感动了我》是教科版四年级下册第六单元教学内容，根据教材安排的特点和学生即将升入高年级的实际情况，本次习作训练重点应该是引导学生运用细节描写把文章写具体，表达出自己的真情实感。

但因为是假期比赛，所以为我们大赛配课的学生只能是三升四的孩子，三年级是习作的起步阶段，重在激励孩子乐于书面表达，增强习作的自信心，能不拘形式地写下自己的见闻、感受，把自己印象最深、最受感动的内容写清楚。

结合异地借班上课的特殊性，结合三升四学生的年段特点，许老师把本次习作教学重点落到引导学生能真实、清楚地表达这件感人的事情就可以，依据具体学情适当降低习作的难度，孩子感觉要求并不是遥不可及，习作兴趣自然就有了。

二、精心创设感人情境，打破学生选材局限

这篇习作教学，学生把事情写清楚并不困难，难在引导学生对于"感动"这件事情的选择上，也就是选材上。孩子总认为没有经历过什么惊天动地的大事，哪有那么感人的事情可写。我们可以看到教学中许老师先通过字理和学生共同分析出"感动"就是心中有一种酸酸的感觉；再通过一

幅幅图片配上音乐以及教师的朗诵，引导学生看到感动存在于家庭、学校、社会，存在于人与人、人与动物、动物与动物之间，学生的思路一下被打开了，同时也能把目光放到身边小事上来。

走出教师创设的情境后，教师引导学生说一说自己亲身经历的感人的事情，老师一再强调要真实，在评价学生习作片段时这也是最重要的一点依据。有的孩子选择"同学借自己一支笔"，"妈妈每天给自己做早饭"，"老师给自己包扎伤口"……这些在我们成人看来并不是特别感人，只是一种感激之情，但只要是真实的，课堂上老师都给予了肯定。其实孩子心中的感激、感谢往往就出于感动，如果这时老师否定了学生的选材，可能孩子就会为了迎合老师心目中感动的事情，开始虚构、编造事情来写，那样教学就违背了习作"以我手写我心"的目的。

三、巧妙利用评价环节，引导学生学习写作方法

本次习作教学另一个要解决的难点就是怎么写，也就是习作方法的运用。如果老师选择例文引路的方法，其实这样学生能比较快地感受到运用细节描写的好处，但那是孩子被动接受的过程。而且会感觉老师的例文的水平，自己很难达到，要么就是为了迎合例文，开始仿写。所以我们看到许老师的课堂大胆放弃例文引路的教学方法，尝试采用学生现场生成的习作进行有梯度的分享。

课上许老师抓住了三篇反应不同层次、不同水平学生的习作，在分享中通过生生、师生的评价，让同学们感受到别人的习作比自己多了那么一、两处细节描写就变得更吸引人，其实自己也可以做到。这样的设计让不同层次的学生都能找到自信和提升的空间。

（乔亚孟 全国第十七届小学优质课观摩评议会评委）

B. 个性化阅读　促进学生思维发展
——《窃读记》教学实录与磨课感悟

一、教学目标

1.认识本课的生字、新词，并指导"窃"的书写。分层次理解"贪婪"的含义。

2.引导学生结合对人物的细节描写，以及比喻的修辞来理解窃读的快乐和惧怕滋味。

3.通过指导第三、四自然段的朗读，感受不同的朗读方式是个性化阅读体验的表现方式。

4.引导学生运用学过的细节描写方法，在展开想象还原画面进行读写结合训练中发展思维品质。

二、教学重、难点

1.引导学生通过学习细节描写，以及比喻的修辞来理解窃读的快乐和惧怕滋味。

2.引导学生运用学过的细节描写，展开想象还原画面进行读写结合写的训练。

三、教学过程

（一）谈话导入，激发兴趣

师：许老师很荣幸从遥远的哈尔滨来到"东方太阳城"日照，和我们济南路小学的同学共同上这节课，我盼了好几个月了。但毕竟咱们第一次合作，难免有点生疏，那上课前我们先聊聊天，放松放松？既然是语文课，就聊聊最近看的书？

生：……

师：我们真幸福呀，想读什么书就读什么书，想在哪儿读就在哪儿读。可是在解放前的旧中国，普通人家的孩子可享受不到我们这种读书的幸福。今天我们就认识一位女作家林海音，她小时候家境贫寒，又酷爱读书，你看这就是80多年前小海音读书的环境，就在这样的环境中她是怎样读完了一本又一本梦寐以求的书，而成为中国文坛上举足轻重的女作家呢。今天就让我们在《窃读记》这篇文章中回顾80多年前，她艰辛的读书历程。好，可以上课了吗？

（二）初读课文，读准字词

师："窃"是本课要学习写的字。老师先写了一个穴字头，注意下边看左边的笔顺是——

生：横、竖提。

师：最关键的一笔到了"刀"字的折笔要参照穴字头的横钩收笔位置来折笔。做到这些才能把字写漂亮。来同学们在你手中的学习单上田字格里写一个窃字。做到头正、身直，脚放平。

生：书写。

【设计说明：新课标提出每个学段都要指导学生写好汉字，而课题中"窃"是要求会写的字，所以此时抓住契机因势利导指导学生书写，把写字教学落到实处。】

师：齐读课题。窃读是怎么读呢？

生：偷偷地读。

师：既然不想让人知道偷偷地读书，那像我们刚才那么大声读行吗？

生：语调降低点，语速放慢点再次试读。

师：这次有窃读的滋味了。我们先来读读课文吧，注意文中有些字音不太好读哦。一会老师看看谁能准确地认读本课的生字新词。还要思考课文主要内容。

生：课文主要讲了林海音小时候在书店窃读的经历。

师：经过四年的学习，你的概括能力非常棒了。接下来我们读读本课的生词。

师："贪婪"单独看这个词不太好理解，来把它放到课文的句子中读一读，谁说说自己的体会？

生："贪婪"在这里就是渴求读书。

生："贪婪"说明读书总也读不够，不知足。

师：作者"贪婪"地读书到底是什么样呢？一会我们学习这段时会进一步理解它。

师："哟"音读得很准，能换一种语调吗？体现作者的俏皮吗？

生：语调轻快上扬。

师：词语读准了，接下来请同学浏览课文，文中有一句话写出了小海音窃读时候的滋味，能找到这句话吗？用___画出来。

生：书中描写小海音读书的滋味的句子是"我很快乐，也很惧怕——这种窃读的滋味！"

（三）结合细节描写，体会窃读矛盾滋味

师：作者又是怎样把窃读中的快乐和惧怕写出来的呢？下面就请大家默读课文，画出相关语句。要特别注意对人物的动作、心理活动和神态的描写。可以在旁边简单写写自己的体会。

师：找到的同学可以先和小组内的同学说一说自己从哪些语句中感受到窃读的快乐和惧怕滋味的。

【设计说明：我们的阅读教学要"言意兼得"既要学生知道文章在写什么内容，更要引导学生了解作者是怎么写的，为什么这样写。此处设计旨在引导学生通过细读文本，感受到作者就是通过细节描写把窃读的矛盾滋味写出来。】

生：从"我跨进店门，暗喜没人注意。"这句话中的"暗喜"一词体会到作者窃读的快乐。因为没人注意到她，所以可以放心窃读了。

师：你真会读书，找到了对人物的心理活动的描写而且能结合句子谈出作者快乐的原因。就像他这样，谁能接着和我们分享这段中体会到的窃读滋味。

生：我从"啊！它在这里，原来不在昨天的地方了。"一句中体会到窃读的快乐。此时她为好不容易找到那本自己没有读完的书而感到快乐。

师：可不是吗，刚刚因为没人注意只是在心理偷偷高兴，此刻一个感叹词，就写出了找到书出后的高兴是越来越强烈。谁能读出前后的不同？

师：通过你的朗读让我感到快乐也是在变化的。此刻的你，高兴得都要跳起来了。是呀，找了一遍又一遍，终于发现了那本没有看完的书，此时除了惊喜外，还会有什么感受？

生：我感觉林海音终于找到梦寐以求的书后，除了惊喜外还应该有长舒一口气的放松。

师：体会的这么到位，能读出这种感觉吗？

生：把"啊"字读得长一些，舒缓一些。通过个性化的朗读表现惊喜和放松两种不同的心情。

师：真是长舒一口气呀，和他有同感的来一起读读这句话。

生：齐读。

师：看孩子们，同一段文字，还可以读出不同的感觉，不同的味道，看来只要用心体会就能有自己独特的体验。

【设计说明：此环节引导学生运用不同的语速、语调等朗读方法来表达不同的情感，激发学生个性化的阅读体验。】

师：刚刚我们找到对人物心理活动描写的句子，其实通过对人物动作描写的词语，也能让我们体会到窃读的滋味，相信你一定能找到这些词语并能谈谈自己的理解。

生1："我跨进店门，暗喜没人注意。我踮起脚尖，从大人的腋下挤过去。哟，把短发弄乱了，没关系，我总算挤到里边来了。"我从这句话中"跨"、"踮"、"挤"这几个动词体会到小海音读书的快乐。因为我们女孩子最爱漂亮了，那出门前都得捋捋头发，拽拽衣服，可此时这些外在的美对小海音来说都不在乎了，她最高兴的就是能读书。

生2：她连女孩子的形象都不顾了，她心里就想着把没读完的书读完，可见读书对她来说是最快乐的。

师：那就把她好不容易挤进人群时的开心读出来吧！

师：在第三自然段中我们从人物的心理活动和动作这些细节描写中感受到小海音窃读的滋味真是——引读："我很快乐，也很惧怕！"

师：那么在其他段落中也有很多语句运用了这些细节描写的方法，谁愿意和大家继续交流。

生1：我在第二自然段第一句中体会到作者放学顾不得吃饭，一心惦记没读完的书，可见读书的确让她快乐。

生2：从这段心理描写中，我感到海音快乐是因为书店里有这么多人为自己做掩护，可以放心大胆地看书不用怕被赶出去了。

生：我从这感觉到海音窃读的惧怕，因为人多她可以放心大胆地窃读，说明她怕人少自己窃读被发现，被赶出去。

师：你能从表面的快乐能体会到深层的惧怕，了不起呀。

生：我从这段中海音放学着急赶到书店，看出他担心害怕，怕没读完的书卖光了。

师：是呀，那就永远也不知道故事的结局了，的确是惧怕的滋味。

在这段文字中我们再次感受到小海音窃读的滋味真是——引读："我

很快乐，也很惧怕！"这种滋味还在哪些段落中体会到了？

生：我从"忙打开书，一页，两页，我像一匹饿狼，贪婪地读着。"这句话中作者把自己读书的样子比作饿狼，可见对读书的喜爱就像饿狼对吃的喜爱一样。

师：你一卜就读懂了作者运用的修辞方法，这里把"饿狼"换成"狼"可以吗？

生：……

师：体会得多深刻呀，来读读这句话感受这份对读书的渴望！

师：看来读书不仅可以抓住细节描写，还可以抓住比喻这种修辞方法来体会作者的情感。还有谁没说自己的读书体会呢？

生1：我在第五自然段心理描写中体会到作者窃读的惧怕，小海音一边读书还要一边注意着老板的动静真是提心吊胆地读书。

生2：我从第六自然段中"贴"的动作中体会到小海音极力伪装着自己，她很惧怕。

师：第七自然段写出了窃读的快乐还是惧怕滋味？

生1：我感觉这段心理描写体现了她窃读的快乐，下雨天就可以用躲雨为借口正大光明地窃读了。

生2：我感觉她实际是惧怕的，要不然干嘛装着皱眉头，望向街心。这样做给老板看就怕老板赶她走。

生3：我感觉雨天海音窃读快乐是大于惧怕的，因为她希望雨大些！再大些！可见喜欢雨天窃读。

师：同学们已经能透过人物的神态，揣摩她的内心世界了，的确这窃读的滋味真是充满了矛盾！

【设计说明：阅读是学生的个性化行为，教学时创设问题情境引发学生的争论，一方面激发了学生学习兴趣，更重要的是，学生在个性化理解中发展了思维的深度，他们的逻辑思维、推理能力和口语表达能力都得到了提升。】

(四) 读写结合，运用中习得方法

师：看来小海音的表里不一正是出于对书店老板的惧怕，旧中国读书是有钱人的享受，老板哪肯让海音在店里不花钱白白地读书。在《窃读记》原文中就有这样一段文字记叙了海音窃读时被老板赶出去后的真实感受。文中这样写道：

【在这次屈辱之后，我的小心灵确受了创伤，我的因贫苦而引起的自卑感再次地犯发。我不再去书店，许多次经过文化街都狠心咬牙地走过去。】

师：是怎样的屈辱伤害了小海音？请大家也运用这些细节描写的方法完成下面的练习。

生：学生练习，分组汇报。

师：同学们想象出了当时人物的动作、语言和心理活动就让我们身临其境地感受到小海音惧怕的原因。

【设计说明：学生在字里行间充分感受到作者窃读的快乐，但作者对窃读的惧怕及其原因感受不深，所以此处创设情境使孩子展开想象，运用所学到的细节描写方法进行续写练习，让学生身临其境感受到窃读的惧怕，更深刻地体会到作者对读书的渴望是可以战胜一切的。学生在想象的过程中思维的独特性与深刻性得以发展。】

(五) 联系实际，体会窃读原因

师：到底是什么力量鼓励着小海音克服恐惧，忍住这疲劳与饥饿读完一本儿又一本儿书的呢？ 课文最后一段告诉了我们答案。就结合我们的经历谈谈理解吧。

生：……

(六) 拓展原文，激发阅读兴趣

师：其实课文只引用了国文老师半句话，还有半句就是"也是在爱里长大的！"这里面还有着怎样的故事呢？感兴趣的同学课下可以走进林海音的《窃读记》原文中去寻找答案，可以走进她的《城南旧事》中去了解更多林海音小时候的故事。

【设计说明：学习完一篇文章并不意味学习的结束，而是另一次深入学习的开始。所以适时地出示课文中省略的国文老师的半句话，此时学生带着阅读期待，一定会在课下自主地走入原著，这样我们对文本的二度链接，拓展学习的目标，也就水到渠成地实现了。】

【本课在全国第十六届小学优质课观摩评议会上被评为一等奖】

六、磨课感悟

每个孩子的内心深处都渴望成长，就像春日里的竹子努力地拔节。而"让孩子在体验中习得语文能力，在运用中获得拔节的快乐"正是是我作为语文教师一直不懈的追求。

这节语文课究竟在哪方面让孩子切身感受到从不懂到懂，从不会到会的跳跃和生长，获得那春日里"拔节"的快乐呢？都说课的洗磨要"入乎其内，出乎其外"方能让课堂充满智慧的灵动。我一遍遍走入《窃读记》，用心感受着海音清新淡雅的文笔，聆听着她低吟浅唱的内心独白，静观她一颦一笑举手投足间的小心翼翼。这样的细节描绘不正是本文的精髓吗？"淘尽黄沙始见金"在一次次的洗磨后，我终于寻到那竹子拔节的一点。课堂中我带领着孩子，潜入文本到字里行间去寻觅那窃读的苦乐滋味，在婉婉道来的交流互补中，领悟着细节描写的精妙，个性化的朗读诠释着孩子们独特体验。而拓展想象还原画面的写作训练，正是这节课孩子学以致用的拔节处。

虽然一节课我们的孩子有时会磕磕绊绊，但这曲折前行的过程正是学习真正发生的过程，正是他们思维发展的历程。

一节课下来学生和书中海音同悲同喜，相信课下他们一定会主动走入原文中去追寻海音窃读的脚步，感受畅游书海的惬意。而这也是孩子一生能不断拔节的最好方式。

C. 加强阅读方法指导 培养语文学习能力
——《美丽的小兴安岭》教学实录与评析

■【教学目标】

1. 有感情地朗读课文，能读好文中长句子，初步体会"抽出"、"浸"等词语表达的好处。

2. 能结合课文内容，说出喜欢小兴安岭的理由。

3. 学习作者抓住不同季节的景物特点，写出小兴安岭一年四季美丽景色。

■【教学重、难点】

借助关键语句，体会小兴安岭四季不同的美。

■【教具准备】多媒体课件

■【教学过程】

一、直接导入，回顾学法

师：这节课我们继续学习第 20 课《美丽的小兴安岭》，上节课我们初读了课文，缕清了层次，课文按什么顺序写的？

生：课文按照春、夏、秋、冬四季的顺序进行记叙。

师：上节课我们运用抓住关键词语谈感受的方法学习了文章第一自然段，知道这一段写了小兴安岭树的数量多、品种多、几百里连成一片，像绿色的海洋。这节课我们继续运用"抓关键词谈感受"的方法，体会作者抓住每个季节中的哪些具体景物来说明小兴安岭是个"美丽的花园""巨大的宝库"。

二、精读课文，理解体会

（一）感受春天美景，总结学法

师：我们也像课文叙述的那样，按时间顺序来学习。先自由读读描写春天的这部分课文，找出作者描写了哪些具体景物，然后抓住关键词语体会这个景物的特点。【课件出示学习方法：1. 找出具体景物，感受特点】

生1：我从春天树木抽出新的枝条，长出嫩绿的叶子，感受到春天树木颜色鲜艳，美丽。

生2：我从抽出、长出，看出万物复苏，树木有生命力，感受春天很美丽。

师：你能从树木的特点感受到小兴安岭春天的美丽，作者在这里用了"抽出"形容柳条生长，能换成"长出"吗？

生：不能，词语重复。

师：能联系上下文理解词语真不错，老师这有把宝剑，谁能把它从剑鞘里取出来？

师：这慢慢取是抽出的感觉吗？

生：快速地拔出，我感觉抽出是快速地长。

师：看来作者在这里运用"抽出"不但避免词语重复，而且抽出一词还形象地写出了柳枝笔直、快速地长出的样子。作者用词多准确呀，在后面的学习中我们还会体会到。【课件出示学法：2. 体会用词准确，朗读感悟】

师：这回我们再来读这句时一定会有更深的体会。谁来读读？

师：还从什么景物体会到小兴安岭春天的美丽？

生：我从积雪融化汇成小溪体会到美丽，因为这时雪衬托着小溪慢慢地流动给人感觉周围很恬静，很悠闲，就像一幅风景画。

生：我从小鹿在溪边散步体会到这里的美丽。因为这如果不美，小鹿也不会从大森林里跑到这来散步。

师：看作者把小鹿当成人来写多有趣呀。能通过朗读表现小鹿的可爱吗？

师：这段还描写什么景物？

生：原木顺水漂流像舰队多壮观呀。

生：原木像舰队说明原木很多的特点。

师：伐木工人多聪明呀，利用水的流动把许许多多的木材送出林区，这些原木可能做什么？

生：做学习用的桌椅，还有家具。盖房子也用木头。我们用的纸、笔都离不开树木。

师：是呀，这些木材与我们的生活息息相关，与祖国的建设密不可分。现在你知道小兴安岭的树与美丽的花园、巨大的宝库之间的关系吗？

生：……

师：看来大家理解了树对小兴安岭的重要意义。这样的春天给你什么感受？你标注出来了吗？

生1：春天给我的感觉是生机勃勃。

生2：春天给我的感觉是生机盎然。

师：能通过朗读表现出这份生机勃勃吗？

（二）体会夏天特点，运用学法

师：还没有看够春天的美景，夏天已经悄然而至，我们按照刚才的方法学习夏天这一部分。可以同桌为一小组。

1. 第一组汇报

生1：夏天作者抓住了郁郁葱葱的树木，然后是白色的浓雾，千万缕光像利箭，草地上盛开的野花写出夏天的美丽。

生2：夏天给我的感受是树木、花都很茂盛。

2. 第二组汇报

生1：夏天树木的特点是茂盛，葱葱茏茏、密密层层、严严实实这些词语都写出树木茂盛的特点。

师：作者不但词用的准，这个字也用的特别好，同样写出树木茂盛的特点，你们组找到了吗？【课件：第一句话闪烁"封"】说说对这个字的体会。

3. 第三组汇报

生1："浸"一词写出雾气很大的样子。

生2：这个字写出了整个森林都在雾里面的样子像仙境一样。

师：你们看【课件：浸的图片】一个"浸"字把夏天早晨整个森林被浓雾弥漫的特点体现出来了。大家一起读读这句，感受这人间仙境的美丽。

4. 第四组汇报

生：我们小组觉得"利剑"一词写出了阳光强烈的特点。

5. 第五组汇报

生：我们小组觉得作者抓住花颜色多，写出来夏天的美丽。

师：要读好不同景物的特点，不但要有轻有重，还要注意语调有高有低，语速有快有慢。刚刚我们通过朗读体现了景色的迷人，想不想看看夏天的美景？推荐同学为画面配乐朗读。

生：推荐四名同学为画面配乐朗读。

师：看着大家陶醉的神情，老师知道你们一定被小兴安岭花木繁茂的夏天吸引了。可是你们知道吗？小兴安岭多彩的秋天和白雪皑皑的隆冬更是别有一番风情。许老师遇到了一个难题，真拿不定主意，是在秋天到那里游玩，还是冬天到那里旅游呢？你们说秋天去还是冬天去？

师：现在就请你们来当小导游，看看谁的介绍能吸引我，打动我，我就在你说的那个季节去。

（三）小导游介绍秋、冬

师：要想使你的介绍吸引人该怎么办？大家先商量商量。

生1：认真读书，看看作者介绍了哪些具体的景物。

生2：要抓住这些景物特点介绍。

生3：介绍的时候也要词语准确生动，还得有顺序，才能吸引别人。

师：是呀，就像同学们说的，其实介绍景物也是要【课件出示学法：找出具体景物 说清特点 用词准确 介绍有顺序】听明白了吗？那就先来读课文组织语言吧。老师为你们准备了一些图片资料，你们可以选择自己有用的内容用到介绍中。这还有小黑板，可以把总结的这个季节的特点写在黑板上。

生：分组学习交流汇报

三、提炼写法，感情升华

师：听了你们的介绍许老师更拿不定主意了，作者按照春、夏、秋、冬这样时间的顺序，写出了小兴安岭四季不同的景物特点，我感到哪个季节去小兴安岭都不会感到遗憾，引读——【因为这不仅是个美丽的花园，还是巨大的宝库，】更是个旅游的好地方。

师：作为生长在这富饶的黑土地上的孩子们，你最想说点什么？

生：……

师：我们的家乡不仅景美、物美，而且更有着你们这样一群朝气蓬勃的未来建设者。相信这片黑土地的明天会更加美好。

【本课在中央教科所部级规划课题"发展性课堂教学手段的研究"优质录像课评审中获一等奖】

■ **【课后评析】**

《美丽的小兴安岭》一课的教学中，许蓓老师能依据课文所处的年段特点，以及所在单元承载的教学任务，确定本课的课时目标；能依据课文结构特点，巧妙选择教学方法，潜移默化地引导学生学会阅读方法，提升了语文素养。教学中许老师有以下几方面值得我们关注：

一、巧妙设计情境，激发学生阅读兴趣

教学中，许老师设计了层层递进的阅读感悟环节，激发学生阅读兴趣。

学生在初读中感受文章写作顺序的巧，精读中感受景致的美，品读中感悟作者用词的精准，最后通过不同形式的朗读，表现小兴安岭的美丽。同时老师借助多媒体播放小兴安岭的相关视频，充分调动学生的感官，引导学生身临其境走进小兴安岭观赏。学生伴着画面、伴着美妙的音乐，情感升华到极点，朗读兴趣一触即发。而且，许老师通过师生评价、生生评价的方法有意识地教给学生朗读的方法，可以根据自己的体会抓住关键词语变化轻重，可以通过语调高低、快慢表现景物的不同特点。学生在读中融情，在情中诵读，在读中理解感悟，逐步提高朗读的基本能力。

二、有效培养了学生学习语文、运用语文的能力

文章按四季的顺序记叙，层次分明、结构相似，所以教学中许老师采用教、扶、放相结合的方法，先领着孩子学习描写春天的段落，随机总结出学习方法，接着引导学生根据学法合作学习描写夏天的段落。然后创设情境激发学生介绍小兴安岭秋、冬景色的愿望，放手让学生根据课文内容和提供的资料片，回顾学习方法后以小组为单位，以小导游的身份介绍小兴安岭秋、冬的美丽景色和丰富的物产。在这样有梯度、有层次的教学中，学生学会了阅读方法，逐步运用方法自主阅读，并在小导游环节，提升学生运用语文的能力，逐步提升学生的语文素养，为学生终身发展打下坚实的基础。

三、关注细节，引导学生感悟祖国语言文字的优美

本单元语文要素就是"借助关键语句理解一段话的意思。"而这篇课文中好词佳句特别多，也特别重要，就像人身上流动的血液，贯穿全文。教学中许老师注意引导学生体会作者用词的精准。例如，在理解"春天树木抽出新的枝条，长出嫩绿的叶子"一句中"抽出"一词时，请一位同学把塑料剑从剑鞘里取出来，通过动作的快慢理解"抽出"一词不但避免词

语重复，而且还形象地写出了柳枝笔直、快速地长出的样子，用词十分准确。在理解"小河淙淙地流着"时，老师请同学看录像体会"淙淙地流"是河水速度很慢地流淌，又通过课件演示使学生感受到了原木顺水漂流像舰队的壮观景象。

学习夏天这一部分时，学生依据学习方法就能自己主动找作者哪些词用的准确了，而且能谈出自己的体会。相信长此以往我们在潜移默化中启发学生感悟祖国语言文字的丰富，作者用词的精准，修辞方法的生动，学生一定会在习得语文知识的基础上，提升习作能力。

（郑丹 黑龙江教育发展学院小学教育研究培训中心主任）

D. 创设问题情境 点亮学生思维的火花
——《蟋蟀的住宅》教学实录与评析

■【教学目标】

1. 自主学习中了解蟋蟀建筑住宅的特点和过程，在思辨的过程中发展思维品质。

2. 能从课文准确生动的表达中，感受作者连续细致的观察，体会观察的乐趣。

3. 体会采用拟人手法表达的好处。

■【教学过程】

一、出示实物，激发兴趣

师：同学们你们认识它吗？对它有什么了解？

生：……

师：同学们能通过多种途径查找自己需要的材料，并且能简单整理这些资料。老师也查到资料，知道蟋蟀不但歌声美，而且住宅也很出名，这节课我们就一起去看看蟋蟀的住宅。

师：同学们都认真做了预习，谁愿意告诉大家课文介绍了关于蟋蟀住宅的哪些内容？

生：……

师：我们就先来看看蟋蟀住宅的样子。打开书，先自己到课文中找找描写蟋蟀住宅特点的语句画出来。然后，小组讨论，把你们找到的特点，用最简练的词语概括出来，写在手中的小纸板上。

二、细读文本，理清住宅特点

第一小组汇报：

生：学生抓住关键词句以及自己平时生活经验和查到的资料，证明蟋蟀住宅特点是朝阳隐蔽、倾斜。

师：你能联系课外知识，说得很有道理，你们小组同意吗？还有哪个小组接着汇报。

第二小组汇报：

生：学生运用抓关键词句分析体会的方法找到住宅特点，是清洁、干燥、卫生、墙壁光滑、有平台。

师：那老师想考一考同学们，蟋蟀住宅倾斜的角度是怎样的？是越向里越高，还是越向里面越低？

生：我认为蟋蟀住宅应该是越向里越低，洞口高。比如用手臂当隧道，如果隧道越向里越高那么洞口必然低，一下雨水就会把洞口淹了，所以隧道一定是洞口最高，越向里越低。

生：我也觉得洞口应该高，为了保证干燥。

生：我觉得住宅应该是越向里越高。下骤雨蟋蟀住宅外面就会有积水，只有越向里面越高，水即使把洞口淹没了，也灌不进洞穴里。因为水往低处流，不往高处流。

师：大家同意吗？看来倾斜还是为了保证洞穴的干燥，所以倾斜不是洞穴的特点。

师：在小组同学的共同努力下，我们找到蟋蟀住宅的这些特点，同学们找得很准，可这么贴有点乱，你们能把这些特点归归类吗？来读读课文的5、6自然段。

师：哪个小组能给它们归类？注意写出你的归类依据。

师：看来作者就是从内外两部分介绍蟋蟀的住宅特点。作者怎么把这些特点写得这么具体生动的，能联系课文内容说说吗？

生：……

师：你懂得真多，拟人的写法的确可以使文章生动、形象。拟人的写法在这里就是把小蟋蟀当成人来写，那么你能在课文找到一个这样的句子吗？

师：作者法布尔六十多岁才对昆虫产生很大兴趣，他甚至自己到荒原上观察各种昆虫，写下了十卷的《昆虫记》我们学的只是其中一小部分。而且要想把蟋蟀住宅写具体，光有兴趣是不够的，还要多注意坚持认真地去观察并积累材料，而且记录时还运用各种生动的语言。

三、多媒体辅助，复述建造方法

师：作者这么细心观察蟋蟀的住宅，他又是怎么评价蟋蟀的住宅的？

生：说蟋蟀的住宅是伟大的工程。

师：让我们通过一段视频看看蟋蟀是如何建造自己的住宅的。

师：老师想请同学们为这段动画片配上解说词。要想和小播音员介绍的一样好，第一步我们应该做什么？

生1：要熟悉蟋蟀建造住宅的过程。

生2：而且能把建造过程用自己的话说出来。

师：老师相信你们通过熟读课文 7-9 自然段，也能说得跟小播音员一样好。而且这里老师准备了几个头饰，有小播音员、小蟋蟀、法布尔。同学们先自己读懂课文，再选择自己喜欢的身份，把蟋蟀建造住宅的过程介绍给同桌听听，一会儿老师就要公开选拔小播音员了。

生：分别以小蟋蟀、法布尔的身份为动画片配音，介绍建造住宅的过程。

四、默读课文，了解选址特点

师：蟋蟀建造住宅的确很辛苦，怪不得法布尔称赞这是伟大的工程。那这工程选择在什么样的地方建造呢？

生：选择温和有阳光的地方建造。

生：蟋蟀选择排水优良的地势建造住宅。

师：书中有一个词告诉我们蟋蟀慎重选址的原因，能找到吗？

生：蟋蟀不肯随遇而安。

师：随遇而安什么意思？用自己的话说说。课文还有哪些地方体现了蟋蟀不肯随遇而安？

师：现在你知道作者为什么称它的住宅是伟大的工程吗？

生：……

师：你想对这柔弱的小蟋蟀说点什么呢？

师：老师也想夸一夸小蟋蟀，所以找到一首小诗，这首小诗是法布尔朋友送给他的。小诗用蟋蟀与蝴蝶作对比，告诉我们蟋蟀为什么与别的昆虫不同，不肯随遇而安，有兴趣的同学可以读一读。

【本课被人民教育出版社《语文第八册教案》收录】

■ **课后评析：**

《蟋蟀的住宅》是统编教材四年级上册第三单元的一篇说明文，所在单元的语文要素是"体会文章准确生动的表达，感受作者连续细致的观察。"教学中许老师能巧妙设疑、恰当融入信息技术，激发学生深入思考提高了课堂教学效率。

一、抓住文中空白处设疑，激发学生深入思考

课堂上"合作"学习的基础是学生独立读书，独立思考，有自己的见解以后再去"合作"。在"合作"的过程中，每个人都要阐明自己独立读书，独立思考后的独到见解。只有使学生敢于暴露自己思维的过程学生的独到见解才能得到表现，创新能力才能得到了培养。本篇课文虽然比较长，但住宅特点这部分内容条理清楚，不难理解。正是因为语言简单一读就懂，所以学生的思考往往停留在表面。因此这部分教学时，

许老师在同学梳理出住宅特点后，抛出了"住宅倾斜的角度是怎样的"这个问题，这一点书中并没有具体描写，正是一处空白点。我们可以看到教室里一下就安静了，为了证明自己的观点有的同学再次回到课文中寻找答案，有的同学开始在纸上画住宅图，还有的同学用手臂模拟隧道……在这个过程中每一个学生都在独立的、深入的思考，自己的发言给别人提供了思考的材料，自己也从别人那里获取经验，得到启发，思维在碰撞中得到提升。

二、恰当融入信息技术，提高课堂教学效率

本课教学难点是引导学生了解蟋蟀建造住宅的过程，因为这离学生的实际生活太远，平时见过蟋蟀的同学都不多，更不用说观察过蟋蟀是怎样挖洞的了。课文文字的说明比较抽象，微观现象难以描述，这就大大降低了学生学习的兴趣。而课堂中许老师选择融入信息技术手段，把抽象的文字描述还原成动态的画面，收到了不错的效果。

老师把小蟋蟀怎样挖洞的过程用多媒体表现出来，首先给学生观看有课文配音的动画片，让学生感受到蟋蟀完整挖洞的过程；然后请同学自己在下面边看没有声音的动画片，边读课文，思考怎样给这段动画片配音；最后请同学以不同身份为动画配音。学生有以小蟋蟀身份配音的，有以科学家身份配音的，有以主持人的身份配音的……一时间学生的阅读兴趣被调动起来了，大家积极主动地深入阅读文本，组织语言练习表达，在潜移默化中突破了学习的难点。可见合理恰当地融入信息技术可以激发学生的求知欲和好奇心，让我们的语文教学收到事半功倍的效果。

（于志强　哈尔滨市教育研究院小学语文教研员）

E. 创设开放的课堂，闪现思维的灵动
——《桃花心木》教学实录与评析

■【教学目标】

1. 学会本课生字、新词。

2. 通过对含义深刻语句的理解，体会种树人的用心，理解作者从中领悟的道理，能联系生活实际谈自己的看法，从而感受育人、做人的真谛。

■【教学纪实】

一、情境导入，激发兴趣

师：同学们中国有许多古话说得都很有道理，比如"吃得苦中苦，方为人上人""书山有路勤为径，学海无涯苦作舟"这两句话你怎么理解？

生：……

师：【课件出示：十年树木，百年树人】而每次我读这句话就会想为什么要把树和人联系在一起说呢？愿意说说自己的看法吗？

生：谈出自己理解。

师：大家说得都很有道理，今天我们一起到作家林清玄的散文，去寻找答案吧。一起读读课题。文章不但有一个很美的名字，还告诉我们一个深刻的道理。

二、初读课文，理解词语

师：打开书，请同学自由读课文，注意要读准字音，读通句子。

师：课文读完了，一起读读屏幕上的这些词语：

师：能选择几个词语概括课文主要写了什么事吗？

师：读一读第一行这些词语都是描写什么的？到文章中找到所在的段落。

师：【课件：出示桃花心木的图片】介绍：这就是桃花心木。常绿乔木，树干挺拔，树冠强壮，树高可达 15 公尺以上，（1 公尺就是 1 米）也就是有咱们五层教学楼这么高甚至更高。人们常用它做行道树、庭院树。台湾地区很多，这里不常见到。

师：其实，并不是所有的桃花心木都能长得如此高大而优美，在桃花心木生长过程中很多桃花心木都会——枯萎。

三、品读课文，感悟道理

（一）体会作者心理变化

师：桃花心木成长牵动着作者的心，伴随着它们的成长，作者的心理有哪些变化呢？请同学自由读文画出表示作者心理变化的词语，并思考为什么会有这些变化。

生 1：难以相信自己的眼睛：桃花心木的树苗仅及膝盖高，作者不相信那高大的树是由这么小的苗长成的。

生 2：接着作者感到奇怪：因为种树人来浇水的天数没有规律，每次浇多少也没有规律。

生 3：越来越奇怪，因为种树人浇水有时早上来，有时晚上来，所以越来越奇怪。

生 4：我不同意他的观点，我认为他越来越奇怪是因为我觉得种树应该按时浇水，施肥，但是种树人并不这样做，他浇水没有任何规律。

生 5：我认为作者越来越奇怪的原因是自己不种树都很关心桃花心木的成长，但种树人好像很悠闲，一点也不关心树苗的生长。

师：其实我们每个人在阅读课文时对人物的心理都会有不同的感悟。这几位同学都能从不同的角度感受到作者的心理变化。我们在今后的学习中也应像他们一样敢于发表自己独到的见解。

生6：接着作者感到更奇怪了：因为作者认为他懒，所以树苗枯萎了，但是他还能知道有几棵树苗枯萎了，总带几株树苗补种。作者认为他太忙，但是他做事还能那么从容。

师：总而言之种树人的种种行为让作者有什么感受？

生1：疑惑。带着这份疑惑来读这段【课件：第7段】

生2：作者感到焦急。带着这份焦急来读这段【课件：第7段】

生3：作者有点生气。带着几许责备再来读读【课件：第7段】

5、作者感到疑惑、焦急、生气的原因是什么呢？

生：桃花心木都要枯萎了种树人为什么还不按时浇水？

（二）理解种树人的语言

师：对于"我"的疑惑、焦急、生气种树人说了什么？自由读两段话，边读边画看种树人的话能不能帮作者解开疑惑。现在我就是作者你就是种树人，你们能帮助我解开疑惑。

生：……

师：我明白了种树人并不是雪上加霜，他这种不定时、不定量的浇水方法，就是为了培养树苗自强自立能去面对自然界的更多不确定。

师：他真是用心良苦呀。除了能战胜雨量不确定的困难，种树人还希望树苗能战胜自然界的哪些不确定因素？

生：……

师：种树人的愿望实现了吗？从哪体会到的？

生1：现在房前的桃花心木苗已经长得与屋顶一般高。

生2：种树人不来，桃花心木也不会枯萎了。

师：假如你就是这些刚刚长成的桃花心木中的一棵，你想对【课件：对种树人说……；对已枯萎的同伴说……；对一起成长的伙伴说……；对来玩耍的小朋友说……】分别说些什么？

生：……

师：是呀温室中的花朵经不起风雨的考验，屋檐下的小鸟飞不上广阔的蓝天。

（三）体会做人的道理

师：其实不只是树，人也是一样，结合生活实际说说这里的不确定和前面的不确定有什么联系？

生：都是指困难、挫折。

师：人在生活中会遇到哪些不确定？

学生汇报

师：现在能说说在不确定中生活的人为什么经得起生命的考验呢？

生1：经过困难的人，再遇到困难就知道如何解决了。

生2：经过困难的人，面对困难就不那么害怕了。

师：的确在逆境中自强不息拼搏的人，才会成为生活强者。从桃花心木的成长中作者领悟了做人的道理。那就是——指读【课件：在不确定中生活的人，比较经得起生命的考验。】

四、总结全文，回应开篇

师：读到这里你对我们刚才的"十年树木，百年树人"又有了什么新的认识吗？

生：……

总结：是呀种树和育人有着如此相似之处，种树人的行为不但给作者以启示，给了同学们启示，同样给为人师的我们以启示，是否该收回我们的羽翼给我们的孩子更多生长的空间呢？这节课就上到这，下课。

【本课在省第二届"精英杯"教学大赛中获特等奖】

■教学评析：

许蓓老师执教的《桃花心木》一课，以开放性的教学设计，递进性的环节安排，引导学生读中品析，读中悟情，读中学法，提高了阅读教学的实效性。具体有以下两方面值得我们关注。

第一、在有层次的阅读中，完成思维能力的提升。

《语文课程标准》指出：阅读教学是学生、教师、文本之间的对话过程。所以在本课教学中，许老师引领学生徜徉在语言文字之中，通过有层次的阅读，不断深入思考，完成思维的自我构建过程。学生对种树人培育桃花心木苗种种奇怪的表现时，曾经感到疑惑，感到着急，甚至感到愤愤不平。此时，教师尊重学生的独特体验和感受，没有直接给出答案而是引导学生层层深入品析种树人的话，学生的原有认识开始发生了变化。此刻教师站在作者的角度，引领学生运用从种树人的话中习得的道理说服自己，意在促进学生认识的提升。最后教师将学生的视线由桃花心木引向人，引发深入的思考，联系生活经验产生独特的体验。这样在教师的精心引导下，学生完成了自我建构的过程。在这个过程中学生读出文中的情，品出语言文字的韵味，悟出做人的道理，习得语文学习的方法，激活了思维，从而使本节课的阅读教学更有实效性。

第二、问题的设计具有开放性，给学生留有广阔的思维空间

文学作品中的留白往往饱含着许多"不确定"的模糊韵味，留下了能放飞读者思维的"空白点"。而本课作者并没有直接写出自己感到越来越奇怪的原因，也没有写出自己看到种树人种种奇怪做法时会有什么样的心理。这正是作者的两处留白处。教学时，教师能紧紧抓住这两处空白点积极创造条件，先鼓励学生大胆求异，多方面、多角度的展开争论，说说作者为什么感到奇怪，然后引导学生带着自己的独特感受去读第7自然段，可以读出疑惑、焦急、生气的不同感受。而《语文课程标准》指出：阅读是学生的个性化行为，不应以教师的分析来代替学生的阅读实践。应让学生在主动积极的思维和情感活动中，加深理解和体验，有所感悟和思考，受到情感熏陶，获得思想启迪，享受审美乐趣。要珍视学生独特的感受、体验和理解。而许老师正是利用文中的两处空白点创设有开放性的问题，使学生通过自身的知识，经验等进行个性化的解答，创造性地解决问题。

【杨广荣　哈尔滨市道里区小学语文教研员】

F. 阅读与表达并重 言意兼得
——《杨子荣打虎》教学实录与反思

■ 【教学目标】

1. 初步体会侧面描写的衬托作用。

2. 在读中感悟，抓住课文中对人物动作、心理的描写，体会杨子荣临危不惧，沉着应对的英雄气概。

3. 运用习得方法试写一段话。

■ 【教学重、难点】

抓住课文中对人物动作、心理的描写，体会杨子荣临危不惧，沉着应对的英雄气概。

■ 【教学过程】

一、故事导入

师：同学们，今天我们来认识家乡的一位英雄他叫【板书：杨子荣】。结合书下注释和文前提示，你对杨子荣这个人物有什么了解？

生：……

师：看来这段文前提示太重要了，因为课文是节选于长篇小说《林海雪原》，这段文前介绍能让我们很好地了解之前的故事情节以及故事发生的背景。

师：话说 1946 年我们东北地区土匪猖獗，土匪烧杀抢掠无恶不作。杨子荣就在这时受命化妆成土匪，以给座山雕献联络图的名义要打入土匪老窝威虎山，潜伏在座山雕身边，好与我东北民主联军里应外合消灭这伙土匪。正当杨子荣骑着马,哒哒哒奔向威虎山准备完成剿匪任务之时,在路上就发生了这惊心动魄的一幕,这节课就让我们一起走进第15课《杨子荣打虎》,进一步了解杨子荣这个人。

二、初读课文,概括内容

师:请同学自由读课文,读准字音读通句子

师:读了一遍课文,书后有几个要认读的生字,能读准这些词语吗?

① "彪" 在课文中出现在人名里,能用它组个词语吗?

②这里出现了一个我们要写的生字 "蔽" 怎样写好它,有什么温馨提示吗?

生:分析

师:老师也想提醒大家下边左半部分的笔顺是:点、撇、竖、横折钩、竖、撇、点。书写时要注意笔顺。

师:读准了生字词,课文理解起来会更顺利。初读了课文,主人公杨子荣给你留下什么印象?

生:……

三、感受人物形象

师:作者是怎样把这些特点具体地表现出来的呢?请同学先默读第1自然段找一找哪些语句体现了杨子荣的这些特点,在旁边做简单标注。

1. 用虎之凶猛衬托人物勇敢

生:我从 "这时,只听一声巨吼,灌木丛中扑出一只大个的东北虎,露着利牙,竖着尾巴,一冲一冲地向马扑来。虎尾扫击着灌木丛,唰唰乱响,震得雪粉四溅。" 看出杨子荣很勇敢。

师:我们要画表现杨子荣特点的句子,为什么同学找到的却是描写老虎的语句呢?

生：老虎越威风，杨子荣打败了老虎，能更突出他勇敢。

师：看来你发现了作者写作的秘密。这里写虎的凶猛正是衬托杨子荣的勇敢，这种写法就是侧面描写。能读出这虎的凶猛吗？

生：朗读句子但没有读出虎的凶猛。

师：感受到凶猛吗？相信很多同学在动物园中都看见过东北虎，老师也给大家带来了一些资料，大家看这就是东北虎，是所有老虎中个头最大的体魄最雄健的，身长足有2.8米，是三个同学拉起手那么长。现在来读读这个短语【大个东北虎】而且它的牙齿锋利如钢刀，长为6厘米—10厘米，用手比一比一颗牙齿多长？它的尾巴有一米那么长，像钢管一样粗壮有力。抽到猎物身上就要皮开肉绽。你能读出这兽中之王的威风吗？

生：声情并茂朗读。

师：除了用虎的凶猛能衬托出人勇敢，这段还有这样的侧面描写吗？

生：我找到的是描写马的句子这是一匹宝马都吓瘫了，从而看出老虎有多凶猛。

师：是呀！宝马是有灵性的，它看到如此恶虎不刨也不踢甚至不挣扎了，是因为马知道即使挣脱了缰绳也——

生：跑不过这只老虎，也会被老虎吃掉。

师：这宝马知道即使主人听到了它的哀鸣——

生：也不敢来冒险救它。可见这虎多凶猛呀。

师：你看作者通过这一段环环相扣的情节，从不同侧面写出了杨子荣的勇敢无畏，写得多生动。

2. 抓住心理活动感受人物的特点

师：面对如此恶虎我们的心一下悬了起来，而此刻的杨子荣心理又有怎样的变化呢？下面请同学默读课文，画出描写人物心理活动的句子，并标出作者通过心理活动要表现人物的什么特点？

生：抓住关键词句，体会杨子荣有责任心、沉着、冷静的特点。

师：指导学生把找到的句子运用恰当方法朗读出来。

师：来读读这句话，作者为什么连用两个"沉着"？

生：各自谈看法。

师：能读出他对自己的这份叮咛吗？既然越来越"沉着"，读起来也要越来越慢，越来越低沉。

3. 抓住动作动感受人物的特点

师：刚刚我们透过对人物心理描写感受到杨子荣的临危不惧，冷静机智的特点。其实透过人物的动作、我们也可以间接走入人物内心世界，感受人物的特点。下面就让我们再次走入课文，画出对人物动作的描写，体会作者透过这些描写又要表现人物哪些特点呢？把体会标注在相应的语句旁边。

生：我找到的动作是他第一次打虎的动作"想着，杨子荣把身体贴紧树干，抽出匕首用力向树上一插，把步枪架在匕首上，克制住了枪身的抖动" 我从动作中感受到杨子荣此刻临危不惧，想到把自己隐藏好别让老虎发现我。看出他是一个冷静的人。

师：他此时可能在想什么？

生：我得克制枪长，手抖的问题。体会到他机智，能想出办法，临危不乱。

生：我得瞄准老虎头一枪打死老虎。

师：可是事不随人愿，蛮有把握的一枪却遇到了臭子儿，没打响。接下来几枪也没有打中，你找到接下来的几个动作了吗？

生：汇报。

师：从这些动作中你感受到什么？能通过朗读表达出你的感受吗？

生：我感觉当时的情况十分紧急。

生：我感觉老虎太凶猛了，而且越离越近，很危险。

生：我感觉到杨子荣此时心情急躁了。

生：练习读读

师：谁愿意和老师配合读读？

生：开火车和老师配合读。

师：感受到当时的危机了吗？来让我们一起来读读，身临其境地去感受杨子荣面临的危险。老师读描写老虎的句子，大家一起读描写杨子荣动作的句子。

师：面对突然而来的危险谁都会害怕，但杨子荣能马上调整自己的心理，积极想办法应对，这正是他超出常人的地方。接着汇报，找到怎么动作，体会到什么？

生：联系书中语句谈感受。

师：只要稍有差池就会丧生虎爪之下，只要稍有迟疑就会成被老虎撕得粉碎，此时杨子荣要多么的镇定自若与果敢机智才有勇气与老虎做最后的一搏呀，能通过朗读表现出当时的紧张吗？

生：练读　男女生分别读

四、小练笔续写

师：看作者紧紧抓住人物的心理、动作表现出人物的性格特点，我们说老虎是山中之王，而土匪是占山为王，他们比老虎更凶残和狡猾。【课件：一波未平，一波又起，杨子荣刚刚为打死猛虎而长舒一口气，抬头一看从威虎山方向来了五个人，直奔他的方向而来，杨子荣顿时又惊出一身冷汗，他想：＿＿＿＿＿＿＿】这时的杨子荣又会想些什么，做些什么呢？现在你们就是小作者，合理展开想象，写一写接着可能发生的事情，注意你所写的内容要能表现人物这些特点。

生：拓展想象、学以致用。

师：从他们的描写中你感受到主人公什么特点？

生：杨子荣聪明机智，还很勇敢。

师：看，同学们也能抓住人物心理和动作这些细节描写表现人物的特点了。故事真如同学们设想的那样吗？欲知详情如何就让我们在课下走入曲波老师的小说《林海雪原》中去寻找答案吧。

【在省教育学会"十二五"教育科学研究规划重点课题研究活动中作示范课】

■ 【教学反思】

本篇课文节选长篇小说《林海雪原》，本文描写了侦察英雄杨子荣勇斗老虎的紧张场面，表现了杨子荣在紧要关头机智、镇定、勇敢的英雄本色。这是四年级最后一个单元的课文，学生即将升入高年段，如果说中年段阅读，更注重对学生进行扎实有效的学习方法的指导，那么到了高年级，阅读教学的重点，则是对整篇文章的感悟和对作者写作方法的体会。本课的教学主要有以下几点做得比较好。

一、创设情境引导学生走进故事，设身处地感悟人物特点

首先我认为导入是教学中一个不可忽视的环节，好的导入如同序幕预示着故事的精彩，又同航标引导着学生的注意。因为这篇文章的时代背景离学生比较远又是节选，所以学生对本文之前的故事不了解，因此导入环节我以讲故事的形式介绍了本文的背景，同时创设一种紧张的氛围，一方面激发学生的兴趣，一方面让学生对本文主人公有个初步的了解，为学文做好了铺垫。

其次是教学几次打虎失败这一环节时，我们采用的也是创设情境，用老师的语言渲染一种紧张气氛，从而让学生体会当时情况的紧迫和人物的急躁，从而为后文更好体会人物勇敢和沉着做好了铺垫。

二、引导学生分层走入文本，在阅读感悟中层层递进，揣摩人物心理从而体会人物的品质

在课堂中我力求给学生更多读书的时间和思考的空间，但这个放手

也是有层次的。大家可以看到我们先让学生在默读中找到对人物心理的直接描写从而感悟人物的品质特点，对学生来说这比较容易。大家常说阅读是个性化的体验，所以在教学中我抓住省略号让学生想象"杨子荣此时除了反复叮嘱自己要沉着，还会想什么呢？"激发学生的个性化阅读体验。

接着我引领学生再次走入文本找到人物的动作，从而揣摩人物的心理活动，感受人物的品质。这对于学生来说又提高了一个阅读层次，要求学生必须透过外在表现走入人物心理，身临其境地感受人物的想法。我个人感觉学生有了上一步的铺垫在此时能比较合情合理地想象人物当时的内心活动。

三、拓展阅读激发阅读兴趣

教学最后我通过"故事真如同学们设想的那样吗？欲知详情如何就让我们在课下走入曲波老师的小说《林海雪原》中去寻找答案吧。"这样一个问题激发学生走入原著解开心中的疑惑。这就让学生的后续学习显得实实在在。让学生带着浓厚的兴趣走入《林海雪原》，无形中激发了学生的阅读兴趣。

G. 准确把握课时目标 教给学生阅读方法
——《王献之练字》教学实录与反思

■ 【教学目标】

1. 回顾本学期学过的五种概括主要内容的方法。

2. 利用多种方法理解词语。

3. 积累词语。教学中引导学生积累一些文中词语的近义词和四字成语，从而达到丰富学生词汇量的目的。

4. 孩子们在形式多样、有目的、有层次的读书氛围中，学到知识，提升能力，让我们的课堂真正实现一课一得。

【教学实录】

一、复习导入

师：刚刚我们初读了《王献之练字》这篇文章学习了第一段，还记得课文主要讲了什么事吗？用什么方法概括课文主要内容的？

生：我抓住了课文的题目来概括的

师：的确有的文章的题目能高度概括了文章的内容，只要我们对它稍加扩展充实，就可以了，这种概括课文主要内容的方法就是题目扩展法。我们本册学习的记事课文中还有用这种方法概括的吗？

生：汇报。

师：除此之外我们还学过哪些概括课文主要内容得方法？

生：……

师：看来同学们对概括课文主要内容的方法掌握比较好，其实我们了解课文的主要内容目的是为了更好体会作者写这篇文章要告诉我们一个什么道理。《王献之练字》一文中作者首先告诉我们小献之刚开始学习写字时什么态度？

生：挺骄傲自满的。

师：俗话说得好：谦受益，满招损。骄傲自满的人怎么可能变成位举世闻名的大书法家的呢？让我们一起到事情的经过中去寻找答案吧。请同学默读课文的2—4自然段，用 ~~~ 画出王献之在整件事中有哪些表现，并思考他为什么会有这样的表现。

二、精读品析，感受变化

表现一：

生：首先王献之的表现是【他选了一个字送给父亲看，满以为会得到称赞。】他很想得到父亲的夸奖。

师：看老师换了一个字，再来读读觉得好吗？【把"选"换成"拿"。】

生：选看出是献之是精挑细选的，不是随便拿。

师：看来作者用词多准确呀。是呀，王献之拿着自己精挑细选的字心里美滋滋的，【课件：他仿佛听到了爸爸看到字以后说："_____。"他仿佛又听到妈妈笑着夸奖他"_____。"】

师：当时献之拿着这个字想要干什么去？

生1：向爸爸显示自己的字写得好。

生2：想得到家人的表扬，想显摆显摆。

师：老师告诉你这种想要在别人面前显示自己的优点的心理就叫"炫耀"，把这个词记下来，作为我们的词语积累。

师：哪个词把他当时想炫耀的心理表现出来了，你能把他此时炫耀的心情读出来吗？评一评。

表现二：

生：王献之第二个表现就是【兴冲冲地把"太"字送给母亲看。】说明没有得到爸爸的夸奖他就想到妈妈那里去炫耀自己的字。

表现三：

生:【王献之听了，顿时满脸通红，十分惭愧】说明王献之不好意思了。因为妈妈说只有这一点写得好而这一点却是爸爸随手一笔加上的。【谁知，父亲看了什么也没说，只是提起随手笔加了一点儿，"大"字变成了"太"字。】

师：同学们真会读书，能联系上下文理解人物的心理。那么这里"随手"一词可不可以随便去掉呢，请一个同学试着读一读。就请大家再联系上下文，说说自己的理由。

生1：不可以，妈妈说就这个点写得好，所以"随手"一词说明爸爸只是随便加一笔，都比自己精挑细选的字写得好。

生2："随手"一词更说明爸爸写字很熟练。

师：你看作者每用一个词都有自己的目的，随手一词用到这是为了表现什么？谁能读出父亲书法技艺的精湛？谁听出他怎么读得表现出技艺精湛？

师：重读，语速慢一些：随手强调只是随便加了一点就比儿子精挑细选都好。

师：谁能再来读读，注意这次要表现父亲写字很轻松就能写好。你听出与刚才有什么不同吗？

师：轻读、语速加快，就表现出只是随便加的一点很随意，也体现爸爸写字功力深厚。其实读课文没有什么固定的要求，不同的轻重音，不同的速度，不同的声调，只要能表达出自己读文后的感受就可以了。父亲无声的教育使本想炫耀自己的小献之感到十分惭愧，接着他又有什么表现？

表现四：

生：他想父亲一定有写好字的秘诀，就去要秘诀。

师：你知道什么是"秘诀"？

师：现在认识到自己不足的小献之想从父亲那里请教写好字的好方法，分角色读读父子之间的对话，注意句末的标点，他能帮我们读好人物的语气变化。问句用什么语调？

师：老师读提示语。两位同学都注意了语调的变化，那么小献之现在想从父亲那里请教秘诀心情怎样？这么焦急所以语速应该快一点。

师：你读父亲的话注意到父亲的动作是什么？"抚摩"什么意思？你能做做这个动作吗？对，就是我们平时所说的抚摸。他们是一对近义词，把他们也积累在词语小车下面。

师：从抚摩一词中你体会到什么？

生1：体现了父亲对儿子的疼爱．

师：所以父亲的语气应该体现慈爱。看来读文时不但要注意标点，更要注意人物的动作和心理。了解了父子不同的语气，这次去掉提示语能再来读读吗？

师：现在就让我们跟随小献之一同去寻找秘诀吧。请你默读第5自然段，想想你都看到什么，听到什么？从而懂得了什么？

生：……

师：父亲的秘诀仅仅在于这18缸水得数字上吗？这里作者是用一个数字来告诉我们什么？

生1：练字需要很长时间。

生2：练字需要下很多功夫。

三、复沓朗读，感悟精神

师：而且父亲身体力行，用无声的语言教育了儿子。从那以后，春天，

小朋友忙趁东风放纸鸢时，献之学着父亲的样儿【引读：每天早早起来写字，日复一日，年复一年，坚持不懈地勤学苦练。】

师：盛夏，孩子们都意欲捕鸣蝉时，献之学着父亲的样儿——

师：秋风，孩子们在果园里玩耍时，王献之却——

师：冬天，别的孩子躲在暖暖的被窝时，献之学着父亲的样儿——

师：多少个春夏秋冬，无论严寒酷暑，王献之依然学着爸爸的样子——（全班齐读）

师：这是一个多么艰苦的过程啊。毫无捷径可走。你知道写好字秘诀是什么了吗？

生：……

师：正所谓功到自然成，经过不懈努力，王献之终于成了举世闻名的大书法家【课件：书法作品】大家看他写得草书苍劲有力有如行云流水般流畅自如，与他父亲比起来毫不逊色。

师：读了王献之练字的故事，明白了什么道理？

师：坚持不懈 勤学苦练不仅是写好字的秘诀，更是我们把事情做成功的关键。让我们把这八个字铭记在心，镌刻在我们的行动中。

【在省小学语文网络教研活动中作研讨课】

■【课后反思】

作为中年段教师在日常的教学中我们对于教学目标尺度往往把握不够准确，目标定低了就教不到位，但更多的时候我们教师却容易把目标定高了，出现越位的现象。今天我在《王献之练字》一课中努力实践着吃准教材目标，交给学生阅读方法这一宗旨。我感觉本节课有以下几点做得比较好。

一、带领学生回顾学过的概括主要内容的五种方法

即课题扩展法、段意合并法、抓住关键词语句子以及段落概括、抓要素概括、回答作者提出的问题进行概括的方法。概括文章的主要内容，就是要搞清楚全文主要讲的是什么。只有掌握了文章的主要内容，才能正确领会文章的中心思想。所以每节课我们都要引领学生复习概括课文的主要方法，久而久之对学生理解课文的中心会有很大的好处。

二、引导学生带着问题默读课文

由问题引导，抓住人物的具体表现，体会人物心理变化。

三、利用多种方法理解词语

1. 通过换词和去掉词语对比的方式，体会"选"字和"随手"一词在文中表达的意思，并感受作者用词的准确。

2. 通过创设情境，引导学生想象的方法，理解"满以为"一词蕴含着炫耀之意。

3. 教给学生联系上下文，正确选择词语在字典中的义项。

4. 通过近义词替换的方式理解"抚摩"的含义。

5. 运用复沓读的形式理解词语。对于"坚持不懈"一词我们并没有放在前面字词教学中处理，而是在学完文后，特别是在复沓朗读理解之后引导学生水到渠成地体会这个词的意思。

四、创设情境，激发想象引领学生体会中心

我感觉落实比较好的地方就是重点段的教学。课文最后一段可以说是体现文章中心的重点段落。对这一段的处理我是创设情境，希望学生通过联想，将汉字还原成画面，使得学生仿佛看到了王献之勤学苦练的样子，从而体会练字的秘诀就是坚持不懈，勤学苦练，毫无捷径可走这一中心。

五、我感觉是积累词语方面做的也比较到位

我引导学生积累一些文中词语的近义词和四字成语，从而达到丰富学生词汇量的目的。

H. 自主探究中提升能力　实践运用中发展思维
——《祖父的园子》教学实录与反思

（第一课时）

■ 【教学目标】

1. 正确、流利、有感情地朗读课文，理清课文层次，知道文章主要写了什么。

2. 学习作者在记叙事件及对景物描写的过程中表达思想感情的方法，感受《呼兰河传》是一幅多彩的风土画。

3. 体会作品的语言特点，尝试运用这样的语言展开想象进行仿写，在实践运用中提升语言运用能力。

4. 了解萧红的生平经历及《呼兰河传》的写作背景，深入体会文章要表达的思想感情。

■ 【教学过程】

一、谈话导入，激发兴趣

师：大家好，今天我们学习的内容是小学语文统编版教材五年级下册第一单元的第 2 课《祖父的园子》，在第 1 课的学习中我们了解了古代儿童的生活，感受到那份悠闲自在和童真童趣。这节课我们走进《祖父的园子》，去感受一个小女孩童年的自由与快乐。

二、初读课文，识记生字

师：请同学自由朗读课文，要读准字音、读通句子。

生：学生自由朗读课文。

师：能和老师读一读这些生词吗？（课件出示生词）

生：……

师："溜"也是一个多音字，这是字典中对两个读音的解释。现在你能根据课文的意思，判断它的读音吗？

生：这里"溜"表示用脚踢土，把土窝填平。所以读四声。

三、再读课文，整体感知

师：请同学再次自由朗读课文，结合课后第一题思考课文主要写了什么？

生：课文就写了一个可爱的小女孩在祖父园子中看到的各种景物，以及和祖父做的一些事情。

师：从书下注释中我们知道这个女孩是我们黑龙江著名女作家萧红，这篇课文就节选自她的自传体小说《呼兰河传》。其实小说这种体裁在上学期《慈母情深》一课中我们接触过，而且平时大家也一定读过很多自己喜欢的小说。以前读的小说故事情节总是特别紧张，心情总是随着故事的变化跌宕起伏，今天读这篇课文心情会紧张吗？

生：读《祖父的园子》没有这种紧张的感觉，反而感到语言特别的轻松。

师：语言轻松，富有童趣，正是《呼兰河传》这本书的语言特点，所以我国一位著名作家茅盾老先生这样评价《呼兰河传》，说它是一篇叙事诗，一幅多彩的风土画。

师：说它是叙事诗，说明作者用诗一般的语言在记叙事情，说它是风土画，是因为文中一定描写了许多生动的景物。现在就请同学们浏览课文，找一找文中哪些段落直接描写了园子中的景物？哪些段落重点写了我和祖父在园子中做的事情？

生：文章的第 1、2、3 和 15、16 自然段，写了园中的景物。

生：课文的第 4 到 14 自然段，17 到 19 自然段重点写我和祖父在园中做了什么事情。

四、抓住事件，体会情感

1. 理清作者记叙的事情

师：理清了课文的脉络，现在请同学默读课文记叙事件的相应段落，找一找这首叙事诗都写了哪些有趣的事。用词语概括出来，记录在书中并读一读对这些事件的描写，把体会到的情感标注在事情旁边。

生：……

生：从记叙的过程中我们感到女孩在祖父的园子中特别自由快乐，想干什么就干什么。

2. 这份自由和快乐作者又是怎样表达出来的呢？

师：让我们配合读读课文第四自然段，然后说说读后有什么感受？

生：感觉句子特别短，后一句与前一句意思相近，字数也基本相同。

生：从中体会到作者开心和调皮。

师：读着读着是不是感觉这样的短句子朗朗上口，有诗的韵律，特别能表达孩子开心愉快的情感？发现了语言的特点和表达的情感，那老师把这段文字变成诗歌的形式排列起来，我们一起通过朗读体会这种开心，感受这诗一般语言。

师：按这样的语言特点，我们接着把它补充完整。

师：我们从这段中读出诗的韵味，读着读着就仿佛看到了一老一小在田间忙活的画面。读着读着，我们就在字里行间体会到作者所要表达自由和快乐。让我们再一次感觉到《呼兰河传》的确是一首叙事诗。

3. 体会祖父对"我"的爱

师：其实，作者在园中能如此的快乐任性，离不开一个关键人物，对就是给了她无限宠爱纵容的祖父。文中这几段文字写得特别好，你能从哪些语句中体会到祖父的爱了？

生：学生联系上下文，分别从神态、语言、动作体会祖父的慈爱。

师：刚刚同学们找到了作者对人物动作、神态、语言这些细节描写，体会到祖父的慈爱及作者对祖父深深的依恋。

师：体会的这么好，能把这段对话读好吗？老师提示一下在读作者的语言时，语速可以稍快，语调轻轻上扬，体现"我"的调皮。在读祖父的语言时，语调可以稍微低一些。练习读一读吧。

生：分组练习汇报：

师：听，他们三个人配合得多好呀。同学们，发现了吗，这段描写中只写了祖父的神态，但作者回答的语气并没有写。现在你就把自己想象成文中的小女孩，想象当时她会以什么样的语气，可能会带着什么样的表情或者动作回答祖父的问话呢？先试着填空，再带着这种语气练习读一读。

师：当祖父发现我铲的那块地还留着一片狗尾草，就问我："这是什么？"

生：我可能会（骄傲）地回说："谷子。"因为我觉得自己帮助祖父干活了，满心等着祖父来夸奖我呢。

生：我会（不解）地说"谷子。"因为我觉得祖父怎么连谷子都不认识了。

师：当祖父笑够了，把草拔下来，问我："你每天吃的就是这个吗？"你又会带着怎样的语气回答？

生：我可能会（点着头）说，"是的。"因为我的确认为祖父拔下的草就是自己每天吃的谷子。

师：当我看到祖父还在笑，会怎么说？

生：我一定会（着急地）说："你不信，我到屋里拿来给你看。"因为我这时候已经知道祖父不相信我，还笑话我，所以我着急了。

生：我会（跺着脚）说，"你不信，我到屋里拿来给你看。"

师：当我跑到屋里拿了一个谷穗，远远地抛给祖父，我会怎样表现？

生：我会（理直气壮地）说："这不是一样的吗？"因为我拿到证据，证明自己是没有帮倒忙的，所以理直气壮。

生：也许我还会（插着腰），（仰着头）说，"这不是一样的吗？"

师：同学们阅读同一段文字，每个人的感受不同，读出的味道也就各不相同。老师总是要求我们有感情朗读课文，一是希望我们能通过朗读表达出自己对文章的理解。另一个目的是希望我们在聆听别人有感情朗读时受到启发，多角度理解作者要表达的情感。

师：刚刚我们重点学习"作者和祖父在园中做了哪些事"。抓住了文中对人物动作、语言、神态等细节处的描写，在字里行间体会到作者所要表达的快乐和自由，以及对祖父的依恋之情。从中感受到《呼兰河传》的确是一篇叙事诗。

五、抓住景物，体会情感

师：接下来我们重点学习课文中对景物描写的部分，去感受为什么评价《呼兰河传》是一幅多彩的风土画。请同学默读课文中描写景物的段落，动笔圈一圈作者都描写了哪些景物，读一读这些描写，把自己的感受标注在景物旁边。

1. 关注动物描写

师：大家都找到作者描写的哪些景物了？

生：……

师：作者对园子中这些昆虫的描写，字里行间都渗透着一种喜爱之情、一种为自家园子美丽景色感到骄傲的心情。

2. 关注植物描写

师：在第 3 自然段，你都找到了哪些景物？体会到什么情感？

生：作者描写的小时候印象最深的大榆树，作者对大榆树特别喜欢。要不怎么刮风的时候看，下雨的时候看，晴天的时候也要看，在萧红的眼中这榆树可爱极了能"呼叫""冒烟""发光"。

师：在第 15、16 自然段中你又看到了哪些景物呢？

生：……

师：作者观察的多仔细，从天空中的太阳到地面的大树，从没有生命的土墙，到扎根土地自由生长的植物，再到可以无拘无束自由飞翔的鸟虫，都被作者描绘在这幅风土画中。同学们大树和土墙真的会发出声响回应"我"吗？黄瓜开花和玉米生长真的能那么随意吗？作者为什么会有这样的感觉呢？

生：因为在祖父的园子中作者自己是无拘无束的，所以在她的世界里，园中的一草一木，一景一物也都是自由自在的。

师：一切都活了，要做什么，就做什么。要怎么样，就怎么样，都是自由的。

六、感受语言特点，尝试仿写

师：再来读一读第 15、16 自然段，体会作者是怎样把自己这份无拘无束的感受表达出来的？

生：作者展开大胆想象。用了拟人的方法，使动物植物都有了人的情感。

师：是呀，土墙大树哪里会开心，哪里会拍手，明明就是作者自己感觉开心、快乐，自由自在，所以在她眼中一切都是快乐的自由的。这是借助景物在抒发自己的情感。

生：作者用了灵活的排比短句式，使文字都变得特别活泼亲切。

师：的确，那份开心自在就在这朗朗上口富有韵律的文字间流淌开来。老师把这段文字按照诗歌的形式进行排列，同学们自由读一读，把这种快乐自由的感觉表达出来。

师：读着这富有韵律的文字，我们仿佛看到鸟儿自由地飞，虫儿开心地叫，黄瓜、玉米、倭瓜任性地长、随意地歇。再一次体会到《呼兰河传》真是一篇叙事诗，一幅多彩的风土画。那画中除了我们刚刚读到的动物、植物，还有哪些动物、植物或者景物也这样逍遥自在的呢？联系文中描写到的其他景物，用上这个句式你也展开想象，说一说看到了什么画面？

生：学生展开想象进行仿写。

师：把同学们刚才说的连成完整的一段话。我们也可以用这灵活简短的句式来作诗了！

七、结合资料，体会情感

师：刚刚我们跟随着作者在祖父的园子中经历了童年趣事，看到了富有生命力的景物，学习了作者借助事和景抒发对童年和祖父的无限怀念之情。

师：我们再一次感受到《呼兰河传》的确是一篇叙事诗，一幅多彩的风土画，其实这只是作家茅盾对《呼兰河传》评价的前一部分，而最后茅盾却说《呼兰河传》还是一串凄婉的歌谣。

师：请大家阅读老师提供的资料袋，说说你对这句话的理解。

生：学生联系资料谈感受。

师：所以《呼兰河传》的结尾这样写道（课件出示阅读链接）同学们自己来读一读，说说你读懂了什么，又有什么新的感受？

生：在结尾处作者写了宠爱自己的祖父去世了，原本园子中鲜活自由的事物也都荒芜消失，就连作者自己也逃难去了。这里表达的情感再不是快乐自由的了，而是一种悲凉伤感之情。

师：好文章是需要用心品读，在字里行间，在每个细节处去体会作者表达的情感。下节课我们就运用学到的这些体会作者思想感情的方法，去阅读《呼兰河传》其他相关内容，你一定会有不一样的体验。

【本课获哈尔滨市"杏坛杯"教学大赛特等奖，并在"道里教育综合改革实验区课程教学改革项目中期成果展示汇报"中作为现场示范课。】

<h3 style="text-align:center">（第二课时）</h3>

■【教学目标】

1.学习作者依据要表达的情感进行材料筛选，做到详略得当。

2.归纳梳理学过的体会文章表达情感的方法，在实践中灵活运用。

3.通过拓展阅读以及课后的阅读链接，体会作者现实的孤寂与课文表达的快乐自由截然不同，从而激发学生阅读《呼兰河传》整本书的兴趣。

■【教学过程】

一、复习导入，回顾趣事

师：通过前面的学习我们和作者在祖父的园子里看到了各种各样富有生命力的景物，感受到作者的童年是自由自在、无忧无虑的。

师：我们还一起梳理了作者和祖父在园中做的许多有趣的事情，虽然写了10件事，但作者在每件事上用的笔墨是不一样的。请同学们浏览课文，看看哪件事写得最详细。

生：……

师：读到这里老师有个疑问，作者在园子里做的每一件事，都感觉非常开心快乐，她为什么单单选择把铲地这件事，写得这么具体呢？让我们联系生活实际想一想。如果你把爷爷或奶奶养的一盆最喜欢的花弄坏了，他们会怎么样？最少也要批评你几句吧？

师：可是文中的祖父辛辛苦苦忙活了一个夏天种的谷子可不是为了看，那是一家人用来填饱肚子的粮食呀，作者却将地里的一大片谷子当成狗尾草给拔了，把要吃的粮食都拔了会是什么后果？

生：可能一家人冬天要饿肚子了！这可不像用浇菜的水往天上泼，只是胡闹了。这后果可能很严重！

师：犯了这么严重的错误，祖父都如此包容她，其余的胡闹、添乱在祖父眼中那都是可爱的。现在你明白为什么作者单单选择铲地这件事写详细了吗？

生：这件事最能说明祖父包容、宠爱我，特别有说服力，特别典型。

师：所以以后我们在习作选材时，也要选择那些具有说服力的事件写。

三、总结方法，体会情感

师：其实整篇文章我们都能体会到作者要表达的自由和快乐，体会到她对祖父浓浓的依恋之情。我们都运用了哪些方法，去体会作者表达的情感呢？请同学再读一读课文，回忆我们所用的方法。

生：学生联系上一课时学习内容交流体会人物情感的方法。

师：归纳同学们所说的内容，我们在本课的学习中运用了"抓住细节描写""角色自居""有感情朗读""想象画面""抓住关键语段""联系阅读资料"这些方法，体会到作者的自由快乐、无忧无虑以及对祖父的怀念之情。

四、拓展阅读，学以致用

师：其实在《呼兰河传》的第三章中，大部分都是记录作者和祖父在一起的情景，下面就请同学运用刚刚我们归纳梳理出的方法，体会文章表达的情感。

1. 阅读片段一，体会作者表达的情感

片段一（略）

师：同学们，你能通过什么方法体会作者表达的情感？

师：读到这里老师有个疑问，从这些细节描写中我们体会到的是祖父的慈祥，与作者表达的情感有什么关系？

生：写祖父的慈爱，其实是为表达对祖父的怀念服务的。作者写这本小说的时候，孤独的一人在香港，还生着重病。所以此时回忆祖父的慈爱成了作者唯一的精神寄托。

师：刚刚同学们运用了"抓住细节描写"和"联系阅读资料"的方法体会了作者表达的情感。

2. 阅读片段二，体会作者表达的情感

> **片段二：** 等我出生了，第一给了祖父无限的欢喜；等我长大了，祖父非常爱我。使我觉得在这个世界上，有了祖父就够了，还怕什么呢？虽然父亲的冷淡，母亲的恶言恶色和祖母用针刺我手指的这些事，都觉得算不了什么。何况还有后园！

生：我用"抓住关键语句"的方法，从"我觉得在这个世界上，有了祖父就够了，还怕什么呢？"这个反问句，体会到作者对祖父的依恋。

生：我用"联系阅读资料"的方法，体会到作者对祖父的依恋的原因。

师：这一段特别适合通过朗读来体会情感，我们来读一读。

师：同学们运用"联系阅读资料""抓住关键语句""有感情朗读"的方法体会了第二个片段中作者的情感。

3. 阅读片段三，体会作者表达的情感

> **片段三：** 等呼兰河畔的这座小城里住着我的祖父。

生：我联系了上一个片段，体会到祖父在作者心里的重要性，甚至整个家乡呼兰河边的小城里，没有一个人值得怀念的了。

师：你运用"联系资料"的方法理解了作者的情感，作者没有直抒胸怀，却把这份对祖父深深的怀念蕴含在一个对比之中。通过对比，体会思想感情这也是一种我们常用的方法，在《古诗三首（四时田园杂兴）》就运用过。

4. 阅读片段四，体会作者表达的情感

> **片段四：** 呼兰河小城里边，以前住着我的祖父，现在埋着我的祖父。
>
> 我生的时候，祖父已经六十多岁了，我长到四五岁，祖父就快七十了。我还没有长到二十岁，祖父就七八十岁了。祖父一过了八十，祖父就死了。
>
> 从前那后花园的主人，而今不见了。老主人死了，小主人逃荒去了。
>
> 那园里的蝴蝶、蚂蚱、蜻蜓，也许还是年年仍旧，也许现在完全荒凉了。
>
> 小黄瓜，大倭瓜，也许还是年年种着，也许现在根本没有了。

师：最后这个片段是昨天我们已经学习过的阅读链接中的资料，你能运用"抓住关键语段"的方法体会作者情感吗？

生：我发现了这段语言也很有特色，"祖父"一词的反复出现，说明祖父在我生命中十分重要。而且这段句式也很简短，像诗歌一样有韵律，还能从"已经""就快""一……就"体会到作者的一种紧迫感，自己一天天长大，祖父却在一天天老去，她害怕，怕祖父老得太快，可又没有办法，所以非常难过着急。

师：大家再次阅读发现了这段文字的语言特色，那我们也按照诗歌的形式排起来，通过有感情朗读的方法，再次体会作者复杂的情感。

师：同学们什么是经典的作品，经典就是在你每一次重新阅读的时候都会有新的体会。让我们课下真正地走进《呼兰河传》完整地去阅读这本书，去品读这篇叙事诗，去看这幅多彩的风土画，去聆听这一段凄婉的歌谣。

【本课在 2020 年哈尔滨市中小学（幼儿园）抗击新冠肺炎"停课不停学、停课不停研"线上教学资源推广中获得"精品课程"一等奖。】

■ **【教学反思】**

几年后再次教学《祖父的园子》，对叶圣陶老先生提出的"语文教材无非是个例子"这一论断有了更深刻的体会。同一篇课文放在不同的年段，放在不同的知识体系下，它所承载的任务就会有所不同。所以我们的教学重点不应是课文的内容，而是要凭借这个例子使学生能够举一反三，练成阅读和作文的熟练技能。所以再次磨课中我们不但关注于课程标准的年段目标以及单元语文要素，关注学生新旧知识的链接及语文能力的提升，更立足为学生提供语言实践的机会，引领学生在实践中掌握运用语文的规律，促进学生语文素养的形成和发展。

一、围绕语文要素，展开有梯度教学

落实语文要素是统编教材阅读教学的一条主线，所以我围绕着"体会课文表达的思想感情"这一语文要素，依托课后习题，以作家茅盾对《呼兰河传》的评价为线索展开有梯度的教学，逐步培养学生的语文能力。

首先围绕课后第一题，我带领学生按照叙事和写景两部分理清课文层次；接着引领学生体会，作者是怎样在叙事和写景的过程中表达自己情感的；在第二课时中我和学生共同归纳梳理学过的体会课文表达情感的几种方法；最后引导学生在阅读实践中综合运用所学方法体会作品蕴

含的复杂情感，实现知识内化为能力的目的。

二、循序渐进，引领学生思维发展

引领学生体会祖父的慈爱这一部分教学中，我们设计了三个层次。第一层，引导学生运用已有知识经验通过细节描写感受祖父慈爱的性格特点；第二层，分角色朗读中，体会祖父的宠爱是作者自由快乐的关键。第三层，抓住文中空白点引导学生想象作者当时说话的语气、神态进行补白。第一层设计是引导学生在语文实践中，运用已有阅读方法进行阅读理解，从而在熟练运用中把知识转化为能力。第二层朗读训练是在第一步学生体会人物性格特点的基础上的一个提升，是学生对文本阅读理解之后水到渠成的一个外在彰显，是对学生语感的培养。而第三层设计是重点，阅读是学生个性化的行为，对于同一段文字不同的人有不同的理解，设计个性化的阅读实际就是鼓励学生把自己独特的多元的理解呈现出来。同时也引导学生注意虽然是想象但也要合理。三个层次的教学，逐步发展了学生的思维，提升了语文素养。

三、自主探究，感悟作品语言特点

《呼兰河传》短小灵动的短句式读起来朗朗上口，富有诗的韵味。教学中我以作家茅盾的评价为线索，先引导学生在分角色的过程中体会叙事诗的语言特点。接着利用这种独特的韵律帮助学生很快记住第16自然段，为下面的运用打下了基础。第三步，我鼓励学生展开想象，运用学到的短句式写一段话，表达出在园中自由自在的感受。在这样的语文实践中学生运用所学知识进行创作，提升了语言的构建和运用能力。

四、利用冲突，激发学生阅读兴趣

本课以茅盾对《呼兰河传》前半部分的评价"一首叙事诗，一幅多彩风土画"展开，学生从字里行间体会到的都是自由和快乐。在课即将结束时，我出示了评价的最后一部分"一串凄婉的歌谣"，这与学生的认知产生了冲突。我顺势利导以资料袋的形式为学生提供了萧红的生平简介，此时萧红凄凉的身世触动了学生心底最柔软的地方，带着这份阅读期待，学生一定会走入原著进行整本书的阅读。

I. 明确目标　　选准策略　　回归本色课堂
——《谁敢试一试》教学实录与评析

■【教学目标】

1.认识本课生字，联系语境读准词语"嘀咕"和"轻轻一转"，并理解其含义。

2.正确、流利、有感情地朗读课文。

3.学习作者抓住人物的动作、神态联系上下文揣摩人物的心理活动，并且初步学习运用这种写作方法。

■【教学过程】

一、导入激趣，渗透知识难点

师：今天我们在报告厅的舞台上上课人特别多，大家难免有点拘束，咱们先来玩个游戏轻松轻松怎么样？同学们看图片中人物的动作和表情你猜猜他们心里可能在想什么？

生：……

师：刚才同学们能通过人物的动作、表情想象出人物的心理活动，其实在阅读时运用这种方法，我们会走进人物的内心世界，会离人物更近。轻松过后我们开始上课好吗？

师：今天这节课我们学习第三课《谁敢试一试》，这个故事就发生在我们的身边。

二、初读课文，整体感知事件

师：同学们已经预习了课文，老师想检验一下同学的预习效果，谁

愿意领读生词？

生：开火车领读生词，教师引导判断"转"的不同读音。

师：生字词我们读熟了，下面就请同学自由读课文，围绕课题思考课文主要写了一件什么事？

生：课文主要写了新班主任耿老师鼓励同学们试一试拧开杯子盖的一件事。

师：一些课文的题目只要我们稍加扩展就是文章的主要内容。

三、品读感悟，突破重难点

师：课文写了耿老师几次动员大家拧杯子盖？每次同学都有什么表现呢？请同学默读课文，在相关的段落上做标记。并思考为什么会有这样的表现呢？可以讨论讨论。找到一种表现就用序号标出来，并标明表现一、表现二。

表现一：

生1：读第四段。体会到大家都不敢去尝试拧杯子盖，女生指望男生去拧，男生指望大个的去拧，大个也不敢去拧。

师：为什么有这样的表现？

生：学生运用联系上下文，抓住细节描写谈感受。

师：所以此时教室里——静悄悄的没有一个人举手。明白了原因，再让我们看看同学们的表现，这次请你动笔用横线画出描写同学们动作的句子，用波浪线画出描写人物心理的句子。

师：老师想和同学们配合着读读这段，老师来读看得见的人物动作，女同学读女生们的心理，前面的男同学读男生的心理，大个男同学读大力们的心理，行吗？

师：读着读着，你发现人物的这些心理活动与人物动作之间有什么联系吗？

生 1：我发现人物心理活动是看不见的，而人物动作是作者看得见的。

生 2：我觉得人物心理活动是作者根据自己看见的推想出来的，就像开始我们看图片推想出人物想法是一样的。

师：同学们已经发现作者揣摩心理活动的方法了，那就是透过人物的动作表现，想象出人物的内心活动。

表现二：

师：谁愿意接着汇报第二次的表现？

生 1：教室里还是静悄悄的。说明大家还是没有勇气去拧。

生 2：同学们都心里犯嘀咕。

师：嘀咕刚刚我们理解是小声说话的意思，这里还是小声说话吗？

生：不是，是心里面想的话，没说出来。

师：同学们心里可能会想_____。

生：联系生活实际展开合理想象进行补白。

表现三：

师：谁愿意接着汇报？

生 1：耿老师第三次动员大家后，女孩站起来。她想试一试。

师：刚刚我们在第四段学习感受到作者透过人物的动作表现，想象出人物的内心活动，这样使人物特别生动。下面就请同学们仍然用横线画出人物的动作、神态，并且自己发挥想象力，揣摩一下人物当时的心理活动？

生：运用上面学习的方法联系人物动作神态分别想象小个子女生、大力士们的心理活动。

师：是呀，此时大家的目光都集中在小个子女生身上，让我们一起去看看那一幕吧，谁愿意接着汇报？

生 1：女生的动作是猛吸一口气使劲拧，她可能想，我一定不能让大家嘲笑我，我用最大了力气来拧。

师：你能通过朗读让我们感受到她十分用力吗？自己先来练练。

指导朗读：猛吸一口气读得快点，使劲拧再重些就更好了，能再试试吗？

师：你使出了浑身的力气拧杯子盖，可是意想不到的事情发生了，她的右手引读——才那么轻轻一转，杯盖儿竟一下子松了开来。

师：你能通过朗读让我们感受到大大地出乎意料吗？你们听他的语速放慢了，语气加重了就把当时出乎意料的感觉读出来了。

师：谁还能通过朗读让我感受到这件事的轻松？发现他处理的有什么不一样吗？

生：他读得快了，而且轻了。

师：其实读好课文的方法有很多，不管你的语速是快是慢，声调是高是低，声音是轻是重，只要能表达出自己的感受就可以了。

师：来让我们再对比读读这段话。

四、读写结合，力求学以致用

师：是呀，事情的结果出人意料大家都——惊愕了，本段只有一句话，请同学运用刚刚我们学到方法想象写出不同人物神态、动作揣摩出心理。

①原来纷纷扭头看男生的女同学此时——纷纷吃惊地看着小个子女生，意思是_____。

②原来把目光投向大力士的前几排的男生此时——都愣住了，心想：_____。

师：这种吃惊而发愣就是惊愕的表情

③而刚刚坐在最后一排的大力士们，此时_____意思是_____。

④我们又看到小个子女生高兴地笑了，意思是_____。

师：同学们真了不起，刚刚自己透过人物的动作、神态揣摩出了人物的心理活动，这样我们就读出了文字背后的画面来。

五、拓展延伸，领悟文章中心

师：这是一个多么睿智的老师呀，他通过这个实验要告诉我们什么道理？谁愿意读读课文的 14 自然段？能联系课文和的生活中的具体事例说说你对这段话得理解吗？

生：……

师：耿老师用自己的经历告诉同学们，

① 在学习的道路是必然充满了崎岖和坎坷，但请切切记住——引读：勇气和自信是你成功的朋友。

② 在攀登科学的高峰的路上，必然布满了荆棘，但请切切记住——引读：勇气和自信是你成功的朋友。

③ 今后我们人生的道路上必然有无数的挑战,但只要我们懂得——引读：勇气和自信是你成功的朋友。

师：相信再多的挑战，同学们也会勇往直前。

【本课在哈尔滨市第三届小学语文教师素养大赛获得特等奖】

■ 【课后评析】

本课是教科版四年级上册的一篇主体课文，纵观全课教学，我们可以深刻感受到，许蓓老师在课堂中力求实现"明确目标 选准策略 回归本色课堂"。下面我结合具体课例谈谈自己的感受。

一、明确目标，注重知识衔接，确定教学重难点

2011 版语文新课标提出中年段阅读：不但使学生能把握文章的主要内容，体会思想感情。还要初步感受作品中生动的形象和优美的语言，关心作品中人物的命运和喜怒哀乐。而本课所在单元目标是使学生在阅

读中学习做人的道理，培养他们从小树立自信心勇气。不管是关注人物的喜怒哀乐的年段目标，还是培养勇敢自信的单元目标，都是在关注着语文的人文性，而没有工具性作为支撑点的人文性会虚无缥缈。所以许老师把本课教学重点、难点锁定在关注作者写法上，她引导学生学习作者是怎样抓住人物的动作、神态联系上下文揣摩人物的心理活动，并且初步学习运用这种写作方法。

其实在三级上《掌声》一课中学生已经初步感受抓住人物的动作和神态体会人物的心理活动。在三年下《军神》中学生又一次接触学习了抓住人物动作和神态体会人物的性格特点。所以本课的教学重点是对前面知识的一个承接，也为高年级学习记叙文的表达方法、细节描写做好准备。而且本单元习作是《我能_____》，要求学生把自己能做好事情的决心、信心表达出来。因此本课教学目标的确立也为整个单元学习做好了铺垫。只要学生能透过人物的外在表现想象人物的心理活动，就能真正体会人物的喜怒哀乐，懂得为什么要自信勇敢。水到渠成地完成学段目标和单元目标。

二、选准策略，注重能力培养，回归本色课堂

1. 游戏导入，为突破重点做铺垫

在教学中过程中许老师设计了猜猜看的游戏导入环节，分别出示三张图片，请同学根据图片中人物的动作和表情猜猜人物可能在想什么？学生看到自己熟悉的同学出现在大屏幕中，兴趣一下被调动起来了，气氛十分活跃，纷纷猜测人物的想法，特别是最后一张图片出现了很多人物，同学们站在不同的角度揣摩人物的想法，这样在潜移默化中已经为后面的教学重点做了一个铺垫。

2. 品读感悟，突破教学难点

整节课以"耿老师三次动员大家拧杯子盖后，大家都有什么表现？

为什么会有这样的表现？"展开教学。许老师重点指导第 4 自然段的学习帮助学生总结阅读方法。首先老师帮助学生掌握揣摩心理活动的方法。第一步引领学生在边读边画的过程中，找准不同人的动作和心理活动，第二步，在师生对读中引导学生发现动作能看得见，而心理活动看不见，是作者通过人物外在动作和当时的情况揣摩出来的。最后教师引领学生体会到心理描写可以使笔下的人物鲜活起来，我们写作时也可以运用。学生在不同形式读文中抽丝剥茧层层深入体会到作者写作的精妙。

3. 读写结合，力求学以致用

语文课程"就是一门学习语言文字运用的综合性、实践性的课程"。"应该让学生多读多写、日积月累"。因此当学生充分感受到作者写法的好处后，许老师把重点落在提升学生语言文字的运用上。课文第 12 自然虽然就一句话，却是文中的一处空白点，老师设计成与第四段相互照应的训练点引导学生仿写。学生在情景的创设中，想象写出不同人物神态、动作揣摩出人物的心理活动，相信长此以往学生在学以致用中，习作能力会逐步提高。

4. 朗读训练，彰显个性体验

"读"永远都是语文教学不变的主题。所以在朗读"女孩拧杯盖"这段文字中，老师力求引导学生对同一句话读出自己的理解和感受。

语文课堂中老师引领学生在细细品味中感受语言文字的美妙，在实践中学习了语言文字的运用，这就是我们追求的本色的课堂吧。

【杨广荣　哈尔滨市道里区小学语文教研员】

J. 在文言文教学中提升学生思维品质
——《杨氏之子》教学实录与反思

■ 【课时目标】

1. 认识生字，能依据短文的意思判断多音字"为""应"的读音。

2. 综合运用之前学过的借助注释、联系上下文等方法自主学习，逐步理解文言文意思并能用自己的话讲述这个故事。

3. 在理解的基础上正确、流利地朗读课文，读好断句，感受文言文的独特魅力，并能熟读成诵。

4. 抓住人物对话逐步感受杨氏子甚聪慧的特点，以及风趣、幽默的语言是智慧的闪现。

■ 【教学过程】

一、导入，回顾旧知

师：同学们，从三年级开始我们已经学过了好几篇文言文，分别是【课件出示课文图片】

师：从对文言文完全陌生到如今已经掌握一些学习方法，那你还记得哪些学习文言文的好方法？

生：在相互补充的过程中梳理出学过的读懂古文的方法有，借助注释、联系上下文猜一猜、借助插图，还可以展开想象、抓住一句话中的关键词理解全句。

师：运用这些方法我们已经能自己初步读懂简单的文言文了。今天我们就运用这些方法，学习小学阶段最后一篇文言文《杨氏之子》，联系之前学过的知识，你知道题目是什么意思吗？

生："杨氏之子"自然指杨家的儿子。

师：能用这样的方式介绍一下自己是谁家的孩子吗？

二、初读，正音通句

师：真不错，学以致用。学习文言文最关键的就是读，现在就请大家翻开语文书 108 页，先来自由地读课文，注意读准字音，读通句子。

生：自由读文。

师：课文中有两个生字，谁能带领大家读一读？并说一说意思。

生 1：领读"诣"和"禽"。

生 2："诣"书上注释说是拜访的意思，"禽"我觉得是鸟的意思。

师：借注释理解古文、是我们经常运用的方法"禽"这个字注释中没有给出解释，你怎么知道是鸟的意思？

生：联系句子的意思，这里"禽"就指孔雀，肯定不是家里养的鸡鸭这些家禽。

师：了不起，能灵活选择理解古文的方法，其实联系上下文不但能帮助我们理解古文，还能帮们判断多音字的读音。

师：能联系上下文，判断"为"和"应"这两个多音字在文中的读音。

生：联系上下文，这里应该是杨氏子为孔君平摆放好水果，所以"为"在这应该读四声。

生：我认为"应"在这里读四声，因为联系上面的句子，这句话是杨氏子应答孔君平的问题，所以读四声。

师：都同意他们的说法吗？我们的文言文就是这样，能省则省，这里面包含了我们老祖宗的智慧。我们要理解古人的智慧，补充上省略的部分，就可以立刻明白了句意，从而读准了字音。

师：认识了生字，确定了多音字的读音，谁来读读课文？

三、思读，读懂意思

师：同学们，刚刚我们读准了字音，读通了句子，现在我们要把这个有趣的小故事，用自己的话讲出来。要想把故事讲好，我们首先得明白每句话的意思。下面就运用之前我们掌握方法，试着读明白每句话的意思。

生：学生以讲故事的形式汇报古文的意思。

四、再读，读好停顿

师：字音都读准了，句子也读通顺了，而且理解了每句话的意思，接下来我们就要读好这篇古文的停顿，读出古文的韵味了。在《司马光》《王戎不取道旁李》等课文中我们知道要在谁做什么、谁怎么样中的"谁"后面稍做停顿。下面请同学尝试自己读好这两句话？

生1：梁国 / 杨氏子 / 九岁，甚 / 聪慧。

生2：孔君平 / 诣 / 其父，父 / 不在，乃 / 呼儿出。

师：断句读得非常准确，我们一起读读这两句。

师：到文中圈出分别表示两个人物的词语，看看对同一个人的称谓，文中前后有什么变化

生1：……

师：看来，具体的语境变化，称谓也要发生变化。课文中有一组对话不太好读，【课后第一题】能运用之前的方法依据理解，试着读好停顿吗？

生：学生采用补充省略句子成分、在人称后面做停顿、联系句意的方法，读好课后第一题中出示的句子。

师：看来读文言文是有技巧的，要根据意思来停顿。大家完整地练习读一读课文，要试着读出古文的韵味。

生：自由读→同桌互读→全班男女生各选一个代表赛读

五、悟读，读出智慧

师：读了课文，讲了故事，你认为文中的杨氏子是个怎样的孩子？能用文中的一句话告诉我们吗？

生：梁国杨氏子九岁，甚聪惠。说明他是个聪明机智的孩子。

师：杨氏子的聪慧机智体现在哪里？从哪些看出来的？要想体会人物特点要抓住人物动作、语言等细节来感悟。

生：……

师：那我们看看以下两种回答方式，你更喜欢哪个？

①"未闻孔雀是夫子家禽。"　②"孔雀是夫子家禽。"

生：……

师：咱们古人说话就是这么委婉，不说破，让你自己去体会。然而这思维敏捷的回答却出自一个年仅九岁的孩子，难怪文章开始这样写着：引读——梁国杨氏子九岁，甚聪惠！让我们再次走入课文感受杨氏子的机智幽默，感受文言文语言的简练。

生：尝试背诵。

六、拓展，语言实践

师：相信这个有趣的小故事已经深深印在了你的脑海中，聪明的杨氏子也令我们十分佩服，同学们如果当时问话的不是孔君平孔先生，而是李先生、陶先生、石先生、龙先生，你们猜猜杨氏子又会怎么回答呢？

生：……

师：看来同学们也正逐步学习这种随机样变、巧妙组织语言的方法了。我国古代《世说新语》这本书中记录了好多这样聪明的孩子，还有许多这样有趣的故事，课前预习时有了解这本书的同学吗？

生：……

师：我们每天都在用语言交流。精练得当的语言，能使我们有效地与人沟通；机智巧妙、幽默风趣的语言，能帮我们摆脱可能出现的尴尬局面。运用阅读古文的方法，试着读读《世说新语》中《徐孺子赏月》的故事，你能感受到语言的精妙之处吗？

生：徐孺子把人的眼睛和月亮做了比较，说明道理。

师：古人如此聪慧，现代人也不落后，我们敬爱的周总理也是一个思维敏捷，说话语言精妙的人，课下读读这两篇小故事，你也开动脑筋，猜猜总理是如何化解美国记者的刁难。

■**教学反思：**

统编教材从三年级开始安排文言文学习，但每学期最多只安排两三篇，五年级下学期《杨氏之子》是五四制学生在小学阶段接触的最后一篇文言文，小学阶段学生只接触过十篇文言文。所以对于大多数小学生来说，文言文还是比较陌生，学习有一定难度。如何教好小学统编教材中的文言文，是摆在教师面前的一个不可回避的问题。为此群力实验语文团队中传统文化课题组的教师们分年段开展了"把握统编教材特点 准确定位文言文教学课时目标"的主题研修。在磨课的过程中，我们努力践行着以下三方面理念：依据年段特点及教材编写理念，精准定位课时目标；依据课后练习内容，恰当选择教学策略；尝试语言实践，提升语文能力。

一、依据年段特点及教材编写理念，精准定位课时目标

纵观教材中各年级安排的十篇文言文，除五年级上册两篇文章以外，其余篇目内容故事性都很强，特别像历史故事《司马光》《囊萤夜读》《铁杵成针》都是学生早就熟知的故事，只是用不一样的语言表达形式呈现出来，而著名的思维科学家张光鉴在《相似论》中曾经说道："学生只对既熟悉又陌生的事物感兴趣"。而统编教材选文的方式正凸显了"激发学生对文言文学习的兴趣"这个教学重点。而且纵观每一册教师用书开

篇的编写说明中，都对文言文教学内容进行了强调，"以各种形式激发学生学习文言文的兴趣"。由此可见统编教材对文言文教学"一以贯之"的总体目标就是激发学生阅读文言文的兴趣。《杨氏之子》又是小学阶段最后一个单元的学习内容，经过之前的学习学生已经具备了一些自主学习文言文的常用方法。所以依据学生的年段特点，我们确定了教学目标的前三条。

而本课所在单元的主题是"风趣与幽默"，语文要素是"感受课文风趣的语言"，意在带领学生体会课文极具趣味性的语言，激发学生学习语言的热情和兴趣，进一步提升学生的语言品鉴能力。结合单元语文要素我们又确定了教学目标的最后一点。

二、依据课后练习内容，恰当选择教学策略

确定了教什么，教师进一步要考虑的就是"怎么教"，这正是决定一节课是否高效的核心问题。备课时我们依据统编教材课后习题，它不但是单元语文要素得以落实的重要载体，也是教师推进课堂教学的有力线索和抓手。课堂上我从课后题入手，以朗读为依托，恰当选择教学策略，完成了朗读训练、理解内容、语言的积累与运用，三方面的教学目标。

梳理各册教材对文言文学习的要求，学生经历着"跟着老师学习正确流利地朗读——在老师的帮扶下尝试着自主朗读——运用所学方法在理解文章的基础上自主朗读"的过程，朗读能力是逐步提高的。而且每个年段都要求背诵课文，这不但丰富了学生的语言积累，同时也潜移默化地增强着学习文言文的语感。课堂中我希望通过层层递进的朗读训练，完成设定的朗读目标和语言积累的目标，潜移默化地提升着学生的语文能力。

"初读，正音通句"环节中我引导学生读准字音、并借助多种方法选择多音字的正确读音，既达到了读通句子的目的，又为后面理解意思

读好停顿做好准备。

　　"思读，读懂意思"的环节中，我引导学生运用之前学到了旧知识，读懂文言文每句话的意思，再以讲故事的方式用自己的话说说古文的意思，不用逐字对应，但求整体理解即可。

　　"再读，读好停顿"环节中学生在理解的基础上运用旧知，水到渠成地完成了读出古文韵律的要求。

三、尝试语言实践，提升语文能力

　　语文《课程标准》中指出："语文课程致力于培养学生的语言文字运用能力，提升学生的综合素养。"可见"语言文字的运用"是语文教育的核心与本质。课堂上语言文字的"运用"是需要教师根据语文学习的规律、文本特点，精心设计恰当的语用训练点。本节课，我力求设计有层次、有梯度的语言训练内容。首先教师引导学生依据"未闻孔雀是夫子家禽。"这句话，设想如果当时问话的不是孔君平孔先生，而是李先生、陶先生、石先生、龙先生，杨氏子又会怎么回答呢？学生联系原句和教师出示的李子、桃子、石榴、龙眼的图片，猜想杨氏子可能会说的话，在这个过程是学生完成了知识的迁移和语言的构建。

　　接着我又通过《世说新语》中其它篇目文言文的拓展阅读，引导学生运用方法读懂古文，并感受风趣的语言正是思维敏捷的外显。最后以预留的课后思考题结束全课，激发学生深度思考的兴趣，潜移默化提升着学生的思维品质。

K. 在体验中培养学生习作兴趣
——《第一次_____》教学实录

■【教学目标】

　1. 学生学会选择身边有趣新鲜的事情写。

　2. 学生学习抓住人物的动作、心理、表情等细节有顺序记叙，并写出自己的真情实感。

■【教学过程】

一、谈话导入

　师：今天还有许多的老师来听课，我们先朗诵一首小儿歌让大家听听吧！

　师：读得真好听，那你们从儿歌中知道人的两件宝贝是什么？现在我们就用一用这第一件宝贝。请同学用右手在第一张纸的右半部分一笔画一个你最拿手的图形。准备好了吗？开始！

　师：画这个图形的感觉是什么？

　生：感觉很容易。

　生：感觉很轻松。

　师：大家都有一只灵巧的右手，用它画图形真是小菜一碟。这节课我们就一起做几个和灵巧的双手有关的小游戏，想玩吗？上课。

二、创设写作情境

第一关：左手画图形

　师：游戏的第一关请你用左手在刚才画的图形左边画一个和它一样

好的图形，你能画好吗？

师：有多少人是第一次用左手画画？准备尝试第一次用左手图形心里什么感觉？

师：既然这么期待，那同学就用左手握好笔，限时 30 秒，一笔画成，预备，开始！

师：停！第一关游戏结束。刚刚用左手画图的过程一定同右手画时简单轻松的感觉不太一样。能来说说刚才的经历和感受吗。把做这件事的起因说出来。你握着笔的手怎么做的？结果你画得怎么样？

生：结合亲自经历谈感受。

师：大家听清按什么顺序说的经历吗？我们在叙述一件事情的时候就有一定的有顺序，这样才能让人听明白。谁能像这样再来说说。汇报中教师引导学生说明白画画前后的感受。

生 2：老师让我们用左手画图形，【刚听到要求的感受什么说一说。】我想这可有难度，平时都用右手写字画画，还从没用左手试过，所以我特别紧张，【画的时候又有什么感觉】老师一喊开始我的手心都出汗了，越急越画不好。结果画好一看大了，但总算成功地用左手画了一个圆形。【看着自己的作品什么感觉？】

师：你们听出他在画图前后的不一样的感受吗？看说话的时候加入自己的感受或心理就能让听者感受到你的喜怒哀乐，与你同悲同喜了。谁还能有顺序说说自己左手画图的过程和你画前后的不同感受？

生：……

师：现在我们就把刚才游戏的过程写下来。可要按照一定的顺序，把游戏的过程写清楚。要抓住自己的心理变化和自己画图时的具体动作呀！

生：写片段

师：在开头空一行一会给我们的小片段起题目。谁愿意读一读自己第一次用左手画图的经历？

　　生：……

　　师：能说说他写的哪部分给你印象最深？

　　生：互相评价。

第二关：左右手画不同形状

　　师：看来第一关用左手画图形就有一定的难度，那第二关你猜是什么？那现在请你一边听老师的要求，一边看看周围同学的表情变化。第二关请同学们用左右手同时画出两个不一样的图形。而且也要一笔画成。细心的你捕捉到教室里同学们刚刚的表现了吗？

　　生：有的同学惊讶地张大嘴。

　　师：他好像在说什么？（这也太难了。）你看他多了不起不但能细心捕捉到人物的表情还能想象出别人的内心。你还能像他这样说说自己看到同学们什么表情，他可能在说什么吗？

　　生：运用学到方法说自己在画画过程中看到的、想到的。

　　师：叙述事情时千万别把自己给忘了，一定要及时记下自己的心理，这样才能让大家了解你的喜怒哀乐。

　　师：正如你们想象的那样，双手握好笔，准备动手试一试！这次画完了咱们先和小组同学按一定的顺序说说刚才自己画的过程和感受。

　　师：谁能把第一次用双手画不同图形的过程完整叙述出来？别忘了加入你细心观察到的同学们的表现和自己的真实感受。

　　生：运用学到的方法再次亲身体验。完整叙述经历。

　　师：你听他把自己在画的时候遇到的困难和怎么克服的都告诉大家了。你们遇到困难了吗？是什么怎么克服的？

　　生：……

　　师：能让我们看看你的画吗，同学们看了想说什么？

　　师：看来大家都觉得用双手画不一样的图形太有难度了。那现在请

137

同学们看一段视频。然后你要说说看后的想法【白淑贤老师双手写书法】这位双手写出不同字的高人就是省著名戏曲家白淑贤。

师：白老师奇在哪呀？你可知道台上十分钟台下又要付出怎样的持之以恒与勤学苦练呀！虽然我们刚才第一次用双手画图遇到了困难，但只要我们多加练习也会画得流畅自如的。

师：刚才我们共同经历了第一次用双手画不同的形状，那你能完整地说说自己的经历吗？以及看过视频之后的收获吗？

生：……

师：他的经历中哪里给你留下印象最深？谁愿意说说？

生：他说教室像开了锅似的，很有趣。

师：这是运用了比喻的方法，的确使文章生动有趣。

生：他写出了自己画画遇到的困难和解决方法。

生：他写出了自己的心理变化和同学们的评价。

师：好作文是改出来的，刚刚听别人一读，说不定你又有了新的想法冒出了新的念头，下课我们就把刚刚的经历记录下来。能给你的文章用《第一次_____》起个生动有趣的题目吗？

生：第一次左右手画画。

生：第一次"一心二用"。

师：今天我们写的内容就是就是语文书第二单元的习作《第一次_____》谁愿意把习作要求读一读？

师：相信今天通过练习写第一次左右手画画，你已经掌握了怎样写好"第一次做某事"的方法，运用今天学到的方法你会写好生活中许多有趣的"第一次"。

【在市级小学语文教研论坛非阅读教学课上作研讨课】

┌───┐
│ **L. 借助关键词语 丰盈学生想象 感悟诗情画意** │
│ **——《望天门山》教学实录** │
└───┘

■【教学目标】

1. 有感情地朗读课文，背诵古诗。

2. 能运用学过的理解古诗的方法，用自己的话说出诗句的意思。

3. 学习运用抓住关键词语理解诗句的方法，想象诗中描绘的景色，感受诗歌的意境。

■【教学过程】

一、旧知导入, 激情引趣

师：上课之前咱们先来玩个古诗对对碰的游戏，放松一下心情。老师说前半句，你们接后半句。准备好了么?

师：草长莺飞二月天——

生：拂堤杨柳醉春烟。

师：这位同学不但能接好诗句，还能吟诵出古诗的韵律，了不起!我们接着来，不知细叶谁裁出——

生：二月春风似剪刀。

师：……

生：……

师：发现了吗，后面三首古诗的作者是同一个人。

生：李白。

师：是呀，古诗是我国传统文化的瑰宝，而唐诗正是这瑰宝中最璀璨的一颗明珠！而说到唐诗，我们一定会想到李白，之前我们就学习过他的《古朗月行》《望庐山瀑布》《送孟浩然之广陵》，那时老师就为大家介绍过李白，你还记得吗？能用自己的话说说对李白的了解吗？

生：李白，字太白，号青莲居士。

生：李白被称为诗仙和酒仙。

师：的确，李白喜欢饮酒，饮酒之后创作出了许多千古佳作。今天我们就再来学习他的《望天门山》。

二、渗透学法，理解诗题

师：知道天门山在哪吗？请把书翻到 74 页，找一找。

生：……

师：大家都在书上找到这段介绍了吗？大家能学以致用运用第二单元学习的借助注释理解诗句的方法，了解了天门山的地理位置。那么通过这段注释，你知道天门山的特点吗？

生：天门山是两座隔江相望的山，就像两扇大门，所以叫天门山。

师：看来天门山的名字取得十分形象、贴切。知道了天门山的意思，那你能说说诗题的意思嘛？

生：看天门山。

师：联系生活实际，理解望是看的意思。"望"在字典中有很多的意思，你看看哪个意思放在题目中最恰当？

生：在题目中看应该是向远处看的意思，题目就应该是站在远处看天门山。

师：能把这种远看的感觉读出来吗？

生：……

师：刚才我们抓住了关键词，理解了题目的意思。这也是我们本单元学习的重点"抓住关键词理解内容"。

三、初读古诗，整体感知

师：想要学好古诗，首先要把它读通顺。现在就请大家自由读两遍古诗，读准字音，把诗句读通顺。

生：自由读、汇报读。

师：读得很通顺，其实读古诗我们还要读出它的韵律。这首诗和第二单元学过的《山行》一样，都是七言绝句。你还记得《山行》怎么读吗？谁来读读？

生：读出七言绝句的停顿。

师：就按照这个方法，自己练习着读一读这首古诗。

生：学生练习读、汇报读。

四、结合画面，理解古诗

师：一首古诗就是一幅画面，这首古诗，描绘的其实就是这样一幅画面。请同学结合课件中呈现的画面，到诗句中找一找圈一圈作者都写了哪些景物？

生：……

师：我们把诗人描写的景物找到了，二年级开始我们就学习了借助画面、展开想象，理解古诗的意思，你能结合这幅画和诗中内容，用自己的话说一说整首诗描写的画面吗，先自己练习说一说，再说给同桌听听，相互补充。

生1：天门山被长江水从中间切断了，碧绿的江水向东流去。两岸的青山隔江相望，一条小船从太阳落山的地方慢慢行驶过来。

师：碧水是一直向东流吗？

生2：我认为江水向东流了一段又变了方向，因为诗中说"至此回"。

师：说得真好，看来古诗描绘的画面不是静止不动的，那是一幅动态、波澜壮阔的画面。

五、抓关键词，感悟诗境

师：下面就让我们运用这节课学到的"抓住关键的词，理解诗句意思"的方法，再次走入古诗的字里行间，展开我们的想象，看看这幅动态的画卷。

师：看！这是甲骨文，你猜猜这是这两句诗中的哪个字？别急，看看它的变化。说说你是怎么猜到的。

生：右边像一把斧头，斧头正在砍东西，所以我猜是"断"字。

师：你们猜的有理有据，"断"字就含有用力砍断的意思。结合这关键字"断"，能说说你仿佛看到的、听到的楚江水什么样？说说原因。

生：……

师：想象的合理，你耳边仿佛听到了什么？

生：我仿佛听到了楚江水拍打着两岸岩石的声音。

师：真正是惊涛拍岸千层浪呀！同学们刚刚抓住"断"这个关键词，感受到了楚江水的汹涌气势，那结合"至此回"这个词你能看到李白笔下的天门山又是什么样的？

生：天门山应该是高大雄伟的，因为汹涌浩荡的楚江水一路向东流，遇到了天门山也要改变了方向，所以山应该是高大雄伟的。

师：把你的感受送到前两句中读一读，读出山的高大，水的汹涌。

生：练习朗读、汇报读。

师：在李白眼中山是如此高大、水是那么澎湃。这首诗是李白 24 岁写的。那时候的他第一次中了举人，他走出了家门，离开故里，去实现自己远大的理想。此时李白的心情应该是怎样的？

生：李白此时是激动的！

师：读出李白这份激动之情！

生：此时李白应该是豪情万丈的。

师：把这种感情读出来！

生：李白此时应该是充满信心，着急地去实现自己的理想。

师：通过你们的朗读，我们看到了汹涌的楚江水、高大的天门山和一位豪情壮志的李白。此时李白乘着船，抬头看向两岸的青山。又是怎样的一番景色呢？请结合"相对出""日边来"这两个词语说说后两句诗描绘的景象。

生：……

师：你把这画中动态的景象描绘出来了，能读出船越来越近的感觉吗？

六、品读色彩，丰盈画面

师：其实这首诗还蕴含了好多颜色呢，快到诗中找一找。

生：碧水中有绿色。

师：古人很喜欢用这个"碧"写出事物的特点。贺知章的笔下的柳树是：碧玉妆成一树高——

生：万条垂下绿丝绦。

师：杨万里笔下的荷叶是：接天莲叶无穷碧——

生：映日荷花别样红。

师：李白笔下的天空是：孤帆远影碧空尽——

生：唯见长江天际流。

师：不同的诗人不约而同地用"碧"字写出了事物绿的鲜艳，绿得干净。诗中还描写了什么颜色？

生："青山"写出颜色是绿的；"日边来"说明还有红色的太阳。

生：我认为"日边来"太阳应该是金黄色光芒。

师：其实作者看到的太阳到底是火红的还是金黄的，我们无从考证，但只要符合生活实际大家的想象就是合理的。

师：原来这首诗的颜色这么丰富，就让我们把这些色彩送回到古诗中，想象诗中描绘了怎样的景色，再来说说古诗的意思。先自己想一想，再和同桌说一说。

生：……

师：在大家的描述中，老师仿佛看到了滚滚的楚江水，巍峨的天门山，李白泛着小船缓缓地从天边而来，这幅画面太让人陶醉了！让我们把这种美读出来（配乐）。

七、想想画面，背诵古诗

师：孩子们，经过了多次的朗读，相信李白笔下这幅动态的、多彩的画卷已经深深地印刻在你的脑海中。请你想象着画面，把这首诗背诵出来。（配乐）

师：这节课，我们学习了抓关键词语理解古诗的意思的新方法，下节课我们就综合运用借助画面、展开想象、结合注释、抓住关键词这些理解古诗的方法，来学习《饮湖上初晴后雨》《望洞庭》这两首古诗。

第三部分

教育教学的感悟与思考

教育思索

A. 在课堂争论中师生共同成长

　　两千多年前，阿基米德曾说过："给我一个支点，我可以撬动地球。"一直以来，这句话激励着我们为寻找那个支点而奋斗着，而以往填鸭式教学模式窒息了学生的创造思维，所以我们要转变教育观念，扬弃束缚学生创新思想的框架，给学生一个自主创新的支点，而课堂这个学生自主创新空间中，争论无疑是一个可以闪现学生创新思维火花的支点。借助这个支点学生可以自由地发挥想象，大胆发表自己的观点，并能主动地自主合作学习。所以在语文教学中，教师要积极创造条件，鼓励学生大胆求异，多方面、多角度地展开争论，创造性地解决问题，而课堂争论正为发展学生的创新思维创造了一方乐土。

一、学生的思维得到多元发展

1. 课堂争论更好地促进学生自主、合作、探究式学习

　　孩子们在争论的过程中为了证明自己小组的观点是正确的就主动通过各种渠道查找资料，同小组成员研究讨论，并组织语言同别的组辩论，而在争论的过程中他们不仅为别人提供了思考的材料，也使自己从别人那里获取经验，得到启发。使每个人在争论的同时，能加深理解，提高认识，获取深刻的体验。正如英国大文豪萧伯纳说过："如果你有一个苹果，我有一个苹果，交换一下，还是一个苹果；但如果你有一个思想，我有一个思想，彼此交换就有两个甚至更多的思想。"例如，在学习《月光曲》理解贝多芬情感有三次变化时，学生对贝多芬进入茅屋为盲姑娘

147

弹了一曲之后情感的变化是什么？产生了分歧。有的小组说："我们组认为贝多芬为盲姑娘弹一曲后，盲姑娘认出他就是贝多芬时，他一定十分激动，因为盲姑娘太懂音乐了，从琴声中就能感觉到自己就是贝多芬。"有的小组说："我们组认为盲姑娘认出贝多芬后，贝多芬还是感动，真正使他激动的原因是他想到这么爱音乐的人却不能坐在音乐厅里真正地欣赏自己的演奏，社会制度太不平等了，想到这他才是心情激动。"有的小组认为贝多芬此时是惊讶，为盲姑娘如此懂音乐而惊讶；有的小组认为贝多芬此时是气愤，为社会的不公平而气愤。学生在争论过程中思维的火花得以碰撞，对所争论的问题有更明确的认识，获取了知识，感悟到方法，同时获得极大的情感满足。

2. 课堂争论中发展学生的求异思维

例如在教学《想飞的乌龟》一课时，最后我提出一个问题"你想对这只乌龟说些什么？"一时孩子们的兴趣被激活了，课堂上大家争论不休，有的孩子说："乌龟呀，乌龟你的想法太不实际，不会飞还非要飞，结果摔伤了吧。"另一个孩子却说："你说得不对，你不想飞吗？乌龟是有理想的，所以我想说，乌龟呀，乌龟你是一只有理想的乌龟。"还有人说："小乌龟你真可怜，壳摔成那么多瓣多疼啊，你不应该冒险飞。""不对，如果没有自己的梦想，就不会有进步，你是一只勇敢的乌龟。""那也不能不实际地想啊！"……孩子们不同的说法体现了他们对梦想的不同看法，同时更展现了他们个性化的观点。

3. 课堂争论培养学生思维的独特与创新性

课堂争论中往往可以激发学生不满足于已有的结论，敢于并善于怀疑权威的东西。还记得那是在一次教学大赛中，我执教《将相和》一课，在教学尾声时我请同学谈谈"你们崇拜文中哪个人物？"大多数同学说自己崇拜蔺相如，因为他以大局为重胸襟宽广聪明机智，还有同学说自己崇拜廉颇因为他知错就改。这些答案也正是教材所呈现的人文主题，我随即肯定了这些学生的回答，准备结束本课教学。可一名学生却仍兴奋地举着手，而他平时就喜欢提出些刁钻古怪的问题。如果此时请他发表观点，我真担心无法恰当地反馈被挂在讲台上，还要延误下课的时间。可面对孩子真切的眼神，我还真不忍心拒绝他。犹豫片刻我还是请他来说说。"老师，我崇拜秦王，因为他一定治国有方，他的国家一定很强大，不然为什么别的国家有这么多厉害的大臣还要那么怕他。"听了他的回答，同学们一片哗然有的同学反驳道："课文字里行间都看出作者在批评秦王的霸道。"还有的孩子说："秦王不能仗着自己国家强大就去欺负他国，这样的人怎么能佩服。""对呀，你看看文中对秦王神态、语言的细节描写，哪一点像好人。"一时间这个学生不知所措，而此时我知道不能让他这样尴尬地坐下，不然以后他再也不敢发表自己独特的想法，再也不敢向常规发起挑战了。所以我走到他身边，摸着他的头说："你说的有道理，毛主席就说过落后就会挨打。看来秦王虽然霸道但确实治国有方，是个了不起的人物。"听我这么一说，孩子有了底气"谁没有缺点，作者看到秦王的缺点，我为什么不能看到他的优点！"

听了他是发言我第一个为他鼓掌，接着全班响起热烈的掌声。同时我感到无比的欣慰，因为21世纪是四海一家的世纪，也是个性张扬的世纪，每个人既是人类大家庭中的一员，也是富有个性的独特的一分子。因此，在我们的课堂中就要抓住每一个能张扬学生个性的机会，培养他们有自己的观点，不人云亦云，不盲目服从，不轻信他人，而今天的课堂我做到了。

教学过程是一个开放的过程，不仅要向学生开放，还要向教师开放，我在组织学生课堂争论的过程中也收获很多。

二、教师在课堂争论中的成长

1. 锻炼自己灵活运用教学机智的能力

作为教师要能及时抓住学生的思维亮点，调整自己的教学思路，找好切入点创造争论的契机。所以我觉得自己收获之一就是能更好地调控自己的教学过程，努力做到不被教案所束缚，课堂上能及时根据学生的需要运用教学机智调控教学步骤，更好地锻炼了自己灵活运用教学机智的能力。

在教学《小闹钟》一课时当我提出："同学们，学习了这一课，你认为小闹钟可以同谁交朋友？能说说你的理由吗？"抛出这个问题时，真是一石激起千层浪，学生的热情高涨了，个个摩拳擦掌，跃跃欲试。有的学生说："它可以同猫头鹰交朋友，因为猫头鹰一天晚上能抓三只老鼠，很能干。"有的说："我也认为可以同猫头鹰交朋友，因为它是庄稼的保护神。"有的学生说："它可以同小白兔交朋友，小白兔很勤快，不浪费时间。"有的学生说："小闹钟可以同小熊交朋友，因为小熊听到小闹钟的声音，就赶快爬起来，不再睡懒觉了,还能看出小熊知错就改。"可此时有一个孩子却说："小闹钟不应该同猫头鹰、小兔子交朋友，因为它们根本用不着小闹钟，小闹钟还和人家交什么朋友呀。"一时间有的孩子觉得他说得有道理，大家争论起来，我觉得这正是培养孩子创新思维引发学生争论的一个好切入点。于是我说："这位同学真善于动脑筋，他提的问题多新鲜。你们谁能帮他解释一下这个问题。"孩子们以小组为单位展开争论，"朋友就是互相帮助，帮不上忙还交什么朋友。""可是没有用就不是朋友了？""可老师告诉我们好朋友要互相帮助。"我认真地听着学生你一言我一语的争论，明白了学他们对朋友的真正含义还不理解。于是我说："你们平时喜欢和什么样的同学交朋友？"学生都说的是学习好，纪律好的同学，我随即说道："你们都喜欢同身上优点多的同学交朋友，小闹钟也是呀！"学生一下就明白了都说："他们身上都有各自的优点，当然可以做朋友互相学习。"虽然在这里我浪费了一些时间可我觉得很值得，因为我抓住了教学契机，组织学生争论，不但锻炼了学生的口语表达能力，而且让学生明白朋友的又一层含义，在潜移默化中提高学生的人文素养，努力做到问题由学生中来，再巧妙地转回到学生中去的氛围。

2. 教师的学科整合能力得到了锻炼

既然要激发学生的求异思维，引发课堂争论，教师就要做到知识的不断更新，又要具有学科拓展素质"一专多能"，在精通本专业基础之上，必须博学和"统览"相关学科，增强学科相融性及综合实践能力，这样才能更好地驾驭课堂，与学生共同质疑，共同进步，做到教学相长。例如在教学《月光曲》时我就查找了很多音乐方面的知识，聆听了许多贝多芬创作的曲子，在讲授《草船借箭》一课时我又阅读研究了《三国演义》的相关章节，在讲授《蟋蟀的住宅》时我又阅读了许多与昆虫有关的书籍……

总之，在培养学生创新思维的过程中，我努力提高自身的科学文化知识和理论功底，争取在教学中厚积薄发，更好培养学生的创新能力。

B. 找准课堂提问的着力点 激发学生深度思考

教学有法，教无定法，贵在得法。创新教育要求尊重学生主体地位，采取教师启发、引导和学生积极参与讨论的方法，指导学生开动脑筋寻找问题的可能性答案。帮助学生独立地思考和探索，养成对问题主动思考的质疑态度和批判精神。为此，在课堂教学这个主渠道中要坚决摒弃灌学，积极探索启发讨论参与式教学，使学生得到充分表现自己思想和情感的机会，形成对事物主动思考、大胆探索的创造性思维方式，逐步凸现其主体地位。而课堂提问又是语文教学中常用的教学方法之一，是教师教学基本功的集中反映，也是教师创造性劳动的中心环节，更是决定课堂教学成败的重要因素。阅读教学中的提问更有着提出任务、明确指向加速反馈、及时调控、启发思维、深化理解等多种功能。所以作为语文教师在备课过程中必须精心设计课堂提问，找准课堂提问的着力点，激发学生进行深度的思考。

一、在文章题眼处设疑，启发思维

文章的题目往往有揭示文章主要内容或中心的作用，所以针对课题中的关键词设计问题，正是理解全文内容重点、难点的突破口。如《西门豹治邺》一课，全文围绕"治邺"按照事情发展顺序进行记叙，所以教学中我们可以引导学生针对"治邺"猜猜课文会写什么内容。学生依据记叙文的要素，提出课文会写西门豹"为什么治邺"？"怎么治邺"？"治邺的结果怎样"？由此可见，对课文主要内容的理解以及对课文层次的梳理，学生已经在围绕"题眼"提问的过程中迎刃而解。

二、在教学重点处设疑，激发思维

一节课教学的重难点不宜过多，提出的问题更不要细碎，因为一节课的教学时间有限，细碎的提问占用大量的教学时间，必然会挤压学生深入思考的时间。而"少则得，多则惑"能让我们的孩子真正实现"一课一得"足以。这就需要教师深入研究教材，准确定位教学重难点，提出具有启发性、牵一发而动全身的问题，引导学生紧扣这一问题展开学习。如统编教材五年级上册《景阳冈》一课是第二单元"走近中国古典名著"中的一篇主体课文。课文较长，而且拗口。如何在有限的时间内让学生"掌握阅读古典名著的方法"这个教学重点呢？我们就可以在引导学生理清文章脉络后，提出以下问题：正所谓"武松醉酒景阳冈，猛虎下山气势长"接下来就让我们一起走进武松打虎的这部分内容，细读描写双方动作的关键词句，说说武松给你留下怎样的印象？虽然只设计了一个问题，却直接切入"武松打虎"这一重点情节的学习，不但为长文短教找好了切入点，而且真正起到了提纲挈领的作用。围绕这个问题学生运用之前学过的边阅读边标注、抓住细节描写处体会心理变化、侧面描写烘托人物特点等阅读方法，感受武松的人物形象，在品读中感受作者用词的精妙之处，同时学生的语文能力在实践中得以提升。

三、在文章矛盾处设疑，引导思维

有的作者匠心独运，在课文内容中安排"矛盾"之笔。教师要善于引导学生捕捉矛盾之处，在对立统一中解决矛盾，悟出道理所在，提高认识能力。如《草船借箭》一课教学中为了引导学生更好感悟诸葛亮的人物形象，我提出"诸葛亮明知周瑜是在设计害自己，为什么还要步步退让？"带着这一问题，学生再次细读文本，深入思考，不但体会到诸

葛亮的足智多谋，更体会到他能以大局为重，心胸宽广。

四、在文本留白处设疑，丰盈思维

　　课文中的"留白"是指作者对某些内容有意不写，或写得简略，留给读者更多想象的空间，以达到一种此时无声胜有声的效果。如果我们能发掘出那些留白之处，恰当设计问题不但能提升学生的语言表达能力，更可以丰盈学生个性的体验与感悟。如《丰碑》一文中军需处长被冻死时的动作、神态作者写得很细致清晰，可并没有交代军需处长被冻死前的心理活动和痛苦感受。在教学时教师可以用此处为切入点设疑，启发了学生展开合理联想，在此过程中通过心灵的契和使学生深刻感受到军需处长为革命献身时是无怨无悔的。

五、在能力提升处设疑，培养思维

　　阅读教学中，我们要找准学生已有知识和本节课所要掌握的新知识之间的差距，也就是学生能力的提升点，把它作为设疑的一个着力点，就会引发学生主动地、深入地探究学习。在《景阳冈》一课中"引导学生多元、立体地感受人物形象"是本课的一个教学重点。而"抓住细节描写，体会人物形象"是学生已经具备的能力，但"多元、立体地感受人物形象"则是一个新知识，也正是学生能力的提升点。所以教学中我设计了这样一个问题"通过刚刚的学习我们感受到了武松打虎时的勇敢无畏，但老师在与不同小组交流时却听到了不一样的声音。有的同学认为：武松真勇敢，明知山有虎，偏向虎山行。可有的同学却认为：武松很要面子，有些鲁莽，不听别人善意的劝告。这两种说法听起来似乎都有些道理，那到底谁说得对呢？我们就一起到课文中去找答案吧。"不同的观点激发了学生求异思维的火花，孩子们再次走入课文，在字里行间寻找着不一样的武松。

有的同学在"大口喝酒，大块吃肉"的细节中看到了一个豪爽的武松；有的同学在武松与酒家的对话中看到了一个不听劝告固执的武松；还有的同学看到了一个自尊心很强，很爱面子的武松……在学生的多元理解、各抒己见中、在老师尊重与点拨下，武松的形象更加鲜明、更加立体，同时学生语文能力也得到了提升。

总之，阅读教学中提问是一种技巧，更是一门艺术。有效的提问，能调动学生学习探究的兴趣，他们在教师创造的语言环境中，在解决问题的过程中，发展了思维能力。

C. 放慢课堂理答脚步 聆听思维拨节的声音

课堂中教师总希望用自己的妙语连珠点燃学生思维的火花，用精彩的理答启发学生深入思考，加深对所学知识的理解，触及知识的本质，突破教学的难点。所以当课堂中面对比较有难度的问题，学生能够回答的比较接近我们需要的、比较满意的答案时，教师总会兴奋不已，并及时进行总结提升。但这时候，往往大多数学生还处于思考、比对的阶段，思考答案的合理性，与自己的答案进行比对的过程。所以此时教师可以放慢给予答案的脚步，因为等待时间从 3 秒延长 5 秒，就会出现不一样的结果。以下就是我执教一节校本课的真实经历。

我校一直以"走进美的世界"为主题开展校本课程，各学年也依据学生的年龄特点，结合身边的合适资源，开发着具有年级特色的校本课程。而我们学年在升入五年级后，选择了"欣赏家乡建筑 感受家乡魅力"这一主题开展了校本课程，希望孩子们通过本学期的校本课程的探究学习，了解家乡建筑的独特韵味，更加热爱自己的家乡。

学生在准备课上初步了解了哈尔滨建筑的几大风格，以及每种建筑风格的简单特点，通过上网查找资料进一步丰富相关知识，通过参加班级的社会实践活动——漫步中央大街进行实地参观。当学生把前期搜集到的资料在小组内进行交流后，我在班级上了总结课。

课上同学们针对哈尔滨建筑的不同风格和每种风格所具有的特点进行了交流。课上有的小组同学通过照片配上讲解让大家感受到我市最大的巴洛克式建筑——教育书店的建筑风格、特点，然后其他组员又拿来我市许多巴洛克建筑的图片，有秋林、道外红十字医院、哈尔滨市群艺馆等，最后大家归纳总结出这种建筑的特点就是：颜色鲜艳，变化多；建筑常用椭圆形的空间；浮雕很多，给人感觉富丽堂皇；楼房都有一个主体，都是以转角为中心。

还有的小组拿着外国标准的折衷主义建筑图片和我们中央大街的妇女儿童商店、中央大街药店等建筑进行比较，总结出我们的这些建筑也有折衷主义建筑。在各组精彩的汇报中学生进一步感受到家乡欧式建筑的美丽。

随着学生精彩的发言，我提出了本节课最后一个问题："请大家判断一下中央大街马迭尔宾馆是什么风格的建筑？"我希望借助这个问题引导学生综合运用本节课所学知识，判断出哈尔滨比较有代表性的欧式建筑属于什么风格。面对这样一个具有挑战性的问题，各个小组同学兴致勃勃地展开了讨论，随后我组织班级的集中汇报。

"我们组认为马迭尔宾馆是带有巴洛克风格的建筑，它与教育书店的屋顶很像都是铁皮覆盖着的孟莎式屋顶，而且都有漂亮穹顶。墙面也凹凸有致。窗户的上方也有漂亮的雕刻。"听了这个小组的汇报我很满意，因为这正与我查到的资料相同，是我需要的答案。

正当我要按照预设准备总结全课时，又一个小组同学却说："我们组反对，我们认为马迭尔宾馆是新艺术运动风格的建筑。"本来还有一句话就可以结束全课了，可是面对学生不同的声音如果置之不理，不但剥夺了孩子的课堂主体地位，而且学生主动思考的热情会被打消，抑制了学生思维的深度发展。孩子的积极性会被打消。于是我放弃了预设的结语，让孩子发表自己的观点。

孩子兴奋地说："我们认为马迭尔宾馆应该是新艺术运动风格的建筑，因为新文艺运动建筑的风格是外形简洁，常用简单流畅的几何曲线。我们知道教育书店是巴洛克式建筑，上面有很多雕塑和一些浮雕，而且这些装饰都非常突出，变化又多，体现了一种动感。而马迭尔宾馆整栋建筑没有过于繁琐的雕塑或者浮雕，饰物由各种植物形态的曲线构成，阳台也采用了的金属构件，都比较简洁流畅。而且女儿墙以砖砌体为主，采用灵活轻柔的曲线造型，所以我们认为它更像是新艺术建筑的特点。"

　　听了同学的发言我以掌声表达了赞许，虽然孩子们的判断与我查到的资料不同，但他们说得有理有据。我们无论执教哪门课程，培养的目标却有着相同之处，都要培养学生大胆质疑，敢于求异的创新思维品质。而且我查找到的资料也不一定就是绝对的权威，于是我又趁热打铁说："还有其他观点吗？"

　　同学们听到鼓励更踊跃了，有的小组说："它的内部装修富丽堂皇，装饰典雅、细腻，是巴洛克式风格。"有的小组又说："穹顶又有德国古典建筑的特点。"有的小组说："它可以说是折衷主义的建筑风格，因为它的特点是博采众长，任意模仿历史上各种建筑风格，不讲求固定的法式，只讲求比例均衡，注重纯形式美。"……一时间，针对马迭尔宾馆到底是哪种建筑风格，学生们展开激烈讨论。而此时我觉得马迭尔宾馆到底属于什么建筑风格已不重要了，重要的是学生能自信地运用本节课所学到的关于建筑方面的知识，去判断一处欧式建筑的风格，在争论过程中感受到家乡建筑独特的魅力，对家乡的热爱之情也越加强烈！更主要的是在这个过程中学生思维的独创性在独立思考、大胆质疑、比较鉴别中得以发展。所以最后我没有按原计划说出马迭尔宾馆到底属于什么建筑风格，而是说："通过今天的学习，同学们能从不同的角度入手观察一栋建筑，并说出了自己的判断依据，真是学有所得。其实我们可以从同一栋建筑中看到不同时代、不同流派的建筑风格，他们浑然一体地凝聚在一起，让我们看到的是各个建筑流派精华的传承和发展，所以在判断哈尔滨某一座建筑的风格时，我们不能分裂地去欣赏，它们都是建筑艺术宝库中凝结了几百年建筑发展的精髓，是精雕细琢的建筑艺术珍品。"当听到这段总结时,我看到学生那种骄傲之情已从眼神中流露出来,所以我趁热打铁地问:"那现在你最想说什么?"

"家乡的建筑真是太珍贵了,我太自豪了!""以前总觉得哈尔滨没什么名胜古迹,外出旅游都不好意思说自己的家乡在哪里。现在我也有底气向外地游客介绍一下哈尔滨这座东方小巴黎建筑的魅力了!""对,咱们可以骄傲地说哈尔滨的建筑就是一本浓缩的西方建筑史教科书!"

从学生们发自肺腑的言语中,我知道这学期校本课程的教学目标达到了,学生不但了解了哈尔滨不同欧式建筑的特点,感受到家乡建筑的美,还表达了对家乡由衷的热爱。同时我庆幸,今天教学中放慢了课堂理答的脚步,把时间还给了学生,把话语权还给了学生,抓住争论的契机。激励他们大胆地发表自己的独特见解,让我有幸聆听到他们思维拔节的妙音,培养了学生的求异思维;我庆幸自己放慢了教学的脚步,抓住争论的契机,看到他们在思维碰撞的火树银花中经历知识自我构建的过程。

D. 信息技术与语文教学有效融合激发学生思维的灵动
——《桂林山水》教学感悟

在网络教室上《桂林山水》一课，让我深刻体会到了网络环境下信息技术与语文教学恰当融合使我们的教学收到意想不到的效果。有了"教学媒体"的介入，为"教师、学生、教材"这传统的"老三篇"注入了新的血液。而"教学媒体"发展至今，更包含了"网络"这一较新的教学优势。学生在学习的过程中"受制"于老师的弊端得到很好克服。信息技术与语文课程的整合超越了计算机辅助教学与辅助学习。

1. 利用信息技术可以创建理想学习环境、全新的学习方式和教学方式，激发学生深刻思考的兴趣

《桂林山水》一课，是一篇描写桂林山水景色秀美的抒情散文，运用了大量的比喻、拟人等修辞手法，围绕"桂林山水甲天下"这一名句，分别介绍了漓江水和桂林山的特点。尽管课文语言文字十分优美，但是，班里的学生大多没有去过漓江亲眼看见过桂林山水，对课文的理解仅限于文字的表达，桂林山水究竟美在何处，学生没有具体的感性经验，也就难以激发他们热爱祖国大好河山的思想感情。根据上述情况，我设计了《走近桂林》这个网页。网页为语文学科中的合作学习提供了一个更为灵活和丰富多彩的学习平台。其中呈现了"桂林简介、桂林风情、桂林音像、桂林传说、桂林语库、其它资源、与我交流"几个板块链接，我们设计了简单快捷的搜索引擎，以方便学生能够快速查找自己学习所需的资料，为学生创设了良好的学习环境。学生通过亲自动手查找资料、小组合作整理资料，学习到课本上没有的知识，并能提出自己的观点。

例如学生在查找到有关桂林历史文化资料的同时发现了问题，当时他是这样说的："我在桂林旅游网上看到桂林其实有很多有名的古迹其中有岭南最早开凿的著名水利工程灵渠、全国保存最完好的古代藩王王府和墓葬、历代摩崖石刻与壁书，还拥有宝积岩、庙岩等石器时代的洞穴文化遗存。我还看到一篇报道说桂林本是历史文化名城，但人们却只知道桂林山水甲天下却不知道桂林有这么丰富的人文旅游资源，所以这些名胜古迹的旅游景点都很萧条。看完报道之后我想向写《桂林山水》这篇文章的作家提出一个意见，能否在文章后面接着写出桂林丰富的人文资源，那样世界各国的人们就会更向往神秘的桂林更想到那里看看，桂林也就会更名扬天下。"

听了学生的发言我感到十分高兴，因为 21 世纪是四海一家的世纪，也是个性张扬的世纪。而孩子富有个性的发言，不就说明孩子的创新思维得到了培养吗？所以今后在语文教学中我们应该更合理地运用信息技术辅助教学，从优化训练内容出发，使学生听觉、视觉、触觉，都参与感知活动，最大限度地调动了学生学习的积极性，使学生开阔视野，丰富知识，训练他们的创新思维。

2. 在网络环境下进行阅读教学，拓展阅读领域培养学生思维的广度

阅读能力是学生形成诸多能力的基础能力，也是语文教学改革的着力点。为了提高阅读教学效率，我们充分利用多媒体网络的资源优势，使学生的学习范围不再局限于一成不变的教材，学生可以通过网络资源实现从课堂学习到课外阅读，只要鼠标轻轻一点，古今中外，上下五千年，各种美文名著，精彩句章，尽收眼底；还可以使教学活动由课堂扩展到课后的家庭中进行。学生利用丰富的网络资源进行扩展阅读，在这篇课文中学生阅读了大量描写桂林山和水的文章，加大了学生的阅读量，

激发了学生的阅读兴趣，促进了学生多方面知识的积累。

3. 网络环境下信息技术与语文学科整合教学，为激发学生创新思维提供平台

学生在整个学习过程中，由于学习方式产生了较大变化，他们真正成了学习的主人，主体作用得到真正体现：不仅有学生与老师之间的信息交流，还有学生与学生、学生与计算机（丰富学习资源）的交流。网络环境下学习的交互作用得以有效发挥，学生学习的自主性得到更强体现。在整个学习过程中，学生的主动参与意识强烈，例如在汇报桂林的名山时，学生小组之间进行了资源的共享，他们兴趣盎然地把搜集的图片按照找到的旅游路线进行排列，然后制成幻灯片为同学边演示边讲解，使大家有了身临其境的感受，而且他们解释到这条旅游路线是经济实用套餐。可见孩子们以被网络深深吸引并把它与生活实际联系到一起了。

在学生评价桂林的美时出现了两种观点，一种认为桂林山水的确甲天下，一种认为祖国名川大山很多，又何止桂林山水甲天下呢？学生为了证明自己的观点到网页中搜集资料，到互联网查信息，又按各自的观点分小组组织资料，最后展开辩论。

有的学生说："我认为桂林山水的确美，我用事实说话，学生点击'桂林音像'板块的第三条链接观看。[看录像3]看后你不觉得这是人间天堂吗？"

有的学生反驳道："我国的武夷山也是山水环绕被称为'曲曲山回转''峰峰水抱流'。难道不美吗？而且我们也学过《美丽的武夷山》这课。不可以说是五夷山水甲天下吗？"

"韩愈的诗中写到'江作青罗带，山如碧玉簪'，可见桂林不但山青而且水秀可以说是两全其美。"

"'飞流直下三千尺，疑是银河落九天'的庐山瀑布能和银河相比美，难道不能称'甲天下'吗？"

"天下就是全世界，我听说夏威夷和普吉岛的热带风情也很美，也可以说风景甲天下。"

……

总之，学生在网络环境下学习的重心不再仅仅放在学会知识上，而是转到学会学习、掌握方法、培养创新能力，发展思维方式和提升信息素养上。学生在网络环境下自由地学习，获取自己需要的信息，他们利用信息技术解决问题的过程，是一个充满想象、不断创新思考的过程，同时又是一个科学严谨、有计划的动手实践过程，它有助于培养学生的创新精神和实践能力，所以今后教学中我们应该更好地把信息技术和语文学科进行有效融合，使课堂教学形象化、趣味化、交际化和生活化，提高了语文教学的实效。

E. 教师的书法绘画技艺让语文课堂异彩纷呈

2014 年 7 月我有幸参加了中央教育科学院在山东日照举办的"第十六届小学优质课观摩评议会"的语文课堂教学比赛，赛后我依据本课的教学重点：激发学生对读书的喜爱之情，进  行了朗诵、书法绘画的技艺展示。我一边引导学生课下要走进《窃读记》原文去追寻海音窃读的脚步，寻找窃读中关于"爱"的故事；一边用毛笔书写"走遍天下书为侣"，并配以远山及点点桃花衬托，希望孩子们能从这诗画的意境中感悟到读万卷书和行万里路同样重要。在今后的生活中能主动地去畅游书海，感受书中或波澜壮阔的豪迈，或细水长流的惬意。

我的技能展示赢得了在场评委和观课老师的热烈掌声，最后夺得了一等奖的好成绩。近几年各级各类的语文教师素养大赛、教学大赛，一再强调教师教学技能的重要性，而我认为语文教师掌握一定的绘画、书法技能在一定程度上可以提高语文教学的实效性。

一、简笔画板书令课堂妙趣横生

简笔画就是用最简单的线条和平面图形概括地勾画出物象的主要特征的图。简笔画简练、形象、生动，而且也比较容易掌握，所以在教学中应用比较广泛。教师的绘画技巧不一定需要炉火纯青，只要我们将教学内容、教学重点结合图画直观、形象地展现在孩子面前，有效地突破教学重难点就可以。

1. 简笔画帮助学生识记汉字

中国的汉字很多都是象形字，就像照着东西的样子画出来似的，例如"月"字像一弯月亮的形状，"山"字就像连绵的群山，"鱼"是一尾有鱼头、鱼身、鱼尾的游鱼……如果我们在教学汉字时能适当应用简笔画，把汉字和图形联系在一起，让孩子在头脑中形成相对应的形象，使汉字变成一幅幅生动的画面，这样孩子不但识记了字形，更会为我国古代劳动人民的聪明才智而感到骄傲。

2. 简笔画帮助学生理解词语

低年级教学中在理解词语时，常常运用引导学生联系生活实际和观察课文中的插图等直观的方法，因为借助词典中单纯的文字注释，低年级的孩子还不能在头脑中构建直观的形象，这时我们就可以借助简笔画来帮助学生理解词语。比如在教学《葡萄沟》一课，引导学生理解"茂密"一词时，我

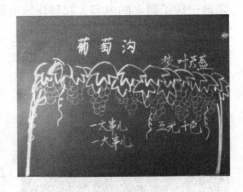

们就可以在黑板上画好一个葡萄架，然后画一片葡萄叶问学生这样是"茂密"吗？那两片、三片的叶子是"茂密"吗？那么什么样的枝叶是"茂密"呢？这时可以让几名同学到黑板上画一画，孩子们通过合作使葡萄架上的枝叶变得茂密了，同时也通过直观的感受理解了词语。

再如教学《狼和小羊》一课时，为了让学生理解什么是 "上游"和

"下游"，我在黑板上先画了一条小河，画出河水流淌的方向，再让孩子结合课文的文字自己在画面上标出哪里是上游，哪里是下游，学生借助简笔画的板书很好地理解了词语，从而也更好地理解河水一定是从上游流到下游，而狼说的话是谎话是为吃小羊找的借口，从而突破了这部分的教学难点。

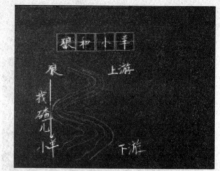

3. 简笔画帮助学生领悟文章内容

一年级的课文很多都是童话故事，孩子们往往受识字量的限制对于纯文字的板书一方面识记困难，一方面不感兴趣。此时如果教师根据课文内容，用简笔画迅速将枯燥的文字变成生动的画面就可以帮助学生形象地记住了课文的内容，起到化繁为简的作用。

例如在教学《小鹰学飞》一课，我就设计了简笔画的板书，随着课

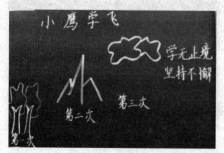

文的推进，分别画出小鹰三次学飞的参照物：大树、高山、蓝天，孩子看着颜色鲜艳的简笔画记住了课文内容，理解了小鹰越飞越高，一次次战胜自己的快乐，也为后面复

述课文练习口语表达提供了依据。

在教学《小鸟和牵牛花》一课时，为了让孩子直观感受凤仙花、小草、牵牛花三种植物的不同特点，我除了让孩子看课件中的图片感受，还把三种植物通过简笔画的形式边讲解边画到黑板上，寥寥数笔让孩子感受到牵牛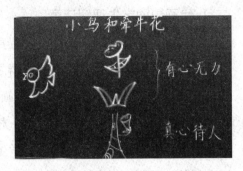花的蔓儿柔韧能攀爬的特点，对理解课文起到了很大的帮助。

4. 简笔画帮助学生感悟文章中心

《长城》一课，教学重点之一就是引导学生感受古代劳动人民的聪明才智，而这就要让学生真切地认识到长城设计的巧妙和建筑长城的艰辛。作者对长城垛子、瞭望口、射口的描写很细致，但毕竟是抽象的文字，这时如果教师可以在黑板上简单画出城墙的构造图，让孩子来填写各部分名称，那么孩子不但理解了课文，参照着结构图，再想象当年将士怎样凭借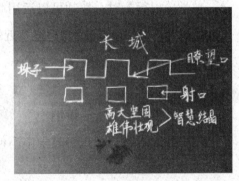长城守卫中原，那么自然会对古代劳动人民的聪明才智会发出由衷的赞叹，对文章中心的理解也就水到渠成了。

二、绘画令古诗教学意境深远

1. 绘画帮助学生理解诗意

我国古代的很多诗词都是作者置身于某种场景并受之感染而写下的抒情之作。止如苏轼赞王维的作品"诗中有画，画中有诗"，说明诗画是相互渗透，相辅相成的。特别是在小学教学中，学生因受年龄的限制，对古诗中凝练的词语

在理解上有一定的困难，因此教师可以利用绘画帮助学生理解诗句的含义。

比如教学《山村》一课时，随着孩子朗读，教师可以在黑板上画出幽静的小路，近处路两边简单描绘出四五座房子和袅袅炊烟，远处隐隐画出几个凉亭和几枝粉色的花。随着老师按照一定顺序进行勾勒，孩子一下就明白古诗所描写的画面，不但突破了理解诗句的难点，而且孩子也感受到作者观察和描写的顺序，为后面熟读成诵打下基础。

教学《山行》时，教师可以运用简笔画的形式勾勒出远山、白云，近处的枫叶，让孩子感受诗人由远及近的观察顺序。同时云漂浮在半山腰，孩子一下就明白了山的高大。

2. 绘画帮助学生感悟诗情

教师的绘画技能在古诗教学中不但可以帮助孩子理解诗文的意思，还可以帮助学生感悟诗情。

《望庐山瀑布》一课的教学，"飞流直下三千尺，疑是银河落九天"的情形，教师可以在学生的吟诵中几笔勾勒出高山瀑布的板画，配以音乐引导学生想象远观瀑布，作者会看到什么？又会听到什么？当孩子想象出瀑布从高而下水势很大，水花飞溅，水声震耳发聩，自然就理解这长长的瀑布飞快流下，好似银河从九重天外落下来的壮观景象，同时感

受到作者运用夸张的手法来表达自己的喜爱与赞美之情。

富有意境的水墨画，对创设情景、渲染气氛更起到了事半功倍的效果。在《江雪》一诗的教学中，教师勾勒出远山、江边独自垂钓的老人，当教师结合诗人写作的背景介绍后，学生在吟诵中看到画面，不难体会到诗人孤傲悲愤，顽强不屈的心情。可见古诗教学中教师巧妙地运用绘画技能可以帮助孩子将文字和画面融合在一起，大胆想象，将诗情画意融入脑中，感受古诗的意境美。

语文教师就是要引导孩子透过文字去感受美，感受文字运用的准确美，感受表达方法的细腻美，感受文章表达的情感美，从而激发学生愿意运用文字去表达自己的所见所闻所感。如果在教学中教师能够适当地把抽象的文字与生动的画面结合起来，那么我们的语文课堂就一定会异彩纷呈，所以作为语文教师，适当地掌握一些书画技能会使我们的教学事半功倍。

F. 语文教学中情境创设存在的问题及解决策略

　　情境之于知识，犹如汤之于盐。盐需溶入汤中，才能被吸收；知识需要溶入情境之中，才能显示出活力和美感。在课堂教学中，根据教学内容精心创设各种教学情境，将学生置于乐观的情感中，能够激发学生的学习动机和好奇心，能唤起学生强烈的求知欲望，促使他们保持持久的学习热情，从而获得最佳的教学效果。特别是近几年来，在新课程改革中情境教学更频繁地被运用于我们的语文课堂，的确有不少好的情境创设，在文本与学生之间架起了一座情感的桥梁，使学生轻松地走入文本，理解作者的思想。

　　例如在教学《歌声》一课时，教师在导入中设计让学生聆听《欢乐中国年》《小白菜》《黄河颂》片段，然后请学生说说听每首曲子时有什么感受。引导学生实现不同的歌声可以给人带来不同情感体验，或激情豪迈给人无穷力量，或凄凉悲苦使人流下同情的眼泪。当学生有了这种体验时，教师说："今天我们就来学习一篇新课文《歌声》，看看文中小女孩的歌声又会给人们带来什么感受。"这样的情境导入，就使学生急于知道课文中小女孩的歌声会给人们什么特殊的情感体验。此时学生的阅读积极性被唤醒。

　　但课改五年中我们也常看到很多语文课堂中所创设的情境并没有达到预期的目的，没有提高教学实效性。很多课堂热热闹闹，创设唱歌、画图、听音乐、看多媒体录像等多样化的情境，处处体现"学科渗透"，却偏离教学目标和重难点。有的教师创设情境安排学生分角色表演或小组合作探究，但缺少方法的指导，花了很多的时间，教学效果并不佳。还有的教师为学生精心创设诗情画意般的课文情景，却忽略了怎样在课堂教学中巧妙地运用文本对学生进行语言文字的训练，忽略了语文的味道。

一、语文教学中情境创设存在的问题

1. 教师不考虑课文内容和学生实际，为公开课而创设情境

让我困惑的是在新课改以后，只要是公开课，运用多媒体在课堂上创设情境就变得至关重要。好似对媒体的应用已经成为衡量一节课是否成功的一个必不可少的标准了。多媒体课件恰当地运用的确能起到事半功倍的效果，如：教《长城》一文，我们无法带领学生去参观长城，领略它的气魄雄伟；又如：教《草原》一文，我们也无法带领学生千里迢迢赶赴内蒙古，领略它的一碧千里；又如：教《观潮》一文，学生同样只能通过课文的描述以及教师的讲解和自己的想象，苍白无力的解释，去体会钱塘江大潮非凡的气势。而多媒体教学软件以其形、声、光、色、意相统一的优势，产生一种声情并茂、情景交融的情境，丰富了学生的感知，激发了学生学习的兴趣，为教学提供了广阔的空间。

但有时候多媒体并不能代替传统的教学手段，如果运用甚至会适得其反。例如：一位教师在教《乌鸦喝水》时，使用了多媒体动画，演示乌鸦把石子一颗一颗放进瓶里，瓶子里的水渐渐升高的过程。结果，许多学生注意力集中到动画片中乌鸦的神态变化上，并且由于制作技术原因，动画中瓶子里的水是升得比较快的，学生对"一颗一颗"、"渐渐"等重点词的理解并不深。可见教师在备课时把大量精力、时间花费到多媒体课件的制作上却没有好好品析文本知识的精华，同时课堂上自然没有引导学生体会文本中语言文字的内涵和精妙之处。一堂课下来，但见热闹非凡，却没有到达语文教学的目的。这样的情境创设根本没有为教学重点服务，造成课堂效益低效，甚至无效。"有趣"并不一定等于"有

效"，有时它反而会阻碍学生学习，导致课堂教学的失效。

2. 单纯追求课堂氛围活跃而创设情境

《语文课程标准》提出了语文教学应以学生为主体的理念，部分教师认为以学生为主体的课堂就应该是学生在课堂上侃侃而谈，教师少讲甚至不讲最好。如在中低年级的课堂上，我们经常会发现一些老师十分喜欢引用"孙悟空"、"蓝猫淘气"等孩子们喜欢的形象来串联整堂课的教学内容创设情境。高年级的课堂中我们经常看到教师让学生以分组表演的形式来创设学习情境。如果是围绕着本节课的学习重点、难点恰当地运用这些形式本来无可厚非。但部分老师只是运用这些花哨的形式活跃课堂气氛，有的只是把这些动画人物作为一种奖励机制有用时请上台来说两句鼓励的话，我想这样的情境创设就大可不必了。因为这样的情境教学让学生"雾里看花"，导致学生注意力和兴趣被转移，从而造成教学目标的偏离。而且表演应当在学生充分阅读文本，理解感悟文中的思想感情后进行，不然表演没有为内化的语言和情感体验服务，就是无用的表演，违背了情境创设的初衷。

就我的体会来说，对情境的设计一定要有针对性，特别要能联系本节课的学习内容，而且还应注意它能否激发学生进一步学习的积极性。在课堂中，并不是情境越多越有利于学习，过多的情境会让学生产生听，视觉的疲劳，也可能使学生找不到学习的方向，甚至由于这些情境缺乏兴奋点而丧失学习的热情。所以我们教师不能单纯追求课堂氛围活跃而创设情境。

情境的创设是教学的有机组成部分，它应能激发学生的学习需求，帮助他们理解语言、积累语言和运用语言，实现三维目标的有效整合，从而滋养学生的人文素养，所以我们呼唤"本真"教学情境的回归。

二、创设情境的两板斧

1. 创设良好的课堂教学情境要自然，要找准切入口

这要求教师把新的教育教学理念转化为日常的教学实践，在设计课堂教学情境时，要从学生的实际出发，了解学生的学习需求，才能设计出适合学生学习的各种教学情境。

例如在教学《丁丁冬冬学识字（一）》，孩子们在我的引导下，认真观看课件，有步骤的认识这些建筑并认字，课堂气氛很好。第一小队却传来阵阵低语，我以眼神给了他们一个无声的警告。可不一会儿，他们小队反而转低语为小声讨论了，这次我严厉向他们望去，映入眼帘的是好几双充满期待的眼睛，也许学生有疑问？于是我放低声音问道："有什么困难吗？"组长胆怯地说："老师，我们组好多同学都去过北京，而且我们还带来了与家人在北京的照片，所以我们想当小导游向大家介绍介绍这些地方。"

这节课的教学重点是认字，不是介绍建筑物。但是，我知道这时孩子们的积极性、主动性很高，他们一定特别想向大家一吐为快，怎么办？思考片刻，我对孩子们说："同学们，每人选自己最精彩的一方面介绍这些建筑，然后你们把自己的照片贴在相应的建筑物名称的下面，并领大家读一读这个建筑物的名称。"这时我及时调整了教学环节，创设了一个学生需要的教学情境，孩子们的发言也更活跃了。

"这是我在长城与妈妈一起照的照片，长城是世界七大奇迹之一。请大家和我一起读'长城'。"

"长城是古人因为打仗才建造的，它可长了。看'长城'的'城'是形声字，土字旁代表建筑材料，'成'表读音，我们一起读'长城'。"

"故宫是古代皇帝住的家，大约有九千多间房子，所以'宫'字是宝字盖下两间房。大家一起读'故宫'。"

......

下课铃响了，教室里充满了你教我学的气氛，虽然这节课并没有按我预先设计的教学环节进行可我却有了从未有过的充实感。因为，一节好的语文课，应该是教师与学生共同探讨学习的过程，而不是让学生配合教师完成教案。学生对语文教材的反应往往是多元的，学生阅读，不仅是一种发现、吸收，更是一种创造。这节课学生和我共同创造了一个学习情境，学生在自己需要的情境中认识生字新词，学习得更主动。

2. 创设教学情境的目的要明确，要有实效性

情境创设完全是为教学服务的，该不该创设情境，创设什么情境，什么时候创设情境，完全要看教材的内容、课堂教学的需要和学生的实际情况来确定，这是需要教师在备课时认真思考的问题。

首先，对学生做到心中有数。只有细致地把握学生的心理特点、知识基础和智能水平，熟悉他们的内心世界，才能针对学生的特点，恰当地选择和运用科学手段、方法，以便结合教材创设教学情境。这样，就更能打动学生，吸引学生，让学生自觉地投入到学习中来，愉快而牢固地掌握知识，开发智能。

例如，在教学《蟋蟀的住宅》一课中我先请学生自己到课文中找找描写蟋蟀住宅特点的语句画出来。然后，小组讨论，把找到的特点，用最简练的词语概括出来，写在手中的小纸板上。学生经过自学研究比较容易找到并概括出蟋蟀住宅的特点，但就"倾斜"是否为住宅特点，学生产生了分歧，这也是我在备课时就预设到的，所以此时我没有急着给出答案，而是创设了一个问题情境："蟋蟀住宅倾斜是怎样的角度？你有什么好方法证明自己的观点？"学生一下被这个问题情境吸引了，纷纷展开讨论研究，有的学生说："蟋蟀住宅应该是越向里越高。"有的同学说："住宅应该是越向里越低。"为了证明自己的观点，学生又是画图，又是用手臂当隧道演示。有的同学指着图说："如果隧道越向里

越高，洞口必然是最低处，那么一下雨洞口就会被雨水淹了，所以隧道一定是越向里越低洞口最高。"还有一组同学用自己的水壶拧开盖子当隧道放在班级里的水盆里，边演示边说："下骤雨蟋蟀住宅外面就会有积水，脸盆里的水就代表积水，而水壶代表隧道。如果水壶口上扬。脸盆里的水只要没过壶口，就一定会流进水壶，整个洞就被淹了；而水壶口向下压，因为壶身是向上的，盆里的水就流不进壶里。所以我们组判断隧道一定是越向里越高。"一下争论有了结果，这时不用老师给答案学生自己就明白了住宅倾斜是为了内部保持干燥，所以倾斜不是特点之一。

这样在问题情境中学生不但自己找到了最后的答案，而且激发了学生的学习兴趣，他们通过各种渠道获取有用的知识，运用自己认为有效的方式证明自己的观点，在这样的氛围中学生，思维的创造性得以充分发挥。

其次，要依据教材特点和教学目的，教学要求来决定是否创设教学情境，以及创设怎样的情境更为有效。因此，教师必须全面把握教材，深刻领会教学内容，才能精心设计有效情境。

G. 语文学习应重视过程性评价

《基础教育课程改革纲要》指出："建立促进学生全面发展的评价体系。建立促进教师不断提高的评价体系。建立促进课程不断发展的评价体系。" 传统语文教学评价过分强调甄别和选拔，忽视对学生思维和实践能力的考查，一张试卷定乾坤，以至多数人误以为评价就是"考试"，老师的教和学生的学都围绕考试去进行，备考应试成了教学的主要目的和中心环节。如何科学地进行语文学习的过程性评价，是老师们必须思考和探究的。

首先我认为评价不是教育的目的，通过评价引导学生发展才是目的。一套适合素质教育发展需要、符合新课程改革基本理念的评价是保证学校教育活动沿着正确的方向可持续发展的重要手段。在语文的评价中，不仅要看语文学习的成果，还应将语文学习视为一个过程，它是过程(经过)与结果(成果)的统一。综合评价要对学生的听说与读写、观察与积累、联想与想象、自学与互学、综合与创新等语文学习的诸多环节进行评价。

而改革评价方式一直是我校校本研修的一个重点，学校希望借评价促学生综合素养的发展，使我校的课改能够进入一个新的领域。通过不断的实践与学习我们也摸索出一些经验，树立了新的语文课程评价理念。

1. 评价要关注学生学习的全过

"课堂参与"的评价主要从学生能否注意听讲、主动参与、发表见解、质疑讨论；针对阅读习惯评价从学生能否正确、流利、有感情朗读，会默读，能边读边想,会做批注等方面评价;"表达习惯"从学生是否用心观察生活、想象生活,认真倾听、主动交际方面进行评价;"学习方法"的评价是学生是否会查字词典和其他工具书,会预习、复习,能利用网络资源;"课外学习"的评价是能否有摘录、剪贴和做笔记的习惯,有一定的知识面。

2. 评价要树立发展性理念,设计适合促进学生发展的评价方法

教师要本着"一切为了学生的发展"的观念,摒弃过去简单的等级制评价或百分制评价的方法,注重发现、分析被评价者之间存在的个性及能力方面的差异,发掘适合评价对象发展的教育方法,让他们在现有的基础上谋求实实在在的发展。例如我们设计的《同步卡》和《温情卡》就是针对学生在每一单元的学习中语文能力是否有发展进行综合评价。

在二年级下学期我们根据教材内容设计了《同步卡（1）元宵节知多少？》培养学生通过各种渠道收集关于元宵节的信息,并经过自己的简单筛选,有条理地记叙下来。在学生口头汇报收集的信息时我主要从学生收集、整理信息这方面评价了学生,表扬那些能准确、有条理说出自己从课外收集信息的同学;对只浮在语文书中掌握的一些元宵节的知识而不能开阔视野的学生,我鼓励他们思考还可以从哪里获得元宵节的知识,并为他们提供报纸,和网上下载的资料,让他们在读懂的基础上有选择地变成自己的话写在卡片上,教给他们收集、整理信息的能力,并对他们的情况以奖励红星的方式记录。

在做《同步卡（2）什么多？》时我主要针对学生的语感和言语控制能力进行评价。大部分学生能根据课文中学到的小诗歌的形式,用上在诗中学到词汇,加入自己看到的身边的事物和自己的想法写出自己的小诗《什么多》。有的孩子写到:"哈尔滨什么多？冰多。东一块,西一块。冰雪世界千万块,块块冰儿像钻石。"只要能写出来几句自己看到的、想到的我就给予表扬,并让他自己读给小朋友们听。孩子们写的愿望被

激发起来。

在学期末我设计让学生创作自己最满意的作品，让学生能就自身生活或熟知的事物写一段意思比较清楚的话。这不但评价了学生词语的掌握和运用情况，而且也考核学生运用字典的能力，以及写话的逻辑性等等。

3. 评价要注重评价主体多元化

我们分别进行学生自评、学生互评、教师评价和家长评价，这样就能给被评价者一个公正、客观、准确的评价结果。而评价者与被评价者完全处于一种平等、理解、互动的关系中，推动了课程的发展。

4. 我们还要扩大评价范围

评价过程中我们要注意内容的综合化，跳出只关心学生知识与技能发展的误区，关注学生的学习过程与方法、情感与态度及价值观等其他方面的发展，使我们的评价更加人性化、生活化。

5. 评价要本着客观性原则

在进行教学评价时我们要力求客观、公正、合理，不能掺杂个人好恶，同时要注意评价的全面性原则。要对评价的对象各个方面作全面考察和描述。

H. 口语交际教学方法之我见

口语交际，旨在培养学生倾听、表达和应对能力，使学生具有文明和谐地进行交流的素养。其中核心的意思是"交际"二字，即必须重视口语交际的人际交往功能。口语交际就是人与人之间凭借听、说，进行交流、沟通，传递信息、联络情感、处理问题。不是听和说的简单相加，它是一个听说双方双向互动的过程。所以双方在应对中的情感态度十分重要。我在几年的教学实践中感觉到口语交际教学可以从以下几方面入手。

一、精心创设交际情境，使学生尽可能真实、自然地进行口语交际

学生在日常生活中，在和小伙伴、老师、父母进行交流时，一般都是自然无拘无束的。在口语交际课上，教师要注意创设交际的情境，使学生入情入境，尽可能地回归常态、还原生活。这样，有利于克服学生心理障碍，积极投入，主动交际，提高训练质量。

创设交际情境要采取多种方式进行：

（一）语言描述创设情境

例如：四年级口语交际《赞扬》一课教学中，教师可以用生动的语言描述，启发学生走进口语交际情境。"美国作家马克·吐温说过：'只凭一句赞美的话，我就可以快乐两个月。'日常生活中，每个人都希望得到别人的赞扬。赞扬是一种鼓励，也是一种肯定。一句赞扬可以让平

179

凡的生活变得美丽，可以让你忧郁的心灵变得明亮，可以激发人的上进心和自豪感。其实，每个人身上都有值得赞扬的地方，你发现了吗？在你真诚地赞扬别人的同时，自身的境界也得到了提升。每个人都需要赞扬，同时，也不要忘了用真诚的赞扬去鼓励别人。因此，我们每个人都应该学会用真诚去赞扬别人。"

这段语言描述了"赞扬"为人们的生活所带来的美好境界，引领学生在内容和情绪上为进行口语交际做好了准备。

教师运用语言创设情景，使学生产生与教师之间产生情感共鸣，一种发自内心要表达对别人赞扬的愿望油然而生，所以也就能自然而然地进入交际的情境中来。

（二）利用表演创设情境

低、中年级的学生总是对表演情有独钟，他们最高兴的事就是在全班同学面前表演。所以不管是上什么课都应充分地运用学生的这一特点，凡是能表演的，都让学生来演，这样学生上课的积极性有了明显的提高，对所讲的内容印象也特别深。在口语交际课上更是如此，对于一些特别容易表演的内容，例如：统编语文教科书中口语交际《商量》《请教》《安慰》，这几个交际课教师都可以运用教材中提供的几个小例子创设几个不同情境，让学生表演。

学生在表演过程中可以自己找伙伴，也可以在四人小组中表演，还能在讲台上表演给全班同学看。这样就充分调动了学生的积极性，充分让学生互动起来，课堂气氛活跃了，教学效果会事半功倍。有了这么多的训练，学生在平时的生活中也会自然而然地运用到这些口语交际手法，真正将口语交际训练落到实处。

（三）利用插图或课件演示创设情境

教材中很多口语交际都配有插图，例如：统编版口语交际课《小白兔运南瓜》《听故事 讲故事》《转述》等都是如此。这些插图可以引起学生的兴趣，体现口语交际的主题。这些画面虽然是静止的，但它却是生活中的一个片段，一个瞬间，一个侧面。教师可以指导学生仔细观察插图，引导学生"走进"画面，入情入境，把图中的人或事想象成自己或周围的人和事。设想在这样的情况下，自己会怎么做，怎么想，有什么感受。然后再让学生"走出"画面，利用图画内容的不确定性和可扩展性，激发学生的想象，把静止的图看活，联系生活实际，拓展图画内容，走进实际生活。教师还可以运用电教手段引入对话的范例，请同学在模仿的基础上根据自己的实际情况有所发挥，激发学生的学习兴趣。

二、要实现双向互动，让学生敢于交际

口语交际的核心是"交际"，其基本特点是听说双向互动，不是听和说的简单相加，只有交际双方处于互动的状态才是真正意义的口语交际。因此，在口语交际教学中，应想方设法实现课堂教学的双向互动。

（一）在合作中实现互动

合作学习的最大优点，是有一个语言沟通的环境，学生间互相启发，互相交际，即可以锻炼学生的思维能力，又能发展学生的口语交际能力。在口语交际教学中，我们可以运用多种合作学习的方式，让每一个学生都动起来。教师要引导学生针对话题，结合自己的生活实际，通过说、问、评、议等方法进行交流，在相互启发，合作交流中丰富见解，提高表达能力。要通过多个回合的交流，一步深入一步的双向互动，使学生的交际由比较简单、肤浅到交际得丰富、深入，从而提高交际质量。

例如：口语交际《我爱我家》我就把教学过程分成前后链接的几个板块，目的是使学生能在几个有梯度的合作中实现互动，希望学生能围

绕话题，人人参与，进行同桌、小组、全班等多向交流，逐步做到规范自己的语言，掌握口语交际的技能技巧。

在介绍家人的板块中我设计了三关，第一关：仿照老师看着照片介绍自己家的成员；第二关：仿照丁丁、冬冬的对话，同桌交流了解对方家人的兴趣、爱好；第三关：全班互动邀请朋友到自己家做客。在课堂中通过人人练说，生生互动，使学生发现别人的优点，同时也能帮别人提出改进意见，并且能注意自己在交流中的表现，真正在合作中实现了互动。

（二）在商讨中实现互动

同一话题，不同的学生有不同的看法，最容易引起学生交际的兴趣。在口语交际训练中，教师要尽量开拓学生的思路，引导他们从多角度、多侧面去想、去说、去听，在意见分歧时发表自己的见解，友善地同他人商讨乃至辩论。

例如口语交际《讨论》一课，教师就可以引导学生针对生活中发现的不良现象展开讨论，就"怎样才能说服他们不这么做？"为中心议题，大家在商讨中达成共识，提出认为最有效的方法去劝说。

（三）在争论中实现互动

在教学中要注意培养学生的求异思维。在交际的过程中，我们要求孩子要有自己的思维方式和独到的见解，不人云亦云，这样才会在适应未来的社会，做到张扬个性。所以在教学中，我们应该给学生创设争论的契机，让学生在"唇枪舌剑"中实现交际互动。

（四）创造条件实现互动

口语交际的话题大致可以分为显性互动话题、隐性互动话题和需要重新设计互动的话题。显性互动话题操作起来比较容易。例如口语交际《提出不同的意见》《怎样提出批评》这些课进行教学时在学生在弄懂话题提示要求的基础上，可以让学生扮演不同的角色，把提示中能演的情境演一演,然后分四人学习小组围绕不同的情况讨论,最后全班交流或争论,实现交流互动的目的。

对于隐性互动话题,由于互动性不十分明显,双向互动往往被忽视,很容易把口语交际课上成听说训练单边口语表达课,这就需要教师积极引导,让学生互动起来。例如:口语交际《自我介绍》《讲讲历史》等教学这样的话题,很容易出现"一人说,大家听"的状况,就失去了互动性。为了解决这个问题,教师可以采用小记者现场采访的形式,先由各组选派 1–2 名同学扮演小记者,然后由小记者对组内的同学进行采访,接着由小记者将采访到的内容向全班同学交流。教师可以采用创设打电话的情境与转述情境等等。无论什么形式教师最后都要引导学习相互评价。评价点应该是上课开始大家根据本次口语交际要求归纳出来的,在板书上展示出来的。在大家评价中产生最佳小记者的称号。这样的设计可以让全班同学在生动有趣的交际情境中互动起来。

对于那些需要重新设计互动的话题,教师在教学前更要精心设计实施策略,确保所有的学生在交际时互动起来。例如《讲历史故事》《名字里的故事》《身边的"小事"》《讲民间故事》等口语交际的话题,从提示的内容来看,看不出双向互动的意思。像这一类口语交际的话题,一方面给教师如何引导学生在交际中实现双向互动带来了一定的难度,另一方面它又为教师进行创造性教学提供了巨大的空间。以《讲历史故事》为例,教学时可以先在课前指导孩子搜集资料,然后确定哪些同学找到的是类似或相同的故事,按此给学生分好组。接着在课上先请同学以小组为单位来讲讲找到的故事,在组内进行补充、评价,实现小组内的互动。第四步,就可以请小组内评选出来的故事大王在全班汇报,然后请同学交流你觉得这个故事大王讲得怎么样?你懂得了什么?这样的设计,不仅使所有的学生都双向或多向互动起来,而且还拓展了学生自主活动的空间能力。

三、训练形式要灵活多样

口语交际不同于听话、说话，它是由说、听双方共同进行的一种交际形式。特别是统编教材口语交际的话题都贴近学生生活，容易激发交际兴趣和欲望。教师要充分利用教材提供的话题采取灵活多样的训练形式，培养学生的口语交际能力。

（一）先动手操作，然后再进行口语交际

如先让学生做小制作，做游戏，然后再把制作过程、游戏过程和体会交流出来。

（二）先观察，然后再进行口语交际

如让学生观察不同的季节，观察有趣的动植物，观察身边的事物，再合作交流，畅谈感想。

（三）可以就大家感兴趣的话题，展开讨论或辩论

例如《制定班级公约》《父母之爱》抓住学生容易产生矛盾的地方创设争论情境。

（四）通过讲故事、说见闻、现场表演等方式进行口语交际

总之，可以调动多种器官参与交际活动，减轻交际时的疲劳，从而增强交际的兴趣。在教学中，可以根据具体的口语交际内容，以一两种形式为主，再兼顾与其他形式的有机结合，例如：可以采用"听一听、问一问、说一说、评一评"的形式，也可以采用"看一看、议一议、评一评"的形式，还可以采用"演一演、说一说、评一评"的形式。

四、要教给学生口语交际的方法

《课程标准》提出，口语交际"应培养学生倾听、表达和应对的能力。使学生具有文明和谐地进行人际交流的素养。"要达到此目标，首先要教会学生"倾听"。这是口语交际教学的第一步，我们教师应告诉学生"听什么"、"为什么要听"、"怎样听"，例如教学生怎样听时，要告诉

学生应当尊重说话人，不能打岔，还要适当的作一点笔记，只有听清楚、听明白了，才能逐步理解对方说话的要义，才能提出问题。

接着要教会学生"表达"。要训练学生如何把要讲的话表达清楚，如何迅速地打动听者，这里除了在说的内容上要加以指导外，在说的语气、语调、重音等方面也需多多点拨。还要注意规范学生口头语言。由于中小学生生活经历少，口语能力较弱，无论口语交际的内容、方式和语言形式都较生疏，也欠缺良好的交际态度和听说习惯。教师在教学中一定要注意听学生说话。随时规范学生的口头语言。教师的指导主要在两个方面，一是努力调动学生生活与语言积累，在此基础上，根据需要适应提示、补充或指导搜集一些有关交际内容方面的材料和语言材料。如以"游戏"为交际内容时，补充、搜集一些游戏方式与方法的材料，以"讲礼貌"为交际内容提示一些礼貌语言材料等。二是对语言规范、听说习惯、交际方式与态度等进行精当指点，并引导学生共同参与，形成师评生，生生互评的局面，使学生的口头语言从无序变为有序。从一句完整的话开始，逐步过渡到说连贯的几句话或一段话，并且用词准确、恰当。同时要鼓励学生，开动脑筋，发表自己的见解，培养创新精神。

五、多给学生口语交际的实践机会

（一）坚持在教学过程中培养

课堂教学是培养学生口语交际能力的主阵地。为了充分发挥课堂这个主阵地在促进学生口语交际能力提高的作用上，我们要用好教材中设计的"口语交际"的内容，上好"口语交际"课，使学生通过典型话题的交际实践，熟练地掌握口语交际的基本技能。但仅靠这些远远不够。在低年级的识字教学中和高年级教材中有大量内容丰富、文情并茂的课文，这些都是有待教师开发的丰富资源。所以我们可以在识字和阅读教学中渗透口语交际训练内容。下面是几个具体做法：

1. 自然融合在识字教学中

有些教师认为识字课就是单纯地识字，重要是把字记住就行了。其实，在识字课上，我们一样能进行口语交际训练。例如，一位教师在教学《识字1》一课的生字时，创设了两个口语交际情境，让学生在识字的同时进行了口语交际：一是以小组为单位展开讨论的形式，"你用什么方法记住这些字？"让他们在宽松、自在的小天地畅所欲言，发表见解，互相切磋。二是让学生"学当小老师"。在汇报识字这一环节中，引导学生当小老师，可以邀请小朋友读，并给予评价，甚至可以让组内同学们围绕生字的学习向这位"老师"提问题。学生在这种双向互动的语言实践中进行口语交际，有利于培养学生说话做到准确、简练、有条理的能力；有利于培养学生真诚待人的品质和大方得体的举止；有利于培养学生组织调控能力，对学生的素质的提高将有很大帮助。

2. 在演示中训练口语交际能力

演示直观形象，让学生边演示边解说，以培养口头表达的条理性。如教学《田忌赛马》一课时，可以让学生用马的图片演示比赛的场面，边演示边解说。首先各小组轮流进行，然后推选代表上讲台演示，按演示过程将两次赛马经过有顺序地讲述。通过演示活动，增强学生表达的条理性，而且加深对课文的理解。

3. 在质疑中加强口语交际训练

例如在教学《想飞的乌龟》一课时，最后我提出一个问题"你想对这只乌龟说些什么？"一时孩子们的兴趣被激活了课堂上大家争论不休。孩子们不同的说法体现了他们对梦想的不同看法，而且也是培养学生表达能力，与人讨论的交际能力。

（二）坚持日常生活中实践

培养学生的口语交际能力仅仅依靠课内是远远不够的，还必须引导学生运用课内学到的口语交际知识，积极主动地在平时的社会生活中进行实践。而丰富多彩的生活又给口语交际教学提供了活水源泉。因此，老师要用心捕捉现实生活现象，发展学生的口语交际能力。如，利用晨会请值日班长总结昨天的一天班级情况；还可以让学生把学完的课文内容讲给家长听。还可以利用午休 10 分钟展开新闻播报……只要教师能做有心人，处处都能指点学生说话，培养学生的口语交际能力，口语训练在课堂外就有着更广阔的天地。

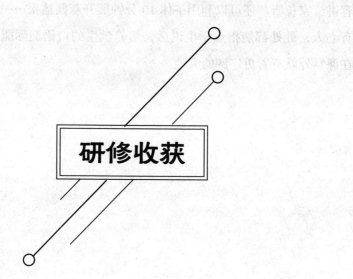

研修收获

A. 阅读课堂教学目标确定与达成
——教师教学行为观察记录报告

一、观察量表设计说明

在市语文教研员于志强老师的带领下，市小学语文工作室 10 位成员围绕小学语文"阅读课堂教学目标确定与达成课堂观察研究"这一主题开展专题研修。工作室成员依据学科特点从课程、教师、学生和课堂文化四个维度设计了相应的观察量化表。我主要是围绕课堂中教师教学行为这一维度设计的观察量化表。

（表 3–1）这一量化表主要分为五部分，第一部分：要针对教师为达成目标所采用的教学策略及所用时间进行记录。

表 3–1 教师教学行为观察记录表

学校		班级		人数				科目				时间	
执教人		课题									观察人		
教学目标	教学策略	教学时间	问题分析								学生应答形式	教师理答方式	目标达成情况
			教师提问	有效问题 类型【培养学生能力】						思考时间	集体朗读 集体回答 指名回答 讨论汇报 无评价	定性鼓励 重复答案 启发引导 生成追问	
			提问次数	模糊	理解运用	发散思维	表达或写作能力	朗读能力	合作学习				

录。从中我们可以分析出学生是否处于课堂的主体地位，教师选择的策略是否符合学生的年段特点。第二部分：针对教师提问的实效性进行记录分析。我们把能引起学生思考，激发学生运用所学知识进行自主学习最终培养或提升学生某方面能力的语言表达归为有效提问。教师的提问记录应以教师原话为准，为课后分析提供有利依据。第三部分记录学生的应答方式，与前面的问题类型相互照应，也是分析学生哪方面能力得

到提升，有多少学生在这节课中能力得到提升。思考时间则是记录教师提问到学生回答之间的停顿，主要是观察教师是否留给学生思考时间。第四部分是记录教师理答方式，也是与学生应答方式相呼应，体现教师的评价机制。第五部分，是记录教学目标达成情况。

二、观察结果说明分析

表 3-2　课堂观察记录分析

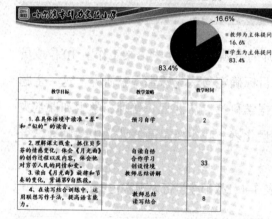

教学目标	教学策略	教学时间
1.在具体语境中读准"券"和"似的"的读音。	预习自学	2
2.理解课文内容，抓住贝多芬的情感变化，体会《月光曲》的创作过程以及内容，体会他对穷苦人民的同情和爱。	自读自悟 合作学习 创设情境 教师总结讲解	33
3.读出《月光曲》旋律和节奏的变化，背诵第9自然段。		
4、在读写结合训练中，运用联想写作手法，提高语言能力。	教师总结 读写结合	8

下面就陈伟执教的《月光曲》一课的观察记录进行分析。首先对课堂观察中教师采用的教学策略进行分析。（表3-2）教师制定了四个教学目标，选择的教学策略有预习自学，自读自悟、运用学习方法合作学习、创设情境、教师总结点拨，读写结合。从记录表中我们可以看出以教师为主体的点拨总结只占了所有学习方法的16.6%，而以学生为学习主体的教学策略占了总策略的83.4%，由此可见教师能够根据高年段特点引导学生运用之前学过的阅读方法自主学习，在自读自悟中感悟语言文字运用的精妙，在不同形式的读中与作者及主人公产生情感共鸣，在教师创设的情境中大胆想象，拓展了思维的广度和深度。教师对学法的总结，对联想写作手法的讲解，正是学生知识和能力拔节之处，可以说点拨总结的恰到好处。

第二方面，我针对教师提问进行分析，（表3-3）本节课43分钟，教师提出25个问题。除去"是有点激动吗？""那我们刚刚所看到的这些画面真的就发生在茅屋外吗？"这两个无效问题外其余23个问题清晰地指向教学目标，都从某一方面提升了学生原有能力，是有效问题，占了总问题的92%"。

我们看教师确定的教学目标中没有教给学生新的语文知识以及阅读方法，所以 23 个有效问题 100% 都是在提升学生灵活运用已经掌握的阅读方法进行自主阅读理解文本的能力。其中 2 个问题需要小组合作解决，培养了学生合作学习能力占总问题的 9%。教师预设的 2 个提升学生发散思维和想象能力的问题，占总问题的 9%，而且这两个问题也提升了学生口语表达能力及学以致用的仿写能力，同样占全部问题的 9%。教师设计了 5 处朗读训练点，提升了学生运用学过的朗读方法进行朗读，表达自己感悟的能力，其中一处是学生需要联系画面展开想象，并联系自己对课文的深度理解进行背诵的训练，占总问题 23% 的与提升学生朗读能力有关的问题设计，凸显了语文学科的特点。

表 3-3　教师提问分析

教师提问	提问次数(25)	有效问题(23)	指向性		类型【培养学生能力】				
			清晰	模糊	发散运用	理解感悟	表达或仿写	朗读能力	合作学习
1、课文有两个词要读准　2、齐读　3、把"似的"放句子中读	3	1	3					1	
4、哪段写了曲子节奏和旋律的变化？	1	1	1						
5、这段描写哪些事情？	1	1	1			1			
6、这段哪些词语体会出曲子节奏变化？	1	1	1			1			
7、波光粼粼什么画面想象一下？	1	1	1					1	
8、此时内心感受？	1	1	1			1			
9、平静心情用什么旋律表达？	1	1	1			1			
10、能读出这种感觉吗？	1	1	1					1	
11、运用方法小组合作学习二、三幅画面看到什么画面体会什么心情感受什么旋律？	1	1	1						1
12、真的很是激动吗？　13、为什么有点激动从哪些语句中知道原因的？	2	1	1			1			
14、读出自己的感受？	1	1	1					1	
15、还看到什么画面？　16、为什么这么激动？　17、从哪些语句看出来的？	3	3	3			1			
18、激动背后读出什么？	1	1	1			1			
19、旋律会有什么变化？	1	1	1						
20、能读出这种高昂吗？	1	1	1					1	
21、我们知道了月光曲的旋律和它带给我们的画面以及人物的心情在发生着变化，那你能读出这些变化吗？小组合作完成（3分钟）	1	1	1						1
22、接下来让我们着着画一下这一自然段。看画面分层背诵——根据提示背诵	1	1	1					1	
23、刚刚所看到的这些画面真的就发生在茅屋外吗？　24、那这些画面是怎样产生的呢？	2	1	2		1				
25、音乐能让人产生许多奇妙的联想。现在我们每个人都是贝多芬，伴随着月光曲的旋律，让我们再次回到那个幽静的夜晚，展开我们的联想。请写在书上。	1	1	1		1				

第三方面，我们分析学生理答方式。从记录表中我们整理出学生应答总次数为 41 次，其中朗读反馈 15 次，占总应答次数的 38%，集体朗读 5 次，指名朗读 10 人。集体齐答 7 次占 18%，个人回答 17 人占 43%，小组讨论汇报 2 次占 4%。而当天班级共 32 人上课，从数据上看学生参与面广，朗读反馈人数较多，体现语文课堂以读为主的特点。

通过对学生应答形式的数据统计，我们能够进一步分析出教师提出问题的实效性（表 3-4），学生齐答就能解决的问题说明不具备思维的深度，教师提出的 23 个有效问题，其中有 7 个问题过于简单，占总问题的 30%。有 4 个问题是和朗读有关，其中一个是小组合作朗读，个别回答过程中 8 个问题是一个学生就能直接回答正确的占总问题的 34%，剩余 4 个问题中 1 个是教师要求小组合作完成的汇报交流的，只有 3 个问题【1、"波光粼粼"海面是什么样的想象一下当时画面？2、激动背后读出什么？3、现在我们每个人都是贝多芬，伴随着月光曲的旋律，让我们再次回到那个幽静的夜晚，展开我们的联想，把你想到的写在书上。】是学生需要经过深度思考才能应答的，占总问题的 13%。由此可见教师预设问题能够注意难易结合，有一定层次性，但针对高年段学生思维发展的特点，应该多设计能引起学生深入思考的有深度的问题。

表 3-4　学生应答数据统计分析

学生应答方式		解决教师提出问题（共 23 个有效问题）	
集体齐答		7	30%
个别回答	1 人回答完整	8	34%
	多名学生　相互补充	3	13%
小组谈论汇报		1	4%
朗读反馈		4	18%

第四方面，看教师的理答。学生共回答了 41 次，教师 6 次无应答占 15%，17 次定性鼓励评价占 41%，15 次启发引导占 37%。2 次生成追问占 4%，还有 1 次重复学生答案占 2%。由此看出教师能根据学生的回答给予相应的评价，评价形式多样，以鼓励引导为主激发了学生学习兴趣和探究的自信。

三、改进教学建议

其一，教师适时的进行教学等待。从量化表中我们可以看出除了小组合作学习和读写结合时教师留给学生思考时间之外，其余问题提出后教师基本没有留给学生思考时间，建议教师适时的进行教学等待，使学生思考时间增加，回答时间延长，真正培养学生思维的缜密及口语表达能力，增强了提问的实效性。

其二，设计问题从整体出发，引发学生深度思考，注重学生发散思维、多元思维的培养。

其三，朗读指导更有针对性。建议教师可以根据学生起点高的特点，更有针对性地对学生进行朗读指导，比如在学生读联想部分应该用轻柔缓慢的语气。

以上是我结合陈老师执教的《月光曲》一课，围绕教师教学行为这一维度进行的课堂观察及分析。其实围绕教师的课堂行为我们还可以从很多方面入手进行观察，比如教师的教学机智、教学技能、多媒体使用情况。希望在今后的学习工作中能和更多的老师一起研究探讨。

B. 如何有效进行阅读教学任务分析及学情分析
——《窃读记》课时目标制订案例

　　根据市教研院和小学教研部的要求，根据语文学科的实际情况，2016 年度由市小学语文学科教研员于志强老师，带领的语文学科工作室的十位教师把研修的专题定位在：小学语文阅读课堂教学目标、教学内容的有效确定与阅读课堂教学的观察研究。本学期我们把研修的重点落在了"阅读课堂教学目标、教学内容的有效确定"上。今天我就结合执教的《窃读记》一课，梳理在制定课时目标前该怎样进行任务分析和学情分析这也是我近一阶段在市工作室的学习收获。

一、对"任务分析"的认识

（一）任务分析的含义

　　任务分析指在教学活动开始之前，对课堂教学的终结性教学目标得以达成的先行条件——学生习得能力或行为倾向及其层次关系加以分析揭示。将分析解释的结果，对照学生情况，以制定过程性教学目标，安排教学流程，设置教学环节，以达成终结性教学目标。

　　任务分析对于制定课堂教学过程目标，是一种具体的技术，其理论主要来自加涅的学习论和教学论。他认为教学只不过是为学习创造条件，依据不同类型学习结果的不同内部和外部条件，相应进行不同的教学设计。

（二）任务分析的作用

经过任务分析以后，可以明确要教会某项任务，达成某项目标需要教什么。教的内容、教的顺序、教的方法这三方面确定以后，整个教学的框架也就基本确定下来了。

任务分析是将学习论和教师的教学行为联系起来的一座桥梁。

（三）任务分析法的主要操作程序

1. 明确终点能力。在此处，终点能力是指一篇选文学习后达成的终结性教学目标。

2. 确定学生的起点能力。起点能力指学生在接受新的学习任务之前，原有知识能力的准备，换言之，是指学生达成终结性教学目标必须具备的最基本的知识能力，我们可以用"基础教学目标"称之。基础教学目标如不具备，则无法进入达成终结性教学目标的学习。

3. 分析使能目标。使能目标是指从起点能力到终点能力之间的过程性教学目标，即从起点能力到终点能力之间，需要学生掌握，但学生还没有掌握的知识能力。为了达到终点能力，学生必须逐步达成这些过程性教学目标。

这样，从终结性目标出发，反复提出这样的问题："学生要达成这个教学目标，预先要达成哪些教学目标？"一直追问到起点能力。最后，把这些学生需要达成的过程性教学目标分层次——列出。

例如：《窃读记》一课，有四个终结性教学目标

1. 正确认读"窃"等 8 个生字、新词，书写 "窃"字。能联系上下文和自己的积累理解"贪婪"的含义。

2. 在阅读中体会作者通过动作和心理活动的细节描写以及比喻的修辞将"窃读"的滋味写具体的方法，同时体会到作者对读书的热爱，对知识的渴望。

3. 在第三、四自然段朗读中，学习运用个性化朗读表达自己不同感受的方法。

4. 能运用学过的细节描写的方法，结合教师创设的情境展开合理想象还原画面进行写作练习。

表 3-5　根据这四个教学终结目标我们进行任务分析

起点能力 ←	使能目标之二 ←	终结性教学目标
熟练掌握拼音，具备自主识字的能力和书写经验。具备课前预习的习惯。	1. 能根据具体语境判断"哟"和"沫"的读音。 2. 能运用学过的知识利用参照法写好"窃"字。 3. 能结合课前预习查找词典、课上联系具体语句理解词语。	正确认读"窃"等 8 个生字、新词，书写"窃"字。能联系上下文和自己的积累理解"贪婪"的含义。
1. 具备了联系具体语句谈感受的能力。 2. 了解比喻修辞的作用。	1. 找出动作和心理活动的细节描写，联系上下文及生活实际理解这些描写的作用。产生对作者的认同感与共鸣感。 2. 能够联系比喻修辞中本体和喻体，体会"贪婪"的贬义褒用，都突出了作者对知识的极度饥渴。	在阅读中体会作者通过动作和心理活动的细节描写以及比喻的修辞将"窃读"的滋味写具体的方法，同时体会到作者对读书的热爱，对知识的渴望。
品读中想象画面，体会窃读的快乐和惧怕。	在朗读同一句话时，能根据标点符号以及自己的理解适当变化语速、语调，表达不同的情感变化。	在第三自然段朗读中，学习个性化朗读表达自己不同感受的方法。
1. 学生能熟练地遣词造句，能够按照事情发展顺序进行记叙。 2. 能够根据情境合理展开想象，对人物的语言、心理、神态进行描写。	1. 能够在短时间内进行构思，条理清晰地进行记叙。 2. 能够根据课文中书店老板的尖酸刻薄唯利是图的特点，以及"我"窃读时的恐惧心理展开合理想象，针对人物的语言、心理活动及神态进行描写。	能运用学过的细节描写的方法，结合教师创设的情境展开合理想象还原画面进行写作练习。

经过任务分析后，我在教学过程中，对每一个教学目标都分解为几个步骤来实施。

表 3-6 【教学目标的实施步骤】

教学目标	实施步骤
正确认读"窃"等 8 个生字、新词，书写"窃"字。能联系上下文和自己的积累理解"贪婪"的含义。	1. 从指导课题中"窃"的书写入手，复习参照法的运用。 2. 自由读文，要读得准确、流利，边读边围绕课题思考课文写了一件什么事。 3. 从字音入手检测学生具备的识字能力。 4. 从词义入手联系课前预习理解"贪婪"的表面含义。
在阅读中体会作者通过动作、心理活动的细节描写以及比喻的修辞，将"窃读"的滋味写具体的方法。同时体会到作者对读书的热爱，对知识的渴望。	1. 浏览课文，找到描写"我"窃读滋味的一句话，也就是文章的中心句。 2. 默读课文，画出对人物的动作、心理活动和神态的描写，体会作者是怎样把窃读中的快乐和惧怕的滋味写具体的。 3. 学生结合相关语句及生活实际谈感受，体会细节描写对表达情感的作用。 4. 在对比中引导学生发现本课比喻的修辞生动表达出"我"对读书的热爱，对知识的渴望，同时感受到本课比喻有贬义词褒用的特点。
在第三自然段朗读中，学习个性化朗读表达自己不同感受的方法。	1. 第三段朗读中学生通过语速语调的变化，表现出"我"的心理由开始走入书店没人注意的暗喜，发展到发现书后的惊喜。 2. 引导学生发现"啊！它在这里，原来不在昨天的地方了。"这句话既可以读出找到书后的小惊喜，又可以读出找到书后的如释重负。
能运用学过的细节描写的方法，结合教师创设的情境展开合理想象还原画面进行写作练习。	1. 教师引用窃读记原文中一段记叙了海音窃读时被老板赶出去后的真实感受的文字，创设情境。引导学生想象，运用这些细节描写的方法写出书店老板当时的语言、神态、动作，是怎样伤害了小海音幼小心灵的？ 2. 四个同学合作完成这个练习，每人说一句话。 3. 一个同学完整表述。

通过对教学目标的任务分析，我们可以清晰地看到"使能目标"是保证教学目标实现的条件，在分析下去就会发现学生需要有起点能力作为先决条件。如果教学中教师的教学步骤基本与任务分析中实现教学目标需要的步骤一致，就可以达到预期的教学目标。事实证明，这样的设计与实施可以收到良好的效果，从学习结果看，学生对生词的学习，对

细节描写和比喻修辞的体会,学以致用的写作训练都达到了理想的要求。

二、对"学情分析"的认识

由任务分析的步骤来看,任务分析中了解学情是至关重要的一个环节,进行学情分析能够更好地了解学生的学习态度及一些学习能力、习惯,学情分析实际是了解学生起点能力,确定终点目标的重要依据,对确定教学目标以及合理选择教学方法具有很高的参考价值。

语文教学中学情分析都要分析什么呢? 又可以运用什么方法进行分析呢?

(一) 小学语文进行学情分析的主要内容

1. 分析学生的"已知"。就是指学生已经具备的与新知识学习相关的知识经验和能力水平, 它是确定学生的学习起点和教学起点的重要参照。"已知"除了要包括学生已经掌握的知识、已经习得的能力和方法、已有的生活经验。还有学生已经具备的身心发展特点。例如: 对于四年级学生来说, 他们已经获得了识字的方法, 有了一定的阅读理解能力,能够独立使用工具书、查字典等学习生字新词。同时他们已经养成了一些比较自觉的学习习惯, 有自身的学习特点。而且在每个单元主题的引领下, 部分学习已经能够带着特定的主题和要求自学和理解新的课文内容。因此, 教师如果了解了学生这些学情, 那么在教学设计时就能够有所掌控, 比如说概括课文主要内容, 针对三年级学生进行学情分析, 了解学生刚刚学习概括的方法, 所以教学中我们应该提供学生本文适合的概括方法, 比如: 课题概括法, 按事情起因、经过、结果的顺序概括, 还是连接段意的方法。我们最好以填空的形式出示给学生, 为学生搭一个梯子。针对四年级学情分析, 了解学生经过三年级一年训练具备了几种概括主要内容的方法, 所以教师在教学的时候, 便不用再提供填空的形式，只是引导学生运用合适的方法概括就行了。到了五年级学生已经具备了概括的能力，教师在这个环节完全可以放手让学生自己概括主要内容。

2. 分析学生的"未知"。未知是相对已知而言，指学生在学习新知识之前还没有获得的知识，识字、阅读和理解能力，学习方法和经验。例如在学习《窃读记》一课时，由于课文语言清新淡雅，心理描写入木三分，因此对于刚刚升入五年级学生来说，能静下心来听懂林海音低吟浅唱的内心独白，看懂并揣摩出她一颦一笑举手投足间的小心翼翼中蕴含的对读书的热爱之情难度较大。因此这些学生在学习中可能遇到的问题，就是他们的未知，也是教师在教学设计时应该考虑和分析的学情。

3. 分析学生的"能知"。就是通过本课学习，不同层次和水平的学生在自己能力范畴之内所获得的知识与能力、方法与经验。强调学生在自己原有知识基础上的进步。例如"能运用学过的细节描写的方法，结合教师创设的情境展开合理想象还原画面进行写作练习。"这是《窃读记》中设计的目标之一。即通过课文的学习和老师的指导，学生能够运用本课中学习的写作方法根据具体情境进行细节描写。这就是学生的"能知"。

4. 分析学生的"想知"。所谓"想知"就是真正从学生内心需要和兴趣出发，是除教学目标有确定的要求之外，学生还希望知道或了解的知识，也可能与本课学习的知识相关性不大。这种时刻，即使课堂不能有充裕的时间去了解学生的疑问，教师也应适时恰当的引导，保护学生的求知欲。

例如，《窃读记》一课，有的学生就产生这样的疑问：小海音没有偷书，也没有损坏书，就正大光明地看呗，为什么要偷偷摸摸？咱们的书店都是随便看的呀？学生的疑问既体现了他强烈的兴趣和学习需求又体现了自身的生活经验与文章中时代背景的差异。作为教师在设计教学时就应该全面考虑到这些，课前要给学生做好时代背景的介绍。

5.分析学生的"需知"。"需知"就是课程标准的要求，学生在每个年段必须达到的目标。

我们了解了学情分析的具体内容，下面我们来分享一下学情分析的一些方法。

（二）学情分析的方法

1.关注预习和作业，分析学生"已知"。作为教师我们可以随时随地的观察了解学生，掌握对教学设计有价值的学情信息，同时积累根据学情设计教学的经验。作业是学生给教师的最直接的反馈信息。通过批改作业，教师不仅可以及时知道学生对上节课所学知识的掌握情况，哪些知识学生真正掌握了，哪些知识学生还比较生疏或者理解起来有一定的困难，需要在上课的时候加以强调。通过作业还可以清楚看到学生的学习态度认真与否，学习的兴趣如何。因此，好的作业设计除了能检验学生的学科知识，最好还能获得学习态度的明显反馈。教师对学生作业的批改要及时准确。另外，每次作业教师要作必要的梳理记录，也有利于对学生情况的准确把握。

通过课堂检查预习的情况，了解学生的基础和需要，这种了解学情的方法也是我们日常教学中比较常用的行之有效的方法，"行之有效"是指教师要对学生的预习做出一定的要求，不能盲无目的；学生要重视自己的预习，并运用熟练的学习方法去掌握预习过程中应该掌握的东西。

2.解读教学内容，分析学生"未知"。不同的教学内容有不同的特点，不同的学生在面对同一内容时也会产生不同的需要。依据教学内容分析学情要注重联系学生已有的生活经验和知识基础，对比学生的原有学习与新知识学习间的相关程度与异同。从而着力解决学生最欠缺的知识和能力。语文课堂上，教师面对的是一篇篇内容各异题材多样的课文，课文又不能是教学内容，它只是教学内容的载体，那真正的教学内容是什么，在哪里？教师在确定每篇文章的教学内容时，必须先问问自己这一篇为什么需要"学"，再问问这一篇为什么放在这个年段、这个单元教，教什么？然后根据课标、学情等精选提炼，教师应主要依据语文特性、学情特性和文体特性三者来确定教学内容，可见学情分析与教学内容 的确定两者息息相关。

3. 参考教材编辑意图，分析学生 "需知"。我们的教材中选编的一篇篇文章和作品，是教材编辑们苦心甄选的结果，因此不同的作品和文章都有它存在的意义和价值，是有编者特定的意图的。因此对教材选编本篇课文的目的和意图做下充分了解，据此进行学情分析，是分析学情的关键一环。例如，《窃读记》这一文选编入教材的原因是这样描述的：一是要引导学生把握主要内容，体会作者对书的深厚情感；二是要在阅读中能够结合学习和生活实际，习得一些读书和习作的方法。更重要的是让学生明白阅读的重要意义，激起阅读的兴趣，逐步养成阅读的习惯，从而受益终生。那么教师在执教这篇课文时的学情分析就要考虑学生从中年段升入高年段，他们具备了理解文章内容和阅读的方法，能体会文章表达的思想情感，但这是升入高年段的第一篇课文，又是刚刚开学，所以需要课上教师提示学生阅读时可以关注人物的细节描写，联系上下文和自己的体会，感受这些描写在表达情意上的作用，经过提醒学生就会运用之前的方法进行学习了。

另外，要引导学生学习与课文相关的写作方法。教师需要了解班里是否有个别学生已经在这方面做的很好，有多少人？他们的特点是什么？又有多少学生根本不会用这种方法，了解这些信息之后，教师在教学设计时就能抓住重点，有的放矢。比如在《窃读记》的教学中，我设计的拓展想象写作训练就是分层次的，经过桌间巡视我找到几个单项写得不错的同学一起合作把老板的语言、神态以及我的心理补充完整，同学交流分享经验中拓展了思路，通过整理我再请一个写作能力强的学生完整呈现这幅画面,这样对细节描写掌握不太熟练的学生有借鉴学习的机会。

4.挖掘学习需要，分析学生"想知"。分析学习需要主要是考虑学生的学习需求，以及对教学的期待。目的是确定教师的教学设计是否从学生的学出发，是否能有效地达到让学生通过学习有所收获，教学目标的安排是否合理等。

由于学生的成长环境，已有的知识经验的不同，就会产生不同层次的学习需要；其次，不同发展层次的学生，面对不同的学习内容时就会有不一样的优势和困惑。如何调查学生的学习需要，专家认为，可以分为书面和口头两种形式。书面采集需要，就是以发放调查表的形式搜集学生基于学习内容产生的一些困惑以及他们最想知道的一些知识和问题的答案。调查的范围可以包括课文中的字词音义、句子段落、写作特点、思想感情及基于学习内容而产生的相关困惑。口头形式，就是学生进行口头质疑,教师和学生同步记录,将各种可能稍纵即逝的思想火花记载下,一一解决。这种办法有助于书面表达不清楚，写字速度过慢的学生更好地表达自己。

5.立足教学目标，分析学生"能知"。教学目标是教学活动的出发点和最终归宿。教学活动必须围绕课程标准引领下的教学目标展开。对教师来说是教学目标，对学生来说则是学习目标，但是最终教学目标还应该是着眼于"教"而落脚于"学"。因此，制定教学目标，除了要充分钻研课程标准和教材内容，最主要的还是要进行学情分析。经过学情分析之后制定的教学目标，应该是在学生已有学习基础上，通过主观努力能够达到的目标。

因此，教学目标的表述，应该是学生"能知"的最佳体现；学生的"能知"，也是教师制订教学目标的重要依据。

了解了学情分析可以从哪些方面入手，下面是我对《窃读记》一课的学情分析。

这是五年级上册的第一篇精读课文，经过前四年的学习，学生已经掌握了一些语文学习的方法，并形成了一定的分析、理解、谈感受的能力。而且养成了比较好的学习习惯，能默读、思考、标注并注意倾听愿意与他人交流自己的独特看法。所以课后题中联系课文和生活实际谈对句子的理解不是这节课的新知识，这些是学生的已知经验。

而学习作者通过动作和心理的细节描写，以及比喻的修辞将"窃读"的滋味写具体的方法，体会作者用词的精妙，并学习作者这种写作方法，自己试着写一写。对学生来说有一定的难度，是学生能力的提升点，需要教师运用教学策略进行点拨和引导。这是学生要重点掌握的未知。

而了解当时的时代背景，了解旧中国读书对于家境贫寒的孩子来说是多么的不容易，这是学生的需知，这对于学生体会小海音对读书的热爱对知识的渴望起着非常重要的作用。

综上所述，在制订课时目标中，任务分析理论既可以让教师更清晰自己的教学行为，又可以检测教学的实效性，判断我们的教学是否更有利于学生学习。同时课前的学情分析是对"以学生为中心"、"以学定教"的教学理念的具体落实，没有学情分析的教学目标，往往是空中楼阁，没有学情分析的教学策略，往往是教师一厢情愿的自我表演。所以我们教师在制定一节语文课的课时目标之前，一定要精准地进行任务分析和学情分析。

C. 相聚市语文工作室　共同感受成长的喜悦
——学习"阅读教学课时目标的有效确定"感悟

　　恰逢"十三五"规划开局之年，哈尔滨市教育学院成立了各学科的工作室，我有幸成为语文学科工作室的一员，与各区域来自 10 所小学的优秀语文教师共同学习、共同研修、共同提升。工作室的第一次全体培训大会在导师市语文教研员于志强老师近一个月的运筹下，召开得十分隆重。我们明确了工作室成立的意义，了解了工作室的各项规章制度，明确了年度项目研究计划及每个人的分解任务。在感觉到压力的同时，也迫切地感受到必须学习提升才能跟得上时代的脚步。

　　领取了任务后我立即展开了自主学习反思，先反复听取了于老师关于"阅读教学课时目标的有效确定"这一主题的讲座，又认真自学了于老师为我们推荐的人教网在线课堂"基于课程标准，进行目标—教学—评价一致性的教学"、"让小学语文教学'回家'有正确的目标方向"等学习资料。下面就把自我研修的感悟汇报如下。

　　我在学习中逐渐明晰了之前自己在制订一节阅读课的课时目标存在的问题，没有针对性，而且习惯以教师为主体，为行为动词的发起者。之前制订课时目标虽然我也懂得要把握《课程标准》的年段目标，要从单元目标整体考虑，要从学生的实际情况出发，但从没有细致具体到把年段目标与教学建议、教学评价横向建立联系，没有考虑到目标制度后要设计相应的评价任务来检测学生目标达成情况。

　　通过学习我对制定课时目标的步骤有了更明晰的认识，下面我就结合教学实际谈谈自己粗浅的认识。

一、聚焦课程目标是确立课时目标首要依据

语文《课程标准》强调："语文是一门学习语言文字运用的综合性、实践性课程。"这一核心目标的确定指出语文教学必须聚焦该核心目标，语文教学理应紧扣文本的字词句篇，训练学生的听说读写，富有浓浓的语文味，彰显语文学科的本体特征。教学预设、教学行为、教学策略等必须服务于该核心目标，教材的解读、教学目标的确定、教学内容的选择、教学方法的选用等也必须围绕该核心目标——学语文就是为了用语文。

二、明确学段目标是确立课时目标主要依据

教师在拟订课时教学目标时，必须遵循语文课程目标的整体性和阶段性原则，对相应学段的课程目标和内容要熟悉，对本学段几本语文书中基础知识的分布情况、基本能力的训练顺序也要清楚。语文的目标体系是纵横联系、有主有次、循序渐进的。我们要依据每个年段要求学生达到的标准制定教学目标，不能"越位"也不能"不到位"，而且要考虑运用什么策略实现这个目标，通过什么形式进行评价。

1. 朗读教学各年段目标的侧重点及教学策略

朗读教学各个年段都提出了"正确、流利、有感情地朗读"这一要求，但是细细品读，每一个学段要求的重点却有所不同。第一学段要求是"学习"，强调是一个朗读"学习"的过程；第二学段是"用"，它侧重为实践、运用；第三学段标准是"能用"，说明朗读应该成为学生的一种能力了。

因为目标的不同，我们教师采用的策略也就各不相同，第一学段教师可以通过引导、启发、示范等方法，从以下几方面进行朗读指导：根据人物的特点进行语调朗读的指导，抓标点符号进行朗读指导，最后抓重点词的朗读。第二学段老师要为学生提供了更多读的机会，在学生已经能够读"正确"、读"流利"的基础上，引导学生运用适当的语调、语速、重音的变化，做到"有感情"地读。第三学段学生已经具备能力，

教师就是把握方向，在孩子朗读出现偏差时予以引导

2. 阅读理解方面各年段目标的侧重点及教学策略

第一学段"能结合上下文和生活实际了解课文中词句的意思，在阅读中积累词语，借助读物中的图画阅读。""了解"一词可以看出此年段侧重考察对文章内容的初步感知和文中重要词句的理解、积累。

第二学段"能联系上下文，理解词句的意思，体会课文中关键语句表情达意的作用，能借助字典、词典和生活积累，理解生词的意义。"

这个学段侧重考察通过重要词句帮助理解文章内容了，体会这些词句在表情达意的作用，以及对文章大意的把握。

我们可以教给学生以下理解词语的方法：通过换词和去掉词语对比的方式；通过创设情境，引导学生想象的方法去理解；教给学生联系上下文，正确选择词语在字典中的义项；透过近义词替换的方式理解词语含义；运用复沓读的形式理解词语。

另外中年段还要比较完整地教给孩子概括课文的主要方法：课题扩展法、段意合并法、抓住关键词语句子以及段落概括、抓要素概括、回答作者提出的问题进行概括等方法。

第三学段在阅读理解中要求一下增多了，侧重考察对文章表达顺序和基本表达方法的了解领悟了。

综上所述，低年段阅读教学，要注重对学生学习兴趣的培养，努力营造快乐而富有情趣的课堂，朗读方法的训练很重要；而中年段阅读，更注重对学生进行扎实有效的学习方法的指导；那么到了高年级，阅读教学的重点，则是对整篇文章的感悟和对写作方法的体会。在学法上，引导学生把以往所掌握的学习方法进行迁移，并运用到阅读实践中，进一步提升学生自主学习的能力。

阅读要求和训练重点的不同，决定着课时目标制定的不同方向，决定了教师所承担的角色也要发生变化。今后在教学中，我制订一课的教

学目标时一定会根据不同年段把握好教学的侧重点,做到年段目标准确、鲜明,不缺位,不越位。

三、正确分析学情是制订教学目标的重要依据

在制订课时目标之前首先要确定学生的起点能力,就是学生在接受新的学习任务之前,原有知识能力的准备,换言之,是指学生达成终结性教学目标必须具备的最基本的知识能力。例如中年段培养学生概况课文主要内容的能力,我们就得了解之前学生概况自然段的能力如何,在三年级初学概括主要内容时,就可以与二年级接轨教给学生连接段意和课题扩展法概括主要内容。还可以设计填空的形式为学生搭一个梯子。四年级概括主要内容,我们了解了学生之前具备的能力起点,就可以让学生自己运用熟悉的方法独立概括了。从这个角度而言,学情是制订教学目标的重要依据之一。

四、把握教材特点深入解读文本是制订课时目标的首要

学段目标主要是由本学段的几本语文书共同承载的,是通过一篇篇课文落实的。换言之,任何一篇课文都不是孤立的,而是共同达成本学段目标的有机组成部分。所以我们要认真研读本学期教材的单元总量、单元之间的关联度以及各单元的教学重难点等。根据本单元的主题,遵循本单元的结构,理清单元内阅读教学、习作教学、单元练习彼此之间的联系以及各自价值,掌握单元内核心语文知识的分布情况、同类语文能力的训练点等。

教科版教材单元主题主要以文章所反映的人文精神为依据,而且没有单元前面的导读,所以作为教师就更要深入解读文本,根据年段目标,确定这个单元学生要掌握的语文知识有哪些,怎样在每篇课文中落实这些训练点,达到理清单元共性与单篇个性的关系、单元教学重点与单篇

教学重点的关系以及某一篇课文在单元内的特定价值。例如教科版四年级下册第八单元主题是"勇者无惧"，两篇精读课文《杨子荣打虎》《向狼借路》和一篇独立阅读课文《肖飞买药》，依据年段特点通过对这些课文的阅读，学生抓住关键词句感悟人物的高尚品格。在"能说会写"中设计有题为"讲勇敢的人和事""勇敢面对的事"等口语交际和习作练习。明确了一个单元的主题，我们就要把学习任务分解到每篇课文中，在《杨子荣打虎》教学重点是学生继续运用之前学过的抓住人物神态、动作、心理的描写体会人物的性格特点，学习作者环环相扣的衬托方法表现人物的特点。学习文前提示在小说体裁中的作用。《向狼借路》教学重点学生抓住人物动作和心理的截然不同体会人物勇敢坚强，学习比喻的修辞在文中表情达意的作用。《肖飞买药》熟练运用前两篇课文中掌握抓住人物动作、心理描写体会人物性特点的方法并尝试运用这种表达方法进行片段描写。

　　以上就是我近一段时期对"阅读教学目标有效确定"这一主题的学习收获。

D. 写字教学中教师应掌握的基本知识

　　加强汉字教育是新版《语文课程标准》修订的一个重点。在修订中提出了汉字教育的新理念，要求"不能以纯粹的工具观来看待汉字的学习和教学，不能简单地把识字、写字的学习当作阅读、写作的附属"。在平时的教学中，由于教师自身写字教学的专业素养不高，所以写字教学存在着许多问题。因此我梳理了在写字教学中，教师应该掌握的一些基本知识。主要包括三个方面，掌握基本笔画，关注偏旁变化，分析结构特点。

　　从笔画——→偏旁——→结构入手，这不但是教材安排的顺序，同样也是我们指导学生写字应该遵循的基本环节。

一、掌握基本笔画

　　一年级应该指导学生写好八种基本笔画"横、竖、撇、捺、点、提、折、钩"。这八种基本笔画中比较难掌握的是"横、撇、捺、折"。（图3-1）

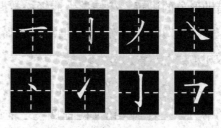

图3-1

　　"横"可以利用小口诀帮助学生掌握书写的窍门。即："起笔稍顿头微倾，行笔轻快略上升，收笔停顿横如桥。"

　　"撇"分为"斜撇、竖撇、平撇"。但无论哪种撇都要强调"撇出尖"

这一特点。"斜撇"书写时下笔稍重，由重到轻行笔，最后轻轻收笔就会出尖。（图3-2）

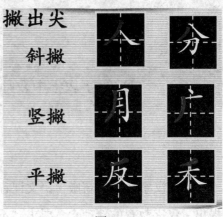

图3-2

"撇"书写粗细分明，有"斜撇"和"平撇"之分。教学中教师可借助朗朗上口的小口诀帮助孩子写好撇。"斜撇"的口诀是："落笔轻轻，边按边行，撇脚重按，拖出提轻。"这样整个撇就出角了。

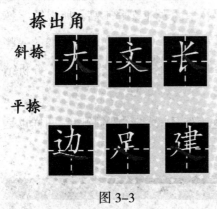

图3-3

"平撇"与"斜撇"不同的是落笔先写一小横，右下行笔稳而平。可以借助孩子们常玩的滑梯举例子帮助孩子写好平撇。平撇上面部分像滑梯准备下滑的平台，而下边的撇出角的部分又像滑梯与地面接触的部分，行笔的过程就像滑梯的陡坡。

借助形象的讲解，相信学生能轻松掌握撇的书写。（图3-3）

"折"以"横折"为例，书写主要强调笔画内收，这样字写得才能紧凑，不死板。

统编教材一年级上册教材，学生从《识字一》第2课开始接触到"横"的书写，一直到《语文园地四》之前学生都在逐步学习基本笔画，以及简单的独体字。在《识字二》第9课中学生才接触由基本笔画组成的偏旁——木字旁。教材这样循序渐进地安排也是遵循着学生由易到难的认知规律。所以学习偏旁就需要有基本笔画做基础，而学习偏旁又是对基本笔画书写的巩固过程。

二、关注偏旁变化

怎样写好偏旁呢？首先要引导学生观察它在田字格中的位置，还要注意个别偏旁的细微变化。如一年级接触到的三点水旁在书写时可以引导学生利用口诀："起笔收笔一直线，二点左靠落中线，两点一提各不同，环绕左边像开扇。"掌握书写要点，从而帮助学生准确地为三点水旁在田字格中定位。（图3-4）

三点水旁（氵）：

起笔收笔一直线，二点左靠落中线，
两点一提各不同，环绕左边像开扇。

图 3-4

再如耳刀旁，耳刀旁在左边时，（图3-5）耳朵要写得小，竖画是垂露竖；耳刀旁在右边，耳朵要写得大，竖画是悬针竖。单耳刀横折钩内收，一竖用悬针。

有些偏旁不但在不同位置会有变化，而且笔画也有细微的变化。

左耳刀：		耳朵要写小 竖刚好垂露
右耳刀：		右耳大偏下 一竖挂悬针
单耳刀：		横折钩内收 悬针挑金钩

图 3-5

木字旁在左 （木）木
木字旁在上 （木）木
木字旁在下 （木）木

图 3-6

例如"木字旁"的教学就有很多变化。（图3-6）木字旁做左偏旁，捺要变点，而且要写在横竖交叉偏下些才好看；木字旁在上部，竖要短一些，撇捺要舒展像大鸟的两个翅膀起到平衡的作用；而木字旁在下边做底，横要长，起到托住上半部分的作用，竖出头就要短一些，撇捺要舒展，起到支撑的作用。

我们只有帮助学生掌握了每个偏旁书写的特点，才能为写好合体字做准备。另外我们还要明确的是偏旁是供指导识字、写字用的。当学生掌握了一定量的偏旁后，又会接触到部首的概念。部首是供查字典、词典用的。部首除单笔部首外都是偏旁，但偏旁不全是部首。

三、分析结构特点

　　一个字的美与丑，关键是在结构的安排上，包括结构的匀称、布白、穿插和避让是否得当。而独体字、左右结构和半包围结构这几类结构不易掌握，书写时容易出现问题，教学中应高度重视。

　　（图3-7）独体字笔画少，所以在结构上更不好把握。例如教学独体字时，我们首先要指导学生把字写在田字格正中间，可以利用生动有趣的口诀："上不顶天，下不踩地，左右不碰壁。"记住这条规律的同时还要引导学生写好独体字的主笔。

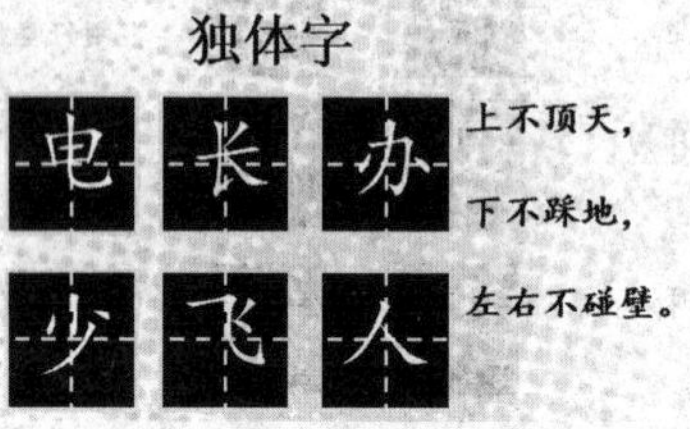

独体字

图 3-7

　　（图3-8）左右结构的字在教材中出现频率很高，所以我们首先要引导学生紧抓这类字的左右比例。

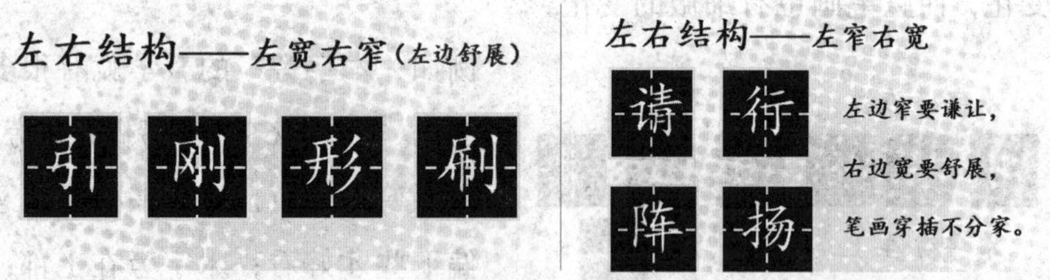

左右结构——左宽右窄（左边舒展）

左右结构——左窄右宽

左边窄要谦让，
右边宽要舒展，
笔画穿插不分家。

图 3-8

　　（图3-9）半包围结构的字中"左上包右下"的字要引导学生做到末笔向右拉。"右上包左下"的字应做到左边有缺口，里边向外出。

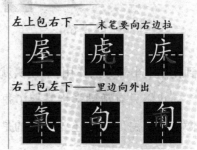

左上包右下——末笔要向右边拉

右上包左下——里边向外出

图 3-9

E. 当单数的"我"与复数的"我们"相遇
——区语文工作室成长随笔

在三尺讲台上耕耘了十五载，经历了应试教育向素质教育转变的过程，同样也反思着自己一次次实践中的成功与失败，总希望有人能共同分享自己成功后的喜悦，更期待着与人共同寻求失败的原因，对症下药。就在这时我有幸成为道里区"小学语文工作室"的一员，我深切感受到工作室正是为我们热爱语文的教师提供了一个交流互动、共同学习的平台。在这里，优秀的导师用"追求一流、精益求精"的专业精神为我们引领方向，在这里单数的"我"与复数的"我们"相遇相融，我的困惑与大家的疑问不谋而合；而大家的智慧使我的思想不断丰盈。我在工作室一年的学习、活动中不断追求着，希望自己的教学能实现简约求实，充满灵动。

一、在互动中获得启迪

众所周知教师的工作是琐碎的，每每遇到问题，过往的经验中，大家总是自己琢磨，最多和同学年的老师商量商量，还需要老师们在忙碌的教育教学之余，能有空碰到一起。而琐碎的问题又总是被一项一项工作冲淡，甚至转瞬即逝，有时甚至没来得及深度思考它就成为过去式。而自从走入语文工作室我感觉自己有了一个解决问题的大宝库，同伴们俨然成了我的智多星。我会把自己在教育教学中遇到的问题发到工作室的研讨群中，大家就会帮我出谋划策。

记得有一次我参加市"进取杯"教学大赛，我们团队要对《徐悲鸿画马》一课进行同课异构的教学。一节课要出两个完全不同的思路，刚开始我们很顺利设计出一种方案，就是从文章开头结尾对徐悲鸿的人和作品的评价切入课文，初步感受徐悲鸿的卓越成就，激发学生要探究他为什么会取得如此惊人成功的愿望。可就因为比较满意自己的这套设计，所以怎么也跳不出这个圈圈。第二套方案迟迟无法形成。于是我把自己遇到的问题发到了工作室中希望得到一些灵感。

果然，第二天当我上线之后发现跟帖络绎不绝，有的老师说："你可以试试从文中生词入手，切入文中主要段落。"有的老师说："可以从文章课后习题入手，也是阅读的好方法。"有的老师提出观点："语文就是要从细节处入手，培养学生语文能力，所以你可以在一种设计中突出体现这点。"有的老师则表示："语文课的主要任务就是学语习文，尤其对于二年级低段的学生而言，词语教学更是一项重要的内容，所以不管怎样同课异构都不能离开对词语的理解感悟。"就在大家你来我往的跟帖讨论中我们团队得到了启发，最终设计出的第二套方案就是：从文中生词"功到自然成"导入文章中心句，借助句子初步体会这个中心词的意思，感受徐悲鸿取得惊人成绩与他付出努力之间的联系。

就是这样我们在工作室中用键盘书写着自己对语文的共同热爱，用网络传递着自己的教育感悟，在点击中获得教育的启迪。有时虽然我们的意见会不统一，甚至大家要在网络上唇枪舌剑一番，但我感觉自己就是在这一次一次的思想碰撞中得到提升，在一次一次的交流中更愿意把心静下来思考了。所以自己的教学方法也变得更简单，少了许多花哨，却懂得了应该根据学生的所需选择教学策略，要根据课堂生成，灵活运用教学机智，不能一味模仿别人的教学方法。

二、在学习中更新理念

在工作室中，我们努力营造，并逐渐形成了重视学习、崇尚学习、坚持学习的浓厚氛围。每月我们进行一次集中学习，把一阶段来大家自主学习的结果进行交流，每次我们都有一个研修的主题，在一次次学习和研讨中我不但取他人之长，补自己之短，更从理论层面上丰盈了自己的内涵。例如通过"怎样看待家常课和常规课"这一问题的研究使我进一步明确了：上公开课的目的就是为了更好地上好家常课，为了在更短的时间里提高家常课的质量。我们的教学生涯中，绝大多数都是一节节朴实无华的"家常课"，所以我们只有把每一节课都上好，家长、社会才会认可我们的教育。

听了工作室老师为我们介绍观摩全国语文阅读大赛的见闻后，我们了解到最新的教育理念"吃准目标，夯实基础，指导学习，鼓励创新"。我们对语文阅读教学又有了新的认识：语文教学要在简单中透着智慧，简约中成就高效，简朴中回归语文。要不断提升了教学理念，提高了课堂教学质量。有了理论的认识紧接着我们工作室围绕着"把握学段特点，精选习作指导策略"这一专题展开研讨。可以说大家各抒己见，最后我们的导师杨广荣老师为大家梳理了思路，我把大家的研讨结果以一节习作课的形式呈现给各位老师，学期末我们还召开了"徐岩工作室的阶段性成果展示会"。

工作室一年多的学习和工作，让我感悟到学习不是目的，关键在于学以致用，把所学知识和方法运用到自己的工作实践中去。同时在工作室中我也结识了许多朋友，为我的工作带来了很大帮助。

"生命的美的不在于要如何出类拔萃，而在于能够在它所处的环境里充分地展示自己。"我虽然只是工作室中的平凡一员，但我会不懈追求，努力把平凡做到极致。

F. 不辱使命 共赴春天——录制线上教学资源感悟

2020 年的春节一场突如其来的疫情席卷华夏大地，让我们见识了病魔的无情，更让我们见证了中华儿女的众志成城、勠力同心，懂得了什么是担当与责任。在这场没有硝烟的战斗中，每一个中国人都希望用自己的方式为战胜疫情出一份力。所以当 2 月 12 日接到区语文工作坊导师、教研员杨广荣老师的通知，在一周内为哈尔滨市疫情防控期间的线上教学录制五年级语文课堂教学资源时，我感到既兴奋又光荣！

虽然录制的课文比较熟悉，但这一课重新出现在我们第一次接触的统编教材中，所在单元的训练重点发生了变化，意味着所承载的教学重难点也发生了变化。而且这一课要由原来的 2 课时调整为 3 课时，如何均衡分配每课时的教学重难点？从什么角度进行阅读拓展训练，既能体现单元语文能力的延展，又能激发学生阅读整本书的兴趣呢？

为了精准定位课时目标，我抓紧时间阅读教研员提供的大量学习资料，逐步了解整册教材的知识体系，明晰每个单元语文要素的关系；再进入自己教学课文所在的单元，理清本单元语文要素的前后勾连，以及本课在单元中承载的教学任务；最后才深入自己所负责的一课中去解读文本。终于确定了三课时教学设计，我大大地松了一口气，觉得剩下的录屏环节会容易得多，可万万没想到在这个环节中我经历了一次次的挫败。

20 分钟视频课的录制中，没有师生眼神的交流互动，没有学生的反馈与生成，只有教师单纯的讲授，只有电脑屏幕上录播软件的波幅在冰冷地跳动，我的课堂一下失去了往日的灵动，语音语调不够自然，提问与理答环节衔接过于生硬……面对失去状态的我，无论时间多紧迫，导师都要求必须停止录制，一方面要我去听微信群里其他教师录制课例的语速语调，一方面要我找到自己以往公开课的录像，重新找回上课的状态，然后尝试录制 5 分钟视频发给导师听效果。慢慢的，我眼前不再只是冰冷跳跃的音频录播设备，而是一个个已经宅家一个多月正坐在电脑屏幕前，期待着老师的孩子们，我终于找回了昔日课堂上那份轻松与亲切。

然而另一个问题又接踵而来，每节网课 20 分钟，上下只有 5 秒机动时间，要把握这样精准的时间节点，我配合课件反复计时练习，甚至每次换气的长短、语速的快慢都要严格把控。一句话说错了，重头再录！一个停顿的错误、耳麦的延迟出现了吞音、点击鼠标的声音过大了……许多的不确定因素都导致重头再录，3 节网课的录制让我体会到嘴唇磨出茧子的感觉！当 19 日深夜，我的最后一个视频课通过审查，顺利上传哈尔滨教育云平台的时候，我长长舒了一口气……3 月 5 日，我的微课通过云平台和元申广电陆续呈现给全市的五年级同学，为"停课不停学"的孩子们提供了优质、高效的学习资源时，我感觉一切付出都是幸福！

这个特殊的时期，这次特殊的经历，我必将终生难忘！难忘导师无私的帮助，让我的业务能力得到又一次提升，而且能更从容地面对困境；难忘在接受任务后，导师带领的这支团队中每一个人精益求精的工作态度。大家不讲条件、不论代价，只为师者的一份责任、一颗初心，有一分热，发一分光……大家坚信再长的冬天也终将过去，我们必将迎来 2020 的春暖花开！

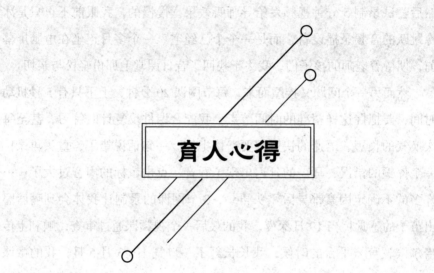

育人心得

A. 在校本课程中培养学生的交往能力

《基础教育课程改革纲要（试行）》中指出"学校在执行国家课程和地方课程的同时，应视当地社会、经济发展的具体情况，结合本校的传统优势，学生的兴趣和需要开发和选用适合本校的课程。"由此可见，校本课程是在国家课程框架以内以学校为主体而开发并在学校中实施的课程，校本课程的开发提高了课程的适应性和实效性，为学校的发展，教师专业知识水平的提高，每个学生个性的发展都提供了新的契机。

今年我接了一个一年级的新班，作为一名低年级的班主任，我一直在琢磨围绕学校"走进美的世界"这一主题的校本课程开发与实施中，自己应该选择怎样的切入点，才能真正让学生有所收获。在开学一段时间与学生的相处中我了解到班级学生基本都是独生子女，他们在家庭中的地位具有特殊性，往往都是家庭中的"小皇帝"、"小太阳"，受到父母、爷爷奶奶、姥姥姥爷等等长辈绝对保护，没有与兄弟姐妹共同生活的经验。因此，他们不善于体会、享受在集体氛围内的欢乐，缺乏协调人际关系的能力，特别是在接人待物的礼貌方面缺乏经验，思维和情感上自我中心主义比较强。比如在教室中他的橡皮掉了，别人帮忙捡起来是应该的，反之就是别人不懂礼貌、不助人为乐；自己吃过午饭同桌擦桌子是必须的，因为在家中这活就是别人做的……这种思想正影响了学生的健康交往。

中国是有着五千年历史的文明古国、礼仪之邦，而且心理学家调查表明：人是通过交往活动来发展自身的。随着时代的发展，科技的突飞猛进,交往能力被视为一种生存的能力,被纳入未来人才的必备素质之一。小学生正处于心理与行为发展的关键时期,他们迫切需要更多的交往。因此作为未来人才的培育者,培养学生的交往能力我们教师责无旁贷。

经过思考我确定了班级校本课程开发的主题"礼仪就在我们身边"。目的是为学生提供更多学习人际交往的机会与情境,为学生交往能力的形成和发展打下坚实的基础。在课程实施中我是从以下几方面入手切实去培养孩子的沟通交际能力。

一、从中华历史故事入手,树立传承文明礼仪的责任感

语言是交往的工具和手段,人是在语言交往中成长的,语言沟通着感情,构建着知识。低年级学生受年龄特征的影响,他们在思维和情感上具有自我中心主义,在语言上容易表现出说话霸道、自私、不礼貌,从而影响了自己健康的交往。其实学生以前在幼儿园里就学习过礼貌用语,而且读过的许多传统古诗文、故事、寓言中也涉及礼仪的内容,但他们不能把学到的知识运用到自己的实际生活中去。所以我布置孩子回家查找中国传统文化中的礼仪小故事,利用班级开展的每日五分钟"故事会"时间,请孩子们在小组内讲解这些故事。学生在"孔融让梨""程门立雪""玉帛成干戈"等故事中再次了解到中国是文明古国,知书答礼是传统美德,要以友善的态度对待他人,不应该斤斤计较,才会受到别人的尊敬和欢迎,也才会感受到他人给予你的温暖。

学生有了一定表象的认识之后,我引导他们到校园中去寻找文明交往和不文明交往的现象。学生这回注意到了尊重老师是文明的表现,同样同学之间见面互相问好,也是文明交往的表现。在请人帮忙的时候要有礼貌地商量,决不能理直气壮地命令;别人说话是不能随便插话更不能随便打断……学生在观察对比中知道自己以前的行为哪些是好的、哪些是错的,再加上小学生的接受能力和模仿能力强,是培养良好习惯的

最佳时期，这样学生就会有意识地学习模仿正确的交往语言及方式，久而久之，学生学会了使用友好、平等的语言，在班级中生与生、师与生之间的交往越来越融洽，孩子们跨出了成功交往的第一步。

二、以社会参与情景体验为载体，提高文明交往的能力和水平

在家长讲师的帮助下我和学生走进"和平村"宾馆参观，学习怎样招待客人，怎样用餐才是文明的。当学生到达宾馆时，目光完全被周围富丽堂皇的装修所吸引，而且孩子们发现出入这里的人都衣着得体，谈吐文明。他们看到在这里进出的有中国人、外国人，大家不管认识与否都是见面点头微笑表示友好的问候，认识的人更是相互热情地握手表示问候，男士更是有礼貌地让女士先行。学生还参观了西餐厅，看到了人们文明的就餐方式，不但是运用刀叉有讲究，而且就餐时说话也要压低声音。学生在这里受到了文明的熏陶，感受到作为一个高素质的人必须要懂得礼仪，在生活中要时刻注意自己的言行。

根据一年级的学生年龄小，有意注意的时间短，单纯讲解时间不宜过长的特点，我和家长讲师创设了引导学生参与的情景活动，让学生亲身经历面对不同年龄的客人时该如何招待。果然互动的形式一开展学生的兴趣被吸引了，学生做小主人把小客人请进房间，这一次在上百双眼睛的注视下他们不再以自我为中心，而是问"小朋友你想喝点什么？""想吃点什么糖果？""喜欢看什么节目？"当客人要走的时候作为小主人不但要有礼貌地说"再见"，还可以热情地邀请客人"下次欢迎你再来我家做客"……这些文明的语言从他们小嘴中说出来真是特别可爱。

我们还创设就餐、出入门、在公共场合遇到外国友人问路等等情景，在这些情景中学生切身体会到礼仪的重要性，它不但代表着个人素质的高低，更代表了一个国家的国民整体素质，从而使学生树立了从小就要做个懂礼节、有礼貌的中国小公民。

三、在日常生活中践行，让文明内化成素养

最后我引导孩子在生活中实践自己的交际能力。学以致用是我们校本课程的最终目的，所以我鼓励学生把学到的交际方面的理论知识运用到实际生活中。因为校园是学生日常生活的重要场所，也是学生实现人际交往的重要地方，所以我首先带领学生到操场上鼓励他们大胆去与大哥哥、大姐姐们打招呼。开始学生胆怯，但却觉得很兴奋，后来一个高年级的学生主动来与他们打招呼，同学们受到鼓励开始争着与他相互介绍，大家在自然的情景中运用着文明交往的礼仪知识。同时我还在班级开展了"礼仪小标兵"的评比活动，学生在午餐时再也不大声喧哗了，下课到饮水机前接水时都能有秩序地排队了，别人帮助自己时能主动说："谢谢"了。当自己的观点与别人不同时，也能心平气和、彬彬有礼地发表自己的看法了，并能耐心倾听别人的建议，即使别人不接受自己的想法，也能比较理智地处理，既不随波逐流，又不与他人发生矛盾，在保持自己个性自由的同时，又能据理力争……孩子们的交往能力得到了明显提升。

虽然在学校孩子能注意自己的言行，注意提醒自己应该有礼貌、懂礼节，但在家庭中，我们的学生沉浸在爱的海洋中，不懂得关心父母长辈。根据低年级学生的心理特点和实际能力，我设计了"乌鸦尚知反哺恩我要有颗感恩心"为主题的实践活动。在活动中我让学生记录父母一天中为自己做的事情，以及自己为父母做的事情，在两项记录的对比中学生从做事的数量上就感受到自己所承受的爱有多深，在潜移默化中懂得感恩和回报。学生在回家后也主动为父母做些力所能及的事了，也会在父母为他们做事的时候主动表达感激和对父母的爱，这样亲情不再是单方面的付出，学生体验亲情同时也懂得回馈亲情。

同时我们还教给学生"同邻居打招呼的方式"、"购物时的礼仪"等交际技巧，鼓励孩子在家庭生活、社会生活中进行实践，通过实际尝试，

力求学生具备处理好多种交往关系的能力，担任好各种角色，扩大学生的交往面，丰富他们的人生体验。

苏霍姆林斯基说："一个人最大的幸福和欢乐就在于与他人交往。"以上是我在校本课程开发与实施中做的一点尝试，虽然还不成熟，但已经唤起了学生的交往意识。今后我会继续这一专题的校本课程开发与实施，全面提升学生的素养！

B. 平凡中的幸福

春节窗外的爆竹声还是那么响，烟花照亮了夜幕，而我却静静地端详着眼前这束鲜花，伴着淡淡的清香一丝微笑不自觉地爬上我的嘴角。是呀，春节里收到毕业班学生送来的这束花和那铺天盖地的短信祝福，这些给我带来的不仅是高兴，更多的是感动、欣慰和无穷的动力，让我切实感受到身为人师的自豪和幸福。其实做老师收到学生的短信祝福并不稀奇，但毕业若干年的孩子还能想到我这个如此平凡的小学老师就是另一番感觉了。

回想起这些和我共同生活5年的孩子们，真是有苦有甜又有忧呀，他们个个都是个性张扬，每天都会给你提出新的挑战。

我们的班长天天可是个能人，各科成绩优异不说，爱好广泛，特别喜欢看《三国演义》，大家都说他心思缜密，即使犯了错误也会凭三寸不烂之舌为自己开脱得干干净净，所以他虽然很优秀，但同学关系一直不太好。我总想寻个机会教他遇事逃避的毛病。

大宇是天天形影不离的好朋友，特别忠厚朴实、但做事冲动。一天中午同学跑上来跟我说大个男生把操场上的垃圾筐拆了拿着柳条互相抽。我跑下楼一看大宇和天天正抱在一起打成一团。"干什么，快放手！"我急忙把他们分开。天天看见了我马上拿出他碎掉的眼镜说："老师，大宇用柳条抽我，还把我的眼镜打坏了！"而那边老实的大宇却气得浑身发抖只说："他也打我。""我怎么会无缘无故打你，我们是好朋友，是你先用柳条抽我的，我才被迫还手的。"天天镇静地说着。"是我说拆了筐当剑，咱们华山论剑的。可是我没拆对吧，是你动手拆的筐，柳条也是你分给我们这些男同学，眼镜也是被你打掉地上摔碎的，弄坏别人的东西要赔对吧？"一步步地紧逼让大宇无话可说，只一个劲说："可是……可是……"

听了他们的对话我基本明白又是大宇中招，而且哑巴吃黄连有苦说不出。我对大宇说："天天说的是事实吧？"大宇生气地点点头说："对，错误都是我犯的，但天天我没你这么不讲义气的朋友！"说完抬头挺胸准备"慷慨就义"的样子。我笑着点点头说"既然你敢于承认了错误，就要敢于承担责任，现在把你拆的满操场的柳条收拾干净吧。"大宇好似不相信我就这样轻易原谅他，瞪大了眼睛看着我，然后撒腿就跑收拾残局去了。我看着天天严肃地说："是你让大宇去拆的筐？""我就说着玩，谁知道他真去拆呀。"我点点头说："的确，整件事你看似毫无责任，而且还是个受害者，眼镜都碎了，你也不必去承担什么责任，但你失去的却比你承担的更珍贵。友谊就好比这碎了的镜片，是怎么也粘不好的。镜片老师可以帮你配，但友谊老师可是帮你配不上，你真的一点也不在乎朋友的感受吗？你看大宇正在为他的过错承担责任，虽然累点，但他的心可是坦荡荡的，你的心就那么舒服吗？"说完我号召所有参与刚才"论剑"的男同学都去收拾操场。我看见天天尴尬地站在那里，我知道要他承认自己的错误真的需要给他点动力，所以我说："来呀，你不是说馊主意是你出的，错误你也有份，还要帮大宇收拾操场吗？"天天听了先是一愣，然后赶忙跑到大宇旁边帮他捡起柳条，大宇憨憨地一笑说："还算你够朋友，敢承认。""我不想失去你这个好朋友。"说完这句话天天看着我会心地笑了，笑得那么轻松。从那以后，我们这个班长还真就敢作敢当了，朋友也多了起来。

毕业前的一篇作文中天天写到："我感谢老师对我教诲，让我懂得友谊总需要忠诚去播种，用谅解去护理。她让我明白一个人要为自己的过失承担责任，这样才能心安理得。"

人们都说："人无完人"，往往越是聪明的孩子越是不好改正自身的不足。因为这样的孩子你的面容威严，言语犀利，往往只能解决表面现象，让他们心服口服，还需要我们动动脑筋，用智慧的教育，等待一个恰当的机会，选准一个教育的切入点。让聪明的学生在和风细雨中明辨是非，改正自身的缺点。

回想几年前围在你身边叽叽喳喳的孩子，似乎在毕业后瞬间长大了，而这新年中的一束花更让我产生了一份如同父母被孩子惦记时的感动！我由衷感到做教师的幸福，这幸福就源于平凡、忙碌而又充实的每一天，源于在一个个年轮中感受人世间最真挚的师生情吧！

C. 班级管理攻心为上

离毕业还有两个多月了，我开始带领班级几个学习有困难的淘气包进行最后冲刺。开始几天他们还真是乖，4 点放学，我去送其他同学出校园，他们就在教室写作业等我回来给他们补课，可时间久了这几个小子又没了常性。我到操场送同学的时候，他们不是偷偷到校外买小食品，就是在教室后边玩三国杀，还特意派人到门口看着我。这天我给他们梳理完分数应用题后留了些练习题，就赶忙去学校对面的幼儿园接孩子，我实在不想总耽误幼儿园老师正常下班。可就这短短的十几分钟，我回来就看到学年主任站在我们班门口，"许老师以后可不要把这几个学生单独留在教室里，他们刚刚打成一团，在地上滚来滚去，多危险呀！"此时看着身边跑得气喘吁吁的儿子，看着飞得满地的算术本和几个淘小子滚得脏兮兮的衣服，心中的火气一下子就涌了上来，真想狠狠训他们一顿，怎么就这样不知好歹！就在这一触即发的时刻，我看到了他们几个躲避的眼神，我知道此时如果大发雷霆，这几个淘小子仅有的一点内疚也就没了。我立即冷静下来深呼吸后说："不想补课的明天放学正常回家，别在这里耽误时间了。现在把你们推翻的桌椅扶起来，把习题给我看。"说完我把儿子领到最后一排给了他一包饼干，而这些淘小子也都迅速回到座位上去做题了。

第二天放学我故意不说补课的事，等我放完学回到教室只见小淘气们把黑板擦得干干净净，一人一桌等我补课，我心里暗暗松了口气想他们还是懂事的。等我留了练习抽空到幼儿园接回孩子时，看到办公桌上又是奶，又是饼干，还有几张便签，他们都安静地坐在位置上写着练习。走近一看一张张便签是孩子们的留言，"许老师，这些吃的不是我们出去买得，是早上带的，给小弟弟吃吧，不过就是有点凉。""许老师这是我们的保证书，保证不辜负你，在毕业考试中我们一定都拿到双优，不给班级丢人！""许老师我们知道错了，每天你为了给我们补课都那么晚去接小弟弟，我们一定认真学习，给您争气。"看着站起来比我都高的淘小子此时手足无措的样子，看着他们交上的一张张保证书，一种感动在彼此的心中流动。我点点头说："这是五年来我收到的最珍贵的礼物，这里面有你们的决心和信心。"从那天起他们果然前所未有地用功学习，最后都以优异的成绩升入中学。

今年教师节中午几个淘小子相约来看我，他们争先恐后地帮我擦黑板、打热水，还告诉我的新学生要努力学习，还真有学长的样子。

如今回忆起当时教室内混乱的场面，我真庆幸自己及时控制住情绪，避免了急火攻心下的口不择言，使一片爱生之心付之东流。我更庆幸当时选择了用爱与包容触摸孩子心灵最柔弱的地方，用和风细雨的批评，唤醒学生的道德自勉，激发他们的上进心。正如《孙子兵法》云：攻城为下，攻心为上；心胜为上，兵胜为下。攻城，是武力征服；攻心，则是以心换心、和谐共处。这是治军的利器，也是我们班级管理的良策，班级教育中"攻城"是用"师道尊严"使学生慑服，然而教师本就是强者，攻城自然容易取得胜利。可此时的胜利往往只是学生表面的服从，并不是发自内心的需要。而"攻心"则是教师依据学生的心理规律和特点，因材施教，通过智慧的教育，使学生真正心悦诚服地接受教师的建议，自愿改正存在的问题。

"围师必阙，穷寇勿追。"教育的目的不是把学生逼得无路可走，与我们反目成仇；教育的本质是"一棵树摇动另一棵树，一朵云推动另一朵云，一个灵魂唤醒另一个灵魂。"所以巧妙运用"攻心术"进行班级管理，可以让不同类型的学生获得适合的教育，在师生情感的共鸣中达到良好的教育效果。

第四部分
团队发展的策略探究

A. 陌上花开研修路　不负韶华共成长
——我与我热爱的语文团队

一、团队基本情况

（一）团队建设背景

2013 年由于工作的需要，我来到了哈尔滨市群力实验小学这所新区新建学校，有幸成为与学校共成长的第一批教师，参与了学校师资队伍建设的过程。我带领着学校的语文团队勠力同心，相互扶持，虚心地走好每一步。我们在思维的碰撞中擦出智慧的火花，在反思交流中提升着自己的专业素养，在一次次跋涉中享受着磨砺、蜕变、超越、成长的喜悦！

从 2013 年 9 月学校第一次独立招生开始，短短几年间，在各级政府和教育局的悉心关怀指导下，在孙明校长"以人为本，让师生成为更好的自己"办学理念引领下，学校经历了从无到有，从有到精的发展历程。从开始的 2 个教学班不足 80 名学生，到如今的 81 个教学班 3700 多名学生，教师人数也由开始的 13 人发展到如今的 168 人，群力实验一跃成为我区规模最大的小学校。

面对学校倍增式发展，我们深知打造一支品德高尚、业务精湛的教师团队，是立校之本，是学校可持续发展的核心要素！所以在建校初期孙校长就把工作重点定位在依托校本研修，加强教师队伍建设上。学校努力打造一支目标一致、团结协作的"四有"好教师团队，构建了"头雁领航，群雁齐飞"的校本研修体系。学校横向以学年、学科组为单位成立研修团队，纵向遵循着"面向全员、分层指导、骨干先行、引领辐射、整体提升"的原则，打破学年界限从各个年龄段中选拔出热爱数学、语文学科教学，勤于思考，勇于实践的优秀教师，组建了学校的数学、语文研修团队，力求依托团队研究带动教师队伍整体素质的提升。

在这样的背景下我们的语文团队诞生了，当时作为市级语文学科带头人，我有幸成了学校语文研修团队的领衔人。大家共同经历了初建期的兴奋紧张，磨合期的相互适应，到如今稳定期的勠力同心。我们在思维的碰撞中擦出智慧的火花，在反思交流中提升着自己的专业素养！

（二）团队发展愿景

团队以"提升教师语文专业能力"为核心，"努力打造一支理论前沿、业务精湛的优秀教师团队"为共同的发展愿景。

（三）团队研修模式

团队成员面向一个目标、融合三方力量、沿着一条主线，扎实开展研修活动，最终实现教师的专业成长。

一个目标：构建高效课堂，培养学生语文素养

三方力量：教师个人，研修团队，专家引领

一条主线：聚焦共性问题→深化行动研究→及时总结提升

（四）团队建设根基

作为新建校，群力实验每年都会有新教师的选调以及临聘教师的不断加入，渴望加入语文团队教师也日益增加，针对这种情况只有尽早制定出一套切实可行的团队制度，才能真正保障研修工作的有效开展。从 2014 年开始，我带领团队成员民主制定并逐步完善一系列的研修制度，如《团队成员选拔制度》《群雁晋级制度》《自主学习和反思制度》《团队研修活动考核制度》《团队教师评价和奖励制度》。团队建设初期力求以文化为引领、制度为约束、评价为激励，逐步培养并形成教师的专业研修自觉性。

团队按学年分为微团队，每个微团队选一位组长，负责管理自己学年成员的自主学习反馈、每次集中研修的考核、以及组织微团队开展内部观课议课研修活动。每个组长各负其责，保证语文团队日常课堂实践研修正常、有序地开展工作。

二、团队建设策略

（一）制订教师培养计划

团队采取"准确定位，梯度培养 整体提升"的方式，为团队教师整体设计培养计划。根据教师教龄、专业素养的不同，在"头雁领航，群雁齐飞"的校本研修体系下，团队为教师准确定位三个层面，既省、市学科带头人及骨干教师定位为团队头雁，将成熟型教师定位为成雁，将教龄在 10 年以下青年教师定位为幼雁。

学校依据市区年度教学计划，以及学校实际情况确定了学校语文团队年度研修方向，又为不同层面的教师量身制定了三年发展目标，激发教师专业发展的自觉性。力求实现在向着成为更好自己的目标振翅高飞的过程中，幼雁的羽翼丰满逐渐晋升为成雁，成雁的综合能力不断提升逐步升级到微团队的头雁，而团队的头雁在引领导航的过程中冲破职业生涯的瓶颈期。

（二）构建多元研修形式

1. 自主阅读

教师阅读专业书籍是职业的需求，要贯穿整个职业阶段，因为毕竟胸中有丘壑，才能在课堂上挥洒自如，游刃有余。而一名教师的教育视野，应当大于专业需求，所以教师要广泛地阅读，建构起合理的知识结构以满足教育的需求。语文团队成员把自主阅读作为研修的首要任务。除了团队每月推荐的集体阅读篇目，每个微团队还要集体阅读一本教育类杂志。团队会利用每月集中研修的时间集体交流阅读收获，撰写阅读感悟。假期教师自由阅读喜欢的书籍，并把读后感悟录制成微视频，通过微信推送到学校公众号与大家分享。

2. 专家引领

团队依托校本研修的平台，努力为教师创造各种参加培训机会，提升教师的个体发展意识，扩大团队发展的共赢效应。作为市语文教研员于志强老师的基地学校，区语文教研员杨广荣老师的基点学校，我们凭借此优势，经常邀请两位教育专家及其带领的名师深入我校开展面向全校教师的讲座，为语文团队教师的课堂教学问诊把脉，为我们的研修活动引领方向。

3. 定向培训

团队根据不同层面教师的阶段成长需求，提供定向培训。针对幼雁层面教师我们经常邀请学科领头雁为他们进行培训，对成雁和头雁层面的教师，学校为其创造"走出去"，参加各种形式的培训学习，开阔视野，提升理念，并鼓励教师在教学中大胆尝试。

4. 主题研修

在 2014 年团队开展了第一次研修汇报，是以学校开展的"风采杯"每人一课教学展示汇报为平台，由青年教师执教《她是我的老师》一课，课后团队成员进行课后研讨。2015 年我带领语文团队围绕"低年级识字、写字教学的有效策略"这一专题进行研修，12

月在全校范围内进行汇报，常春雨老师执教《识字四（2）》一课，课后语文团队成员进行了主题讲座。

但我深知此时的研修还仅限于从研磨一节课的得失出发，缺少系统性和延续性。此时道里区小学语文工作坊的成立无疑是一场及时雨，它在区域和学校之间架起了一座桥梁，引领了我们校本研修的方向，更为我们提供了有力的专业支撑。后面我将详细阐述团队研修的具体过程。

5. 青年教师序列化培训

我们为新加入团队的优秀青年教师配上一位"导师"，导师为语文团队的领头雁或成雁。由"导师"与新成员共同制订培训计划，采取三级指导制度进行手把手跟踪指导。第一，指导教师随堂听课。指导教师主要从教学目标的制定是否合理、教学策略是否恰当，主要是指导青年教师尽快熟悉语文的各类课型。第二，青年教师每学期在导师的指导下，面向团队进行一节常态课展示。第三，推荐在研修过程中表现突出的青年教师参加区域内教研活动和教学比赛，在团队中树立良性竞争。

6. 分层展示以赛促研

每学期团队依托学校"风采杯"教学大赛，开展有梯度的课堂教学展示活动，从而促进各层面教师教学水平的提升。例如"领头雁"层面的引领课、成雁层面的推进课、幼雁层面的入门课。针对不同发展阶段的教师团队有不同的评价标准，展示过程中全体成员参与观课议课，真正达到以赛促研的目的。

在"风采杯"教学展示中脱颖而出的教师,团队推荐其参加区"创新杯"或市"烛光杯"课堂教学大赛,并由团队骨干教师组建参赛备课组,与参赛教师共同参与备课、磨课全过程,提升教师研磨教材的能力。

三、团队研修历程

几年间,学校语文团队沿着"聚焦共性问题→深化行动研究→及时总结提升"这条研修主线扎实开展着不同主题的研修。

(一)聚焦共性问题

团队的研修是以解决教师语文教学中存在的问题为出发点,所以我们的每一个主题研究都是从聚焦共性问题开始的。

1.教师需求

聚焦共性问题的第一条有效途径就是教师的自我需求。因为只有从教师需求出发的研修才是真正的研修,不是走过场赶时髦。团队要求教师及时记录自己教学实践中的经验和教训,反思成败的原因,提出自己的困惑。在团队集中研修时进行交流讨论,把一时无法解决的问题进行规律梳理。这样一方面提升了教师的自我反思能力,另一方面找准教师的共性问题。

比如,2018 年中、高年级面临着中途更换语文教材,新旧两个版本教材到底该怎样衔接的?面对大多数教师存在的困惑,我们团队展开了"统编教材与教科版教材各板块的比对与教学建议"的主题研修,这就是从教师真正的需求出发。

2.课堂评价

聚焦共性问题的第二条途径就是借助可量化的课堂评价表帮忙。学校在各类教学展评中都会依据《道里区小学幸福课堂评价标准》以及我校依据校情设计的《五度课堂评价标准》("五度"课堂,即"目标精准、过程精炼、效果精彩"的精度课堂;学生参与度广,知识拓展面宽的广度课堂；发展学生思维深度、提升能力素养的厚度课堂；引领学生学会应用转化，提升学习能力的效度课堂；"亲其师，信其道"的温度课堂。）及时对教师教学情况进行考核鉴定，及时发现教师课堂教学中存在的问题。

3. 专家问诊把脉

而每次市、区教研部门深入视导，教研员深入课堂的问诊把脉更是团队聚焦问题的有效途径。

我们正是通过教师需求、课堂评价、专家精准把脉三条有效的途径聚焦教师教学中存在的共性问题。每年我会依据市教研室布置的年度研修方向，区工作坊研修的重点，再针对团队聚焦的共性问题进行筛选，最后确定出语文团队年度研修主题。以下就是团队几年来研修的主题。选题的背景也正是我们梳理出的共性问题，针对这些共性问题团队展开教师需要的真研修。

表 4-1　群力实验小学语文团队六年研修主题

时间	研修主题	选题背景
2016.9－2017.6	聚焦课标　梳理教材 准确定位阅读教学课时目标	教师对各年段阅读教学目标不够清晰。
2017.9－2018.6	梳理教材　发现规律 准确定位习作教学目标	教师对同一类习作不同年段学生能力提升点不明确。
2018.10－2019.6	统编教材与教科版教材各板块比对与教学建议	两个版本教材如何进行知识衔接
2019.9－2020.6	深入研读统编教材 明晰不同年段教材编写意图	教师对统编教材各年段教材的特点比较模糊，甚至混淆。
2020.9－2021.6	依据统编教材年段编写特点 有效落实阅读教学课时目标	教师明确各年段教学重点后，希望能寻求具体的落实策略。
2020.9－2022.6	中华优秀传统文化融入 学校教育的实践研究	我校承担了省教育科研的规划课题《中华优秀传统文化融入学校教育的实践研究》，积极探求新时代中华传统文化新的教学模式，大力弘扬中华传统文化，探索优秀传统文化的教育新途径。

（二）深化行动研究

如果说第一步"聚焦共性问题"，确定了研修的主题是找准了研修的切入点，那么接下来"深化行动研究"环节就是研修的重要过程，是老师专业成长的主渠道。行动研究不是一蹴而就的，也是通过"专业引领，破冰思想""群策群力，预设方案""合作共研，初探方法""立足课堂，实践反思"这四个步骤有序推进的。

1. 专业引领，破冰思想

行动研究首先需要的就是专业的引领，为固有的思想破冰，为主题研修提供前沿的理论支撑，保证行动研修的广度和深度。学校积极为教师提供各级各类培训的机会，促进教师的自主发展意识。就语文学科学校就多次邀请了省、市、区各级教育专家来校进行专题讲座，学校为教师们创造"走出去"参加各种形式的培训学习。

团队借助市基点校的有利契机，多次邀请市、区教研员参加学校组织的校本观课议课活动，对教师进行面对面地点评和引领。疫情期间，学校还为团队教师购买网上学习资源，使大家实现了居家防疫停课不停研。

专家引领是一种专业的引领，同时教师的自主学习也是一种隐性的专业引领。团队教师积极开展自主阅读活动充盈自己的教育智慧。

2. 群策群力，预设方案

我们"专业引领 破冰思想"的方式是多元的，有了足够的理论积淀，接下来我们团队就开始群策群力精心设计最优化的课题实施方案，确保每一个主题研修顺利有序的开展。

表 4-2 "梳理教材 发现规律 准确定位习作教学目标"主题研修方案

研修主题	梳理教材 发现规律 准确定位习作教学目标
选题背景	教师对同一类习作不同年段学生能力提升点不明确
研修目的	梳理出教科版三至五学年每一类习作在不同年段要求的变化点，对学生能力培养的提升点，教师习作教学的训练点，探寻教材习作板块编写的体系。

续表

研修目的	成雁带队 分组梳理 按写景、状物、叙事、记人四类文体组建微团队,由语文团队中的成雁担任组长,带领近两年加入群实又有意愿参加语文团队的青年教师分组梳理。
研修流程	同类习作分册纵向梳理 ↓ 总结同类习作各学段要求 ↓ 纵向比对年段要求归纳知识提升点 ↓ 头雁示范 ↓ 成雁模仿带队实践 ↓ 分组进行课例实践 ↓ 反思调整

以上是我们进行作文主题研修时设计的研究方案。我们以"成雁带队,分组梳理"为研修形式,分为七个流程,有梯度、有层次开展活动,设计这样的研究方案,一方面是从研修需要出发,同时也蕴含着人文因素,就是希望点燃成熟型教师的工作热情,顺利度过职业的倦怠期和瓶颈期。

3. 合作共研,初探方法

团队成员群策群力下,形成了条理清晰的研修预案,为行动研究指明方向。接着团队教师积极开始合作共研,一起摸索解决问题的方法,在交流讨论、思考争辩中激发智慧,初步形成解决问题的策略或方法。

在几年的研修中无论是针对教科版教材还是统编教材,语文团队的主题研修始终围绕"梳理"二字展开。横向针对识字写字、阅读、习作不同知识板块进行梳理,纵向我们按照低、中、高三个不同年段进行梳理比对,发现知识间的内在联系,发现了教材安排的规律,我们还要共同研究在课堂中如何有效的落实方法。

比如在"聚焦课标,梳理教材,准确定位阅读教学课时目标"的主题研修中我们分别梳理出低、中、高三个年段不同的教学侧重点;在"统编教材与教科版教材比对与各领域教学建议"主题研修中，我们归纳出两套教材七个知识板块各自的补学情况，以及不同年级的补学建议。在"依据统编教材特点 有效落实阅读教学课时目标"的主题研修中以文言文朗读训练为例，我们梳理归纳发现三年级上册《司马光》一课，学生第一次接触文言文，教材要求学生要能跟着老师读正确，注意词句之间的停顿即可，所以教师要舍得花时间、花工夫做好范读指导。到三下依据课后题，我们看见朗读要求提升到"把课文读通顺和读好难读的句子"但仍然是在老师的帮助下。文言文朗读到了四年级要求也在进阶，要求在理解文章大意的基础上，把古文读流利，读好停顿；五年级朗读要求则提升到，学生能试着运用之前的方法，自主读好古文并读出古文的韵味。纵向梳理文言文朗读训练的要求，读正确、流利，并能背诵是一以贯之的要求，但每个年段都各有侧重点。教师只有准确把握这些年段特点才能更精准定位课时目标，选择正确的落实方法。

4. 立足课堂，实践反思

大家在围绕教材在一次次梳理、比对的研究整理中，对研修主题的认识从无序变得有序，从感性初步上升为理性，在"知"的层面上达成共识，初步探索到解决问题的方法。接着团队开始"立足课堂，实践反思"。为了促进教师参与的广度，减少"旁观者"的角色，团队内部按教师执教的年段分成微团队，进行课例研磨。在同课异构的过程中采用"三梯度研磨 一有序梳理"的方式，在一次次的课堂实践中，在一次次的反思重构里，大家完成了理论认知与教学实践的冲突与融合，最终进行专题型的提炼与整理，形成研修成果。

"一梯度研磨"就是教师独立备课，形成个人独立预案，然后团队共同研讨，确定团队第一梯度研磨预案，最后抽签确定第一次上课教师。

"二梯度研磨"的开始就是针对第一次研磨实践进行微团队议课，主要依据课堂中学生情况判断一梯度预案目标是否准确，策略运用是否恰当。团队内部进行反思重构形成团队二梯度研磨预案。仍然抽签上课进行"二梯度研磨"实践。同时我们也邀请了负责本学年的区教研员深入课堂问诊把脉。

"三梯度研磨"则是，各个微团队围绕教研员问诊课堂的情况，在整个语文团队内进集体议课，此时团队成员对研修主题的认识也由局部过渡到整体。微团队成员再次反思调整教学预设，形成"第三梯度研磨"预案，在整个团队内进行第三轮抽签的教学展示。

通过这样有层次有梯度的三轮课例研磨实践反思后，团队成员从初期"理论共识—课例实践—反思重构—专家指导—反思调整—研修成果"，适时对之前的理论共识进行重新调整梳理，最终形成本次主题研修的成果这就是"一有序梳理"的环节。

（三）及时总结提升

其实刚刚提到的"三梯度研磨　一有序梳理"的过程，就是观课议课、形成预案、教学实践、反思重构，不断循环往复的过程，是在不同的研修范围内对课例研修逐步深入螺旋上升的过程。"一有序梳理"也就是我们总结提升的开始。比如在准确定位习作教学目标的研修中，课堂实践之前，我们针对记事类习作，梳理出了教材知识体系。经过课堂实践后我们对之前归纳提炼的教学重点重新进行了调整。最后理清习作教学的呈现梯度。这就是我们的研修收获。

表4-3　三梯度研磨后的有序流程成果

	梳理教材后归纳提炼	课堂实践后归纳调整
三年级	把事情的起因、经过、结果写清楚。	把事情写清楚，结尾简单写出自己的感受即可。
四年级	尝试运用学到的细节描写把事情写生动。	尝试运用一两处细节描写，把事情写具体。写出自己的真情实感。
五年级	熟练运用细节描写把事情写具体生动。	熟练地运用细节描写把事情写具体生动，并运用夹叙夹议的方法表达自己的情感。

在一次次思维的碰撞中，大家梳理总结出定位不同年级，不同文体习作教学的重点，并运用到我们的教学实践中避免了教学的越位或不到位的现象，更避免了学生觉得习作难以达到老师要求从而丧失习作兴趣的尴尬。

语文团队正是沿着："聚焦共性问题→深化行动研究→及时总结提升"这条研修主线，扎实地完成了一个个主题研修。也取得了一些的成绩。

五、团队建设成果

（一）提高语文教学实效

团队研修活动中积累的"一招一式"终须要内化为教师的职业品格、专业修养和教学思想，最终呈现优质的课堂教学效果。群力实验小学努力实施着"生本教育"的理念，以学生发展为本，尊重生命的价值，努力构建生本课堂，让学生浸润其中，自主地学习，积极地参与，主动地探究，自由地放飞心智与心灵，最终实现语文素养的全面提升。语文团队教师的课堂教学，目前虽不能达到"生本课堂"的目标，但随着研修的不断深入，每位教师都会以三尺讲台为舞台，努力探索、不断实践、优化完善着自己心目中的生本课堂。

在学校各年级学生综合素质展评和单项能力测评中，我们欣喜地看到孩子们朗读、阅读、习作能力的不断提高。走出校园，在各级诵读大赛中，在各类征文比赛里都能看到群实孩子自信的笑脸。

（二）提升教师专业素养

富有实效的研修主题，多元的研修形式使团队教师对理念的理解、策略的把握、经验的总结及实践的能力都有了显著提高。几年间学校语文团队由 2014 年初见雏形的 9 位教师，到如今的 19 位教师，从最初只有 1 名市学科带头人，2 名区级骨干教师，到如今的 1 名省级骨干教师，2 名市学科带头人，3 名市级学科骨干教师，6 名区学科带头人骨干教师。

我代表哈尔滨市分别参加了全国"第十六届、第十七届小学优质课观摩评议会"，均获得一等奖的好成绩。曾代表我区参加了黑龙江教育杂志社举办的首届"同课异构"进校园活动。曾在"国培计划（2020）"——内蒙古自治区青年教师助力培训送教下乡项目中承担培训任务，为内蒙古自治区巴彦淖尔市青年教师送去两个讲座和一节文言文教学。在省教育厅举办的"省义务教学小学语文学科教师省级培训班"中进行教材比对的专题讲座。在省汉语拼音和识字教学研讨会进行《识字写字的教学策略》相关讲座，在市小学语文学科新教材教研网络培训中进行过《习作单元教材解读与教学建议》《教科版教科书与统编教科书比对与各领域教学建议》《阅读教学中的任务及学情分析》《教师如何进行课堂观察》四个专题讲座，均获得教师好评。

在 2019 年我带领学习语文团队参加了道里区举办的"优秀学科教研组"评比活动，被评为区"语文学科优秀教研组"。2021 年 5 月我带领的语文团队十位教师，在学校承办的市教育研究院小学教研部、艺体教研部、德育教研部联合组织开展"哈尔滨市教研基地学校校本研修展示活动"中以《群雁模式下的语文团队研修实践与探索》为主题，汇报了团队几年间成长的历程，获得市教育研究院各级领导的好评。

团队中宋艳辉、张卓玲、常春雨、郑祎苹几位教师，分别参加市"烛光杯"教学大赛，均获得特等奖，张卓玲老师为 2020 年市"烛光杯"线上线下融合课型教学大赛上引领课。

常春雨老师代表道里区分别参加市语文"四新"活动的课堂教学展示，以及市"青年教师课堂教学及专业技能展示"活动。

（三）发挥引领辐射作用

团队教师在各级各类的教研平台上，积极发挥着区域内的辐射引领作用，真正实现了"聚是一团火，散是满天星"。疫情期间，我和张卓玲、常春雨、乔英英老师为哈尔滨市云平台录制课程资源。

陌上花开慢慢赏，回首研修路，我们怀揣着对语文教育的热爱，一路幸福前行！梳理过往，我们总结成功与失败，一路扶持，一路守望，共同感受研途中一次次拔节的喜悦；共同感受研修途中最美的遇见！

B. 发挥雁阵优势　助力成雁突破瓶颈
——语文团队习作教学主题研修总结

2016 年末语文团队围绕"阅读教学课时目标有效确定"这一研修主题在全校范围内进行了汇报展示，团队中两位青年教师常春雨、张蕊分别为大家呈现了《初冬》《掌声》两节低、中年段的阅读教学课。课后团队成员不但能围绕教学实例交流各自的收获，而且能分年段归纳出准确定位课时目标的具体策略，为前一阶段团队的主题研修画上了圆满的句号。

一、教研引领 结合校情，确定年度研修主题

2017 年初市、区教研部门就把小学语文研修的重点聚焦在习作教学上，所以新学期团队第一次集体研修内容就是围绕习作教学确立年度研修主题。在研讨中，不同发展阶段的教师对习作教学有着不同的想法。大多数青年教师提出习作指导课是自己来不及深入研究的课型，但非常想去尝试一下，有一种跃跃欲试的感觉，而我们的成熟型教师则开诚布公地谈了习作教学是自己不太愿意展示的课型，一方面在语文教学中占比例不多，实践机会相对少，另一方面是很多学生对习作缺乏兴趣。

还记得当时李佳蓉老师说："虽然我有着二十几年的教学经验，在阅读教学方面可以说比较得心应手，但是习作教学哪个年段学生该具备什么能力自己不是很清楚，所以在各种公开课上一直回避习作课型。"

齐广贺老师也交流了自己存在的困惑："从教十多年来，我一直教授的是教科版教材，总是感觉教科版的习作教学，没有明显的知识体

系，同一篇习作可能出现在不同的年级中。学生三年级写的一件事，在四、五年级时，还写的是同一件事，毫无新意，渐渐学生失去写作的兴趣。而我们教师也觉得学生写的内容总是达不到我们的要求，教学的热情也有所降低。"

梳理归纳了团队教师针对习作教学提出的教学目标难定位、学生兴趣难激发、教学策略难选择等诸多问题，追根溯源还是教师没有整体把握教材，对每个年段习作教学的重点把握不准确。因此我确定了语文团队年度研修的主题为"梳理教材，明晰知识体系，准确定位习作教学目标"，并开始带领大家展开系列研修。

二、成雁带队，分组梳理 探寻教材编写体系

无论哪个版本的教材都是按单元主题进行编排的，每一个单元后面的习作练习，都是围绕单元主题展开的。习作教学有序列性，但这序列性往往隐藏在习作要求中，不是显性递进的过程，而是和学生阅读理解、写作意愿交织在一起的螺旋上升的模糊过程。所以我们研修的第一步就是按团队教师所教学的年级分成四个研修组，由成雁担任组长带领组员，按照写景、状物、叙事、记人四类文体分年段纵向梳理出教科版三至五学年每一类习作在不同年段要求的变化点，对学生能力培养的提升点，教师习作教学的训练点，探寻教材编写的体系。

接着小组再次分年段横向梳理出每册教材中每个单元的习作的要求，探寻一册教材几个习作之间存在哪些内在联系，注重全册习作教学的整体推进。

三、头雁示范，成雁实践 明晰习作知识体系

作为团队领衔人，在各组教材梳理接近尾声时，我在团队内部进行了状物类习作的教材梳理相关汇报。有了示范和引领，各小组的研修组

长明确了怎样把自己组内梳理的教材内容进行比对、筛选、提炼、总结，并能清晰有梯度地呈现出同一类习作在不同年段的教学侧重点。各组开始分头梳理写景、叙事、记人三类习作的知识体系。在期末最后一次集体研修中由各组组长进行了汇报，在交流互动中团队成员对教科版不同类型的习作各年段教学目标有了完整清晰地认识。为接下来习作教学课堂实践打下了基础。

　　例如针对记事类习作，团队梳理出的教材知识体系是：三年级把事情写清楚，结尾简单写出自己的感受即可。四年级要在三年级的基础上鼓励学生尝试加入一两处细节描写，但并不要求熟练运用，四年级另一个能力提升点是要写出自己的真情实感。五年级同样是写事的文章，篇目明显减少，要求学生熟练地运用之前学过的细节描写把事情写具体生动，并运用夹叙夹议的方法表达自己的情感。

四、课例研修，理论内化 指导习作课堂教学

　　团队成员利用假期在网上观看了优质习作课例，并在网络上针对习作课例教学目标定位是否准确、选择的策略是否符合学生年段特点等问

题展开了课后研讨。在交流互动中大家明晰了优质课例中折射出的教育思想及设计思路，逐步把前期梳理的理论知识内化成备课的能力，运用到教学实践中。

针对小学阶段记事类习作占总数的近40%，所以开学后团队成员确定了本学期围绕记事类习作展开课例研磨。选取了"童年故事"这个三至五年级都出现的习作主题进行教学展示。这样更能清晰地展现出同一个习作内容在各年段的教学重点什么有不同，习作要求又是怎样逐步提高的。

经过近两个月的分组研修，团队在教育集团范围内进行了汇报展示。第一节课是乔英英老师执教的三年级习作《快乐的童年》，依据三年级课程标准及学生年龄特点，教师将习作重点设定为把事情写清楚。而张蕊老师在执教的四年级《童年的回忆》一课，把教学重点确定为帮助学生拓宽选材范围，指导学生通过对人物动作、语言、心理、神态等细节描写把事情写具体。最后宋艳辉老师执教了五年级的习作《难忘的故事》，教师引导学生把之前学过的写作技巧运用到本次习作中，重点指导学生抓住不同人物在事件中情感的变化，达到写好"情节变化"这一教学难点。

三节课后分别由研修组长李佳蓉、张颖、张卓玲老师进行评课。接着团队教师围绕课例纵向剖析了3—5学年习作要求与学生习作能力提升的内在联系进行研讨。最后大家一致认为总体来看第二学段写事习作的要求就是落实习作方法，第三学段习作是培养学生综合运用习作知识，能夹叙夹议地写出自己的独特体验，同时关注他人的感受。

　　近一年的习作主题研修，有专业的引领，有团队的交流，有个人的思索，有理论的学习更有课堂的实践。多元的研修形式，使团队教师明晰了教材习作知识体系，潜移默化地加强了教师的目标意识，避免了习作训练越位、错位、不到位的现象，让我们的教学真正为学生语文素养的提升服务，宋艳辉和张蕊老师也在区语文学科"创新杯"教学大赛——习作专项教学中获得特等奖和一等奖的好成绩。

　　本次研修团队中成熟型教师（成雁）发挥了主要作用。作为组长要组织小组内青年教师梳理教材，进行课例研讨，和青年教师一起备课、磨课，还要负责小组的汇报展示。一系列的任务驱动，点燃了成熟型教师的工作热情，顺利度过了职业的倦怠期和瓶颈期，重燃了对语文研究的新希望，成雁朝着"头雁"的方向不断努力。

C.中华优秀传统文化融入学校教育的实践研究
——语文团队课题研修阶段总结

一、传承中华优秀传统文化，推进国学课题研究

2020 年 9 月，群力实验小学校有幸成为中国教育学会教育科研规划课题"中华国学经典课程实施的区域路径实践研究"的实验学校，并申请了子课题"中华优秀传统文化融入学校教育的实践研究"，这是黑龙江省教育学会 2020 年教育科研的规划课题。学校在语文团队采取自愿申报，择优录取的方式选拔了十位课题实验教师，我作为课题主持人完成、细化了课题立项申请书。

9 月 20 日黑龙江教育学会学术委员会正式下发课题立项证书，团队立即组织召开了课题的开题会，会上孙明校长宣读了课题立项书，多角

度剖析了申报此课题的意义和研究的目标，并向全体课题组成员提出殷切希望。孙校长希望大家充分利用省教育学会这一平台，以学校课题为依托，以学校为教育主阵地，积极探求新时代中华传统文化新的教学模式，大力弘扬中华传统文化，探索优秀传统文化的教育新途径。让学生切身感受中华民族的优秀文化，了解中国传统文化的内容及表现形式，激发学生的爱国情感，树立成为中华优秀文化继承者和传播者的信念。我们教师更要通过课题的深入研究，不断地汲取养分，加深自身的传统文化功底，真正成为有文化、有涵养的教师；课题组要形成浓厚的教科研气氛，要起到辐射带动作用，逐渐提升教师的理论研究水平，使大家成为学者型教师。

开题会上我从课题背景、国家的要求、课题的意义等多个方面陈述开题报告，并布置了一学期的研修计划。

通过开题会，课题组成员理清了研究思路，明确了研修方向，大家纷纷表示会借助课题研修的契机，把中国优秀传统文化与学校教育有机融合起来，深入思考如何以生为本，把国学知识融入平时的课堂教学中。

二、结合统编教材，融入国学思想，践行研修内容

课题组按照开学初的计划按时开展研修活动。9月－10月我们聚焦语文统编教材中的传统文化教学内容，因为统编教材采取"语文素养"和"人文精神"双线组元的方式编排，利用语文教学对学生进行中华优秀传统文化教育。因此我们开展了"结合统编教材，融入国学思想，践行研修内容"的主题研修，力求把中华优秀传统文化融入国家课程的教学

之中。

10月末课题组以学校"风采杯"为契机，启动了"每人一课"教学展示活动，每位课题组教师都选择了执教本年级的语文课本中关于传统文化的教学内容。

一年级教师佟玲、常春雨同时执教《江南》一课，却上出了不同的味道。第一次学习古诗文，佟老师让学生在老师的范读中初步体会古诗的停顿和韵律，在模仿中读出古诗的韵味。通过用手部的动作模仿小鱼向东、南、西、北四个方向游动，感悟鱼戏莲叶间的快乐。

常老师结合多种识字方法，引导学生读准字音，读通诗句；并把诗文与插图巧妙结合，学生看着插图，想象画面吟诵古诗，愉悦之情油然而生。

虽然方法不同，两位老师却都让学生在读中感受到中华古诗文的韵律美和画面美。

二年级教师魏艳杰在《我要的是葫芦》一课的教学中，引导学生体会中国寓言故事短小精悍意义深远的文体特点。

杨玉琢老师在《登鹳雀楼》一课中，结合年段特点，借助插图引导学生展开想象，理解诗句的意思。

左楠、郑祎苹两位老师，在执教三年级《古诗三首》过程中注重新旧知识的衔接，引领学生运用之前学过的借助注释、结合插图想象画面，以及本节课新学习的抓住关键词语的方法理解古诗意思。让学生逐步感受古诗用词的精妙之处。进一步体会古诗文魅力。

四年级教师朱东敏在《暮江吟》一课的教学中，引导学生体会诗歌的意境和作者抒发的情感，感受古诗中的一花一鸟皆有情的特点。

黄家政老师执教《千字文》节选，使学生了解相关历史故事，了解古人对"孝"的理解和做法，引导学生效仿古人，立德修身。

五年级张卓玲老师执教的民间故事《猎人海力布》一课，引导学生在复述故事过程中感受中国民间故事是口耳相传的经典，是老百姓智慧的结晶。

张颖老师在《少年中国说》一课的教学中，引导学生观察作者的写作特点，再以补充填空的形式指导背诵，激发了学生学习古文的兴趣，提升了背诵的效率，潜移默化地引领学生积累语言，学习方法。

展示课后，课题组在 11 月份的集中研修过程中召开了总结会，大家针对自己的课堂教学进行了反思，同时谈了自己观课后的感悟。十位教师，把散布在教材中的中华优秀传统文化拾掇起来，呈现了十节语文素养与人文精神交相辉映的锦绣课堂，潜移默化、润物无声地培育着学生的社会主义核心价值观，提升着学生的语言实践能力。

三、且等梅风吹雪，静待春枝花俏

我们不但承担着学校的课题研究，同时还是"中华国学经典课程实施的区域路径实践研究"这一国家课题的实验学校，所以从 10 月开始，团队教师每周都要根据国家课题组下发的国学经典读本执教一节国学课。11 月末团队按照计划开展了国学读本"预约课"的教学展示活动。

常春雨老师执教了一年级国学读本中的《杂诗》。一年级的学生年龄较小，课堂上主要以吟诵为主，常老师引导学生利用课本中的"我来帮你读"和"你也可以这样读"两个资源，帮助学生理解古诗的意思，并结合学生的生活实际感受时间的宝贵，要珍惜时间。常老师还针对学生年龄特点设计"闯关游戏"，激发了学生学习的热情。

佟玲老师在执教《敕勒歌》时，考虑到一年级学生的年龄特点，课上引导学生结合教师提供的视频和音乐，展开想象，在反复诵读、吟唱中领略了大自然赋予人间如诗如画的美景。

杨玉琢老师给大家带来了《诗词品读》。杨老师以生动的形式、通俗的语言让大家明白"品读"不是"朗读"，而是读懂古人思想的一种方式。汉字有它独有的韵律美，品读，不仅让这种汉语言之美发挥得淋漓尽致，也让学习它的人陶醉其中，充分享受古诗文的魅力。杨老师在介绍国学知识的同时，穿插进各种古诗文诵读的示范，让学生们深受感染并进一步去思考如何将我们优秀的传统文化进行传承。

魏艳杰老师在课堂上，应了白居易的经典名句"楼阁宜佳客，江山入好诗。"她将汉字深读《亭台楼阁》演绎得活灵活现。从陆游的《登拟岘台》，到王勃的《临高台》，再到杜甫的《登岳阳楼》，"亭台楼阁"皆可在。

左楠老师在讲解《咏华山》一课中，不仅考虑到了三年级孩子的学段目标和认知水平，还与三年级部编版教材的单元教学目标相融合。在多种形式的朗读中感悟华山的挺拔、雄伟、高耸的特点。学生在新旧知识的勾连中，轻松地将这首《咏华山》背诵出来，并把华山"谁将倚天剑，削出倚天峰"的气派拿捏得恰到好处！

郑祎苹老师执教的《笠翁对韵》一课，引导学生运用唱和读、拍手读、配乐读等多种形式朗读韵文，进而达到熟读成诵的目的。在课堂中郑老师还穿插了毛笔、春联等传统文化的讲授，拓展了学生的文化素养。

朱东敏老师为学生们带来《出塞其一》。这首诗虽然只有短短四行，却表达了诗人盼望国泰民安，期盼国有良将的急迫心情。朱老师创设情境，引领学生结合插图，借助注释，展开想象，穿越时空的界限，切身体会战士和家人的复杂心情，认识到战争的残酷性，发出了"不教胡马度阴山"的誓言，课堂上洋溢着浓浓的爱国激情。

黄家政老师给同学们带来的是汉字深读《笔墨纸砚》一课。课上老师介绍了笔墨纸砚的产生、发展，并让同学亲手研磨松烟墨块锭，闻着墨香，

感受着中华传统文化的魅力。黄老师还给大家带来了造纸术发展变化的视频，使学生在了解古代书画工具历史的同时，对书法艺术产生兴趣。

张卓玲老师执教的《天净沙·秋思》一课，抓住"秋思"的这一主题，让学生围绕词语、句子进行品读和赏析，最终通过朗读还原了这幅"深秋晚景图"。课上老师采用"学生自己用语言描绘诗歌"的方式，既加深学生对曲中内容的理解，又巩固学生对这首元曲的记忆，还让学生的思维与情感动起来，真正做到了入情入境。张老师的讲解音韵铿锵，直贯内心。将一个飘零天涯的游子在秋天思念故乡、倦于漂泊的凄苦愁楚之情展现得淋漓尽致。

张颖老师的故事新读《买椟还珠》一课，引导学生借助教材中学习文言文的方法展开自主学习。在读通句子、读好停顿、读懂故事、感悟道理的过程中，掌握学习文言文的方法。在合作学习中克服学习障碍，产生对文言文学习的兴趣。

教学展示后，课题组成员召开了总结会，交流了各自授课和听课后的感受，并围绕"国学课题承载的任务是什么？"这一问题展开研讨。讨论中团队教师进一步明确了国学是中国传统文化的典范，集百家之长融会贯通，它用最质朴而又最充满智慧的语言讲述了一个又一个故事，阐明一个又一个真理。国学课堂中，老师要教会孩子们怎样学习："温故而知新，可以为师矣"；教会孩子们怎样做人："富贵不能淫，威武不能屈，贫贱不能移"；教会孩子们怎样处事："巧言乱德，小不忍则乱大谋"……

四、看群实小雁赛场齐飞，争做国学传承者

从 11 月中旬开始，课题组的教师们就如火如荼地准备带领学生参加省国学学会举办的"第三届中华国学经典古诗文知识问答"比赛，并做

好了前期的准备。

赛前每位课题组老师提前下载好答题软件为学生们统一网络报名，组织学生每日进行热身训练，带领学生进行综合复习巩固，为了学生更好熟悉题型及操作流程，教师和学生共同参与网上模拟答题。在老师的精心指导之下，每一个课题实验班级的学生都热情饱满、信心十足地参加本次知识问答活动。甚至有的孩子在比赛之后仍意犹未尽，第二天一早就与老师和同学交流自己在答题中的得失。可见每一个群实小雁对于学习中华优秀传统文化都有着浓厚的兴趣。通过本次知识问答活动，教师们深刻体会到，我们不但要挖掘国家课程里中华优秀传统文化的要素，提升学生的文化自信、民族自信，培养学生的民族精神，还可以依托学校的各种教育教学实践活动，引导学生思考、领悟和汲取蕴含优秀传统文化中的民族精神和民族智慧。

五、吟诵千古诗韵，传承华夏经典

进入 12 月份，课题组以"吟诵千古诗韵，传承华夏经典"为主题，召开了学生的汇报展示活动。教师依据本班学生一学期以来积累和诵读的传统文化诗文为题材，编排策划了班级的诵读展示节目，并录制成视频，通过网络在课题组内进行汇报，为本学期的国学课题研修画上了圆满的句号。经过团队老师的精心排练和指导，孩子们用独诵、合诵、配乐诵、古诗新唱、歌舞诵读等多种形式为大家呈现了一场精神盛宴。

一年二班的诵读展示围绕"月"为主题分为两部分展开。第一篇"望月遐想"。随着委婉动听的音乐，孩子们翩翩起舞，亦歌亦舞，亦诗亦

画。第二篇"望月励志"。把自己对祖国的热爱融入诵读中，表达了自己励志报国的理想。

一年六班的小同学们通过学习《弟子规》、诵读《弟子规》，感悟《弟子规》，践行《弟子规》，努力成为更好的自己。

二年七班同学在铮铮铁骨的韵律伴奏下，充满豪情壮志的吟诵"怒发冲冠，凭阑处、潇潇雨歇……"京腔吟唱，让人仿佛置身于南宋那个抗金杀敌的年代。

二年十四班群实小雁的诵读时而如洪钟铿锵有力，时而如和风细雨轻柔绵长，精彩的诵读奏响了中华民族传统文化的和谐旋律。

"天对地，雨对风，大陆对长空……"三年十班的女生温柔地吟诵着《笠翁对韵》。

三年十一班的孩子用自己的行动演绎出舞台剧《司马光》，体会司马光冷静、机智、勇敢的美好品质。

四年十班的学生用自己或慷慨、或激昂、或忧愁、或感伤的吟诵，表达出对边塞诗的理解，道出了千古边塞的变迁。

五年六班开展了"我与经典同行——古诗文诵读"的活动。唱古诗，为古诗谱曲，把诗变成歌，真正实现经典咏流传的愿望。

一首曹操的《观沧海》拉开了五年十二班古诗词诵读展示的序幕，

接着孩子们声情并茂地吟诵着《山居秋暝》《枫桥夜泊》《长相思》《渔歌子》诗词连诵，不拘一格地演绎出中国古典诗词的深刻内涵。

雅言传承文明，经典浸润人生。群实国学团队的教师们在总结会上各抒己见，但却有一个共识，一切课题的研修最终目的就是提升孩子的综合素养！但学生的展示并不能代替教师研修的过程、研修的深度、研究的反思。我们团队将利用假期时间，完成自主研修的内容，并定期开展集中研修，制定下学期的课题推进方案，不断思考中华优秀传统文化与学校教育有效融合的途径和方法。

传统文化的课题研究任重道远，充满挑战。但我们坚信，有专家的引领，有领导的支持，还有我们这支团结协作、拼搏创新的研修团队，我们的课题研究工作一定能更上一层楼，取得丰硕的成果！

冬已至，且等梅风吹雪，静待春枝花俏。群力实验小学国学课堂题组的教师将笃行致远，砥砺前行！

D. 聚焦语文统编教材　提升教师专业素养
——统编教材系列研修活动总结

　　2019 年秋季，全国小学各年级将全部使用教育部统一编写的语文教材，这套统编教材对于师生来说都是陌生的、全新的。特别是对于中高年级师生来说，还要面临中途更换教材的情况，所以尽快使广大教师了解统编新教材的编写特点，为两个版本教材的过渡衔接做好准备，是语文团队 2018 年研修的重点。同时教材全新的编写理念，无论是对从教多年的骨干教师，还是刚刚入职的新老师都是一种未知的挑战，让所有教师站在了同一起跑线上，并肩前行！

一、专家引领，开启新教材研修之路

　　为了让教师有更多接触、学习统编新教材的机会，学校多方面挖掘学习培训的资源。早在 2017 年末，借助道里区语文工作坊研修活动在我校开展的契机，我校语文团队成员聆听了工作坊导师——区语文教研员杨广荣老师关于新教材的讲座。这次讲座是我们第一次近距离接触统编新教材，初步了解教材的编写 理念和编写意图，明确了新教材人文主题与语文要素 "双线并行" 的知识体系。

作为杨广荣老师的教研基点学校，在 2018 年 9 月我们有幸邀请她来校，以一年级教材为重点进行了新教材的专题讲座。在这次培训中我们系统了解了统编教材在内容上的调整与增减，清晰了教材的框架结构，明晰了部编教材"人文主题"和"语文素养"的双线是如何体现和分布的，感受到了新教材图文并茂、色彩明丽及明显的传统文化的元素。

小语专委会理事长陈先云老师强调，要想用好统编新教材，教师一定要加强六个意识，既：国家意识、目标意识、文体意识、读书意识、主体意识、科研意识。为了让学校教师深入理解这"六个意识"的重要性，我校特邀黑龙江省教育学院语文教育研培部小学语文教研室杨修宝主任，进行了《强化文体意识，提升语文素养》的专题讲座。讲座中，杨主任从"文体意识的慎思明辨"、"强化文体意识的教学策略"两

大方面为教师阐述了为什么语文教学要树立文体意识。他通过一个个真实的教学实例，为大家呈现出脱离了文体意识的语文课堂会出现哪些弊病；带领大家明确了什么是文体意识；明确了文体有别、教法各异，我们应该将不同文体整合学习，关注文章结构模式、表达方式，由"一篇"推演至"一类"，逐渐形成体系，触类旁通地进行教学。培训中杨主任还以诗歌《繁星》一课为例组织了一次模拟情境的集体备课，在实践中我们明晰了，想备好一课，要从单元导读入手明确这一单元的语文要素，还要从课后习题以及语文园地中的交流平台来确定单元教学重点。

杨主任的讲座，无疑是一场及时雨，他引领着我们初步了解了统编新教材确定及落实课时目标的具体方法：首先从单元导读确定单元整体语文要素，其次从交流平台中了解落实语文要素的几个具体策略，最后从课后

习题或者课文导语入手，具体细化在一篇课文如何落实语文要素。

二、自主研修，做好新旧教材过渡衔接

专家引领之后，团队开展了对统编新教材的自主研修。团队通过网络先后聆听、学习了语文教材总主编温儒敏教授的《统编版教材的七个创新点》，陈先云教授的《用好统编小学语文教材的若干建议》，以及李学红老师的《统编版教科书策略单元编排特点及教学建议》，郑宇老师的《统编小学语文二年级上教材介绍》，徐轶老师的关于《统编小学语文四至六年级教科书编排思路与教学建议》……专家们的讲座，既有高屋建瓴的理念引领，又有深入浅出的案例分析，还有具体生动的视频展示，全方位、多角度地为教师展现了统编语文教材与教法。

在深入学习新教材的过程中，我有幸参与人民教育出版社教材比对衔接课题研究组牵头组织的国家课题。这项课题由省教育学院语文教研专家引领，区语文教研员杨广荣老师带领八名区骨干教师，将教科版教材和统编教材进行了细致比对，撰写了《统编教材与教科版教材的比对研究成果》这份近十万字的研究报告，为黑龙江省使用教科版教材的老师们在教材的过渡与衔接上做出了引领。我负责研究报告中"比对研究概述"和"教材习作板块比对及教学建议"两部分的撰写工作。

在 2018 年的自主学习过程中，低年级的老师感觉自己比较幸运，可以使用教材，边学边实践。但对于三到五年级教师来说困难就比较大，因为这部分教师还要继续使用旧教材，如何在使用旧教材过程中体现新的教育思想是大家亟待解决的问题。

团队以三年级《那只松鼠》为例开展了课例研修。这篇课文依据教科版教材特点，制定的教学目标应该是：1. 自主学习生字，理解"蹑手蹑脚、逃之夭夭、俘虏"等词语的意思。 2. 正确、流利、有感情地朗读课文，抓文中关键词句感受松鼠的活泼伶俐、可爱至极。3 在理解课文内容的基础上，

体会父女热爱自然、关爱动物的美好心灵，学会尊重生命。

而这个目标的制订更多的是关注内容的理解，以及体会人物情感的变化。透过新教材的一系列相关培训和学习，我们知道要制订课时目标，就必须先找到这篇课文在新教材体系下所承载的培养目标。我们翻阅了统编新教材三年级各单元的语文要素，对应后确定了三年级要完成的一系列语文要素中与本课相关的有：试着一边读一边想象画面,体会优美生动的语句，运用多种方法理解难懂的句子。

找到了新旧教材的衔接点，我们重新制订了本节课的教学目标：1.利用字形特点联系生活实际区分"窜"和"蹿"的读音和意义。2.运用多种方法理解难懂的句子"但是我突然看到了两道极其古怪的目光：像是绝望，像是抗拒，像是乞求……"3.试着一边读一边想象捕捉松鼠的画面，丰富学生的想象，提升学生的表达能力。

知道了教什么，那么怎么教呢？使用新教材进行教学所秉承的主旨思想就是去掉琐碎的问题分析，紧抓课后题设计一个"提领而顿、百毛皆顺"的问题。所以根据课后题我们设计了"作者说松鼠是小精灵，我们可以从文章哪些地方体会到？"这样一个统领全篇的问题，从而引导学生关注作者对松鼠生动描写的句子，运用联系上下文、结合生活实际、展开想象等多种方法体会句子的含义，培养学生理解句子的能力。

研修中我们知道了"教什么"以及"怎么教"，之后大家在各自的课堂中进行教学实践，三轮试教、修改，我们寻找着运用新教学思想执教旧教材的方法。最后在教研员严格把关后，团队借助学校"同课异构"总结展示的平台，在全校范围内进行汇报，为全校教师在旧教材实施的最后一年，充分做好新旧教材该如何做好过渡的引领示范。

三、深入研读，明晰各年段编写特点

随着语文统编教材的全面使用，学校语文团队的研修也向纵深发展，

2019年9月团队确立了"深入研读统编教材，明晰各年段编写特点"这一新的研修主题。团队教师经过近三个月的学习、梳理和总结，形成了研修收获，11月末学校举行了"教师语文专业技能系列培训——暨语文团队研修汇报"的活动，学校班主任教师全员参加此次培训。学校进行此次系列培训，不仅是为了全校教师能更好地迎接区语文教师专业技能考核，更要以此次培训为契机，使教师能更为准确深入地把握统编版教材每册书的编写特点和创新点，进而优化自己的教育教学。

第一阶段培训活动中，我作为团队领衔人先向大家介绍了本次培训活动的意义，布置了接下来一个月系列培训的具体内容和反馈方式。接着由齐广贺老师从"调、减、增、融"四个方面和大家交流了一年级统编教材编写的创新点并对各板块的教学提出了合理建议。然后由王坤老师与大家交流统编三年级教材与低年级相比有哪些变化点，与教科版教材比对又有哪些创新点，对单元导语、特殊单元、交流平台等新增内容该如何教学又提出了具体措施。最后由乔英英老师从"选文的广度深度及编排特点、强化整体凸显学生的阶段发展、关注不同文本的表达方式和效果"等方面，介绍了统编五年级教材的创新点，以及教师教学的侧重点。

通过第一阶段的培训，我校教师对统编版教材各年段的编排特点，以及纵向的结构变化有了更清晰的认识。在接下来的培训中，团队的教师将对不同课型的教学策略进行解析。

第二阶段的培训活动，团队成员主要为大家解读统编教材拼音教学和识字教学两个板块。

李佳蓉老师先从拼音教学板块位置的调整和主题图的变化两方面介绍了统编教材拼音教学编排的理念。接着李老师重点梳理了拼音教学的七方面内容（即：字母、情境图、音节、词语、儿歌、识字及拼音书写）各自所承载的任务及教学侧重点。李老师重点介绍了该如何利用主题图引导学生识记字母的音形，培养学生的观察能力及口语表达能力，体现统编教材的融合性。

最后李老师以《zcs》一课为例，带领大家一起梳理提炼拼音教学的具体策略，让我们的拼音教学简洁高效！

接着魏艳杰老师为大家梳理总结了九种识记汉字的方法，并以统编教材《项链》一课的生字为例解读了每种识字方法的优势。培训中教师进一步明确同一个汉字可以运用多种方法识记，只要学生选择适合自己的方法就可以。

第三阶段的培训活动由吴鉴老师从习作单元的"单元结构、各部分所承载的任务、各版块之间的关系以及教学过程中要注意的问题"这四方面进行了教材解析。吴老师的讲解细致，层次分明，使各位教师了解了习作单元的特点，进一步明确了统编教材习作单元安排的目的，树立了整体构建习作单元教学环节的意识。接着朱冬敏老师以《语文课程标准》对学生阅读能力的要求为依据，与大家交流了统编教材从三年级开始，有目的、有梯度地编排了阅读策略单元的意义；分析了策略单元的结构体例、与普通阅读单元编排的相同点和不同点；针对三年级阅读策略单元整体进行了教材解析和教学预设，让教师感受到阅读策略单元的教学要让学生经历从认知、尝试、拓展到应用，从而形成能力的过程。

第四阶段活动，语文团队两位教师分别针对四年级的阅读策略单元，以及统编教材不同年段的文言文教学特点进行了解读。

首先，蒋冰冰老师针对四年级"提问"这一阅读策略单元的教学目标、单元结构和所承载的任务，以及在教学中需要注意的一些问题与老师们进行了交流；又以《蝙蝠和雷达》一课为例，与大家分享了自己如何设定教学目标、教学流程以及每一步的设计意图。接着张颖老师以统编教材为什么将文言文前置到三年级为切入点与大家展开交流。张老师以《司马光》一课为例文，讲解了文言文如何围绕课后题确定教学目标，进行教学预设。通过张老师的解读，大家明确了学生接触文言文，教师要以激发兴趣为主，不能随意提高难度，要求学生逐字逐句地解释文意；文言文教学我们也要围绕单元语文要素进行教学，不能脱离单元。

　　群实学校语文团队在围绕统编新教材的系列研修中通过专业引领、自主学习、同伴互助等多种形式展开了学习研修，提升了自己的专业素养，同时团队骨干教师又借助学校校本培训的平台，将自己的研修收获与全校教师进行分享，为学校语文教师专业发展助力。在未来的日子里，相信我们群力实验的每一位教师，都会做统编教材的学习者和研究者，让孩子在语文课堂中感受到语言文字的"瑰丽多姿"！

E. 依据统编教材特点 有效落实低年级阅读教学课时目标
——语文团队校本研修阶段汇报活动纪实

■ 【活动背景】

从 2018 年哈尔滨市开始逐步使用语文统编教材后，学校的语文团队就开始围绕统编教材展开了一系列的主题研修活动。在市、区语文教研员的引领下，我们首先就针对"新旧教材各版块之间的知识衔接"进行深入研究，接着又针对统编教材新增的"习作单元"和"阅读策略单元"，先后展开了"教学认知与实践策略"的主题研修。

2020 年 9 月学校语文团队把研修重点落在了"依据统编教材特点有效落实低年级阅读教学课时目标"这一主题上。经过两个多月的自主研修及团队的集中研修，大家对"统编教材如何有效落实低年段阅读教学课时目标"有了自己的理解，而且在学校组织的"风采杯"课堂教学展评活动中，大家把研修所得落实到课堂教学实践中。

11 月 18 日下午，群力实验小学校在二楼报告厅召开了以"依据统编教材特点，有效落实低年级阅读教学课时目标"为主题的语文团队校本研修阶段总结会，我校全体班主任教师以及群力实验第二小学校的领导和老师参加了研修活动。作为市语文教研员于志强老师的基地学校，以及区语文教研员杨广荣老师的基点学校，两位教研员亲临现场参与活动全过程，为我校的语文校本研修指明方向。

　　活动开始由语文团队青年教师王玉婷，执教一年级阅读课《四季》，本课是从我校"风采杯"教学展评42节语文课中脱颖而出的一节成功课例，在本次汇报活动之前，区语文教评员杨广荣老师又为本节课严格把关。

当天课后我带领学校语文团队九位骨干教师，进行课后反思研讨。教师们以王老师的课堂为依托，围绕"抓住特点，因字施教，运用多种方法识记汉字""观察比较，发现规律，有效指导学生书写汉字""启发引导，读中品味，积累运用丰富语言经验""联系生活，展开想象，多种形式朗读激发兴趣"这四个具体落实低年级阅读教学课时目标的方法，结合近三个月来团队研修所得，以及区教研员杨广荣老师多次专业指导后自

己的收获，交流了心得体会，提出了存在的困惑。

团队汇报后，市教研员于志强老师对此次活动进行了点评，为我校下一步语文研修工作指明了方向。于老师首先肯定我校研修活动主题定位清晰，研修有深度，有实效，同时希望团队成员要及时在教育教学实践中固化研修的成果及策略，真正实现校本研修的目的。接着，于老师以课例为依托剖析了低年段阅读教学中应注意的问题，还针对我校教师在使用统编版教材后存在的一些困惑进行现场答疑。最后，于老师针对统编教材低年级没有单元导语，所以语文要素提示不明显这一特点进行了《依据统编教材特点　准确把握低年级语文要素》的主题讲座，并为老师们提供了许多学习资料。于老师的讲座高屋建瓴，风趣生动，启示深刻。

▪ 【活动现场】

《四季》教学实录

▪ 【教学目标】

1. 认识三个新的偏旁部首折文、言字旁、虫子旁。识记生字"冬、夏、说、蛙"。

2.运用多种识字方法识记本课生字。

3.抓住汉字的主笔和关键笔画指导书写 "四" 字。

4.采用多种形式朗读课文，指导学生读好儿歌，在反复读文的基础上进一步理解并积累像 "草芽尖尖"、"荷叶圆圆"、"谷穗弯弯" 这样的词语。进而感受四季之美。仿照课文说说自己喜欢的季节。

- **【教学过程】**

一、谈话导入，感受四季

师：孩子们,这两天天气变化有点快,从凉爽变得有点冷了,你们知道,我们正在经历什么季节吗?

生：秋天。

师：看，秋天很美，色彩多鲜艳。秋天过后，天气会更冷，那又是什么季节呢？（冬天）

师：想一想，在秋、冬之前。我们还经历两个季节——春、夏。黑板上的这四个字你认识吗？读读。

生：春、夏、秋、冬。

师：对，这就是一年四季。今天我们就来学习一首儿歌《四季》。

二、板书课题，学写 "四" 字

师："四" 是我们今天要学写的生字，还认识这个字吗？

生：田。

师：仔细看，这两个字还有点像。那大家还记得 "田" 字书写时要注意什么吗？

生：……

师：说得太好了，带着这些写字的要领，请同学们看老师来写 "四"。写好这个字要按照先外后内的书写规律，先写口字框。注意，首笔也就是第一笔很重要。在田字格的左半格，竖中线左侧，倾斜写竖，横折内收，第三笔撇穿过横中线，下一笔竖弯的收笔恰好收在横中线上，左右要书写匀称，最后一笔封口。看清楚了吗？现在请你认认真真地像老师这样写这个字，打开书61页，描一个写一个。

生：书写→点评→修改

师：看到了吗？按照同学所说的，老师修改后的这个字变得更美了。请你也试着仔细观察自己所写的汉字，找找还能进步的地方修改一下，在后面的田字格里，再写一个吧。

三、课文朗读，随文识字

师：好，我们快来看看书中怎么介绍四季的。这么长的儿歌，你们是想让我读给你们听，还是自己读？

师：范读

生：自由读。

四、课文学习，感受春季

师：下面让我们一起走进美丽的春天，去欣赏欣赏。(多媒体课件呈现课文第1小节的插图和文字)谁能说说你都看到了什么？

生：……

师：这是小草刚钻出地面的样子，再仔细看这是其中的一棵，有什么特点呢？

生：上面小，下面大。

师：图中是尖尖的草芽，课文中说草芽尖尖。看，谁来了？他们在做什么？

生：小鸟与小草在说话。

师：老师要教你们一个新知识，"说"这个字左边的部分，叫做这个字的偏旁。这是言字旁。它可了不起了，可以表示这个字的意思，带有这个偏旁的字你还见过吗？

生：举例说出"讲""请""语"等字。

师：看，凡是带有言字旁的字大多数都和说话有关。一起再来认认这些字吧？了不起，不仅认识了"说"字，还认识了带有言字旁的这么多字。

师：小草为什么说自己是春天？

生1：因为春天小草会发芽。

生2：因为人们看到小草绿了就知道春天到了。

师：你们说得真好！草芽多高兴、多自豪呀！自己读读课文，把草芽高兴、自豪的感觉试着读出来。(学生练习朗读)

师：谁来读一读？

生：练读→指名读→点评

师：听了小朋友们的朗读，我真想变成一株可爱的草芽，你们想吗？让我们一起边表演边读，愿意表演的同学起立。(学生兴致勃勃地扮草芽和老师一起表演)

师：下面老师给你们配乐，你们自己表演，看哪株草芽最高兴、最得意！

五、课文学习，感受夏季

师：经历了春天，接下来，一起走进夏天。（看图）

师：前面说春天草芽尖尖，这是什么样的荷叶呢？

生：圆圆的荷叶，就是荷叶圆圆。

师：图上还有它呢。

生：青蛙。

师：青蛙的"蛙"字里有老师刚刚教你的新知识，这部分叫这个字的偏旁。之前我们学习过虫字，虫字在这做偏旁，叫做虫字旁。这个字不难，之前我们接触过，小青蛙说话，呱呱呱，相信你们今天学习过后，再遇到这个词会特别亲切。

师：这部分中，还藏着一个汉字"夏"，这个字中它的偏旁比较难，叫折文，仔细看黑板上还有一个字也有这个偏旁。

生：是冬天的"冬"。

师：认识了这部分有难度的汉字，请你再来读一读课文，还用练吗？

生：没问题，不用练习。

师：温馨提示，语气开心，别读得太快。

六、课文学习，感受秋、冬

师：同学们，秋天就在我们身边，图上有什么啊？

生：有粮食。

师：说的对，孩子们这是丰收的谷穗，你看他们身子都是弯弯的，就像我们鞠着躬在问好，多有礼貌啊，多诚恳。带着动作把这部分读读。（学生展示朗读）

师：播放课件：冬天的雪景和小朋友打雪仗、堆雪人的画面。（板贴"雪人"）这一小节中，这个字不好读，是个多音字。出示短语"顽皮地说"，通过比较朗读，让学生感受轻声"地"的朗读。

师：请你借助板书，我们按照春夏秋冬的顺序，边做动作边背诵课文。

七、想象说话，创作新诗

师：儿歌大家都能背下来了太厉害了。你们发现了吗？第一、二小节是谁对谁说，而第三、四小结是什么怎么样地说。看老师准备了两幅图画，请你仔细观察，也像小诗人一样，说说画面的内容，自编新诗。

生：自创小诗歌。

【执教者 哈尔滨市群力实验小学校 王玉婷】

- 【课后研讨】

　　许蓓：各位领导、老师大家好！刚刚我们观摩了语文团队青年教师王玉婷老师执教的一年级阅读课《四季》。接下来由团队的九位教师代表结合这节课例，汇报本学期我们团队在"依据统编教材特点，有效落实低年级阅读教学课时目标"这一主题研修中的收获。先由王玉婷老师谈谈自己在本节课中是如何落实课时目标。

　　王玉婷：好的，作为授课教师我就先来说说自己设计本课教学中力求体现的理念。其实在许蓓主任的带领下，我们语文团队早在两年前就已经开始了关于统编语文教材的各类主题研修。教师们已经能都结合学习语文课程标准中各自的年段目标，以及统编教材的单元语文要素和每篇课文的教学目标，比较准确地定位每一节阅读课的课时目标。本学期我们又针对"有效落实每一节阅读课课时目标的具体方法"开展了积极探索。结合刚刚执教的这节课，我来汇报团队归纳的"有效落实低年级阅读教学课时目标的具体方法"。

　　一、抓住特点，因字施教，运用多种方法识记汉字。

　　二、观察比较，发现规律，有效指导学生书写汉字。

　　三、启发引导，读中品味，积累运用丰富语言经验。

　　四、联系生活，展开想象，多种形式朗读激发兴趣。

　　许蓓：感谢王老师与我们分享了学年研修中总结出的如何有效落实低年级阅读教学课时目标的好办法。下面请大家围绕这四方面结合《四季》一课谈谈自己的体会吧。

　　李媛：作为一年级的语文备课组长，我想围绕着"抓住特点，因字施教运用多种方法识记汉字"这个落实课时目标的途径谈谈自己的收获。大家都清楚，确定一节阅读教学的课时目标一定是依据课程标准中的年段目标，以及单元目标和本课的教学目标，三者合一进行考虑。而且统编教材识字教学方面进行了重大调整，以前教科版教材的阅读教学是将所有要认识的生字，放到理解课文之前统一进行识记。而统编教材则采取随文识字的方法，分散了识字教学的难度。从王老师的课堂中我们能清晰地看到，她运用巧妙的方法带领学生认识了言字旁、虫字旁、折文这三个新的偏旁。

魏艳杰：我对王老师"言字旁"的教学环节印象特别深。她注意了新旧知识的衔接，引导学生回忆之前学习过的识字规律：一般带有三点水旁的字与水有关，带有草字头的字与植物有关，从而帮助学生归纳出一般言字旁的字应该与说话有关系。这正是借助偏旁表义的特点进行识字。而后教师带领学生拓展认识了"话、读、讲"这些字，达到了用一种识字方法记住一类汉字的效果。我想今后无论教学哪一课，我们都要有意识地为学生建立字旁与字义间的联系，为识记和理解字义打下坚实的基础。

常春雨：王老师借助熟字变一变，引导孩子认识了虫字旁，方法很巧妙。而折文旁的教学，教师是在"夏"和"冬"两个生字的比对中完成。同样都是偏旁的识记，但王老师的教学侧重点不同，方法得当，值得学习。

李媛：刚刚我们回顾了王老师落实偏旁教学的有效方法，其实对于汉字的识记，王老师更是煞费苦心抓住特点，因字施教。首先她借助图片观察草芽形状的特点，认识汉字"尖"，这也是一种潜移默化的字理识字。其次教师利用不同的语境帮助学生识记了"地"和"皮"这两字，"地"字重点强调了不同的语境中读音的不同。而对于"春、夏、冬"这几个汉字的识记，教师则通过出示自己拍摄的校园不同季节的图片引导学生联系生活识记汉字。

常春雨：其实我们在平时的教学中，还教给了学生很多识字方法，比如：反义词识字、韵文识字、编儿歌识字、加一加、减一减、换一换等。每一课的生字适合采用哪些方法识记，一方面需要教师根据本课生字的字形特点有针对性地指导，也要尊重学生的选择以及认知特点。比如，一年级上识字第九课中是引导学生运用会意字的方法识记汉字，但是在具体的教学过程中我们要尊重学生的选择。比如"尘"字，学生既可以用加一加的方法识记，也可以用换一换的方法，把"尖"字下面的"大"换成"土"进行识记。其实每个汉字都有着自己的特点，识记只是一种途径，我们的最终目的是让学生充分感受汉字之美，让生字教学成为文化传承、审美培养以及语言建构的根。从而提升学生语文的综合素养。

许蓓：在生活中识字对于低年级学生也是非常好用的方法，我们要引导学生做生活的有心人，从街道边的牌匾、超市的购物牌、公交车的站牌中去认识与我们生活息息相关的字，产生识记汉字的兴趣。

李佳蓉：一年级的语文教学是学生学习的起步时期，教给识字方法尤为重要。但随着年级的增长当学生进入二年级，他们已经掌握了一定的自主识字的方法，却不具备自主归类识记汉字的能力。所以教学中我结合学生已有知识经验和年龄特点，采用随文识字和集中识字相结合的方法。例如第10课《日月潭》一课15个生字中"湾、湖、绕、围、胜、纱、境"是形声字，我们可以引导学生利用形声字声旁表音、形旁表义的特点，进行集中归类识字，其余的生字可以采用随文识字的方法进行识记。学生在学习中收获的不仅仅是这十几个汉字，更是识字的兴趣和能力。

许蓓：刚刚几位老师围绕着有效落实识字教学谈了自己的研修收获，我们知道低年级的阅读教学，最核心的问题就是：识字、写字、朗读这三方面。接下来我们聚焦王老师课堂中"有效指导书写"这一教学目标的落实方法，谈谈观课感受。

佟玲：这节课对于落实写字教学目标的方法运用也十分巧妙。老师引导学生观察比较，发现书写规律，并抓住汉字的关键笔画，通过首笔定位，笔画参照的方法指导书写汉字"四"。我们可以明显地感觉到课堂中老师教学目的不只局限于会写一个字，更蕴含着引导学生关注新旧知识的衔接，写好带有国字框的一类字。

魏艳杰：的确，教师先引导学生观察生字"四"和已经会写的汉字"田"，比较它们的相似点，得出"横折内收、国字框要写得扁而宽"的字形特征。这就是潜移默化地引导学生运用已有知识，解决新知识的过程。有效指导学生书写汉字。

佟玲：其实老师还引导学生运用学过的"首笔定位，笔画参照"的方法写好本课生字。在范写之前老师首先强调第一笔竖落笔位置在左上格中间，从而确定首笔位置；接着强调第二笔横折的起笔就可以参照第一笔来写；三笔撇教师强调要过横中线；四笔竖弯的弯写在横中线上。这正是利用之前学过的横中线、竖中线确定关键笔画的位置的方法进行写字。由此，我感到学习写字也要像数学课一样，教给学生方法后，不断复习巩固，从而把学到的方法变成自己的能力。

魏艳杰：本节课我们可以清晰地感受到，教师写字指导环节层次分明，从引导学生观察比较到教师的范写指导再到学生临摹书写，然后师生评价，最后是学生复写提高。这也是我们今后写字教学要遵循的规律，特别是学生的复写提高环节绝不能省略，因为这是把评价反馈环节落到了实处的体现。

许蓓：其实语文课程就是一门学习语言文字运用的综合性、实践性的课程，所以课堂中一切知识技能的传授，最后都是在学生的实践中转化为能力和素养。王老师在课堂正是带领学生在读中品味词语的特点，在自创小诗的实践中丰富着语言的经验，润物无声地落实了"语言积累运用"的课时目标。开始老师引导学生关注"尖尖的草芽"也可以用"草芽尖尖"来表示，"圆圆的荷叶"也可以换种说法是"荷叶圆圆"那"谷穗弯弯"呢？学生在反复诵读中品味着词语的特点，初步体会到叠词可以形容事物一方面的特点，为后边学生仿说做好了铺垫。在仿说诗歌过程中教师出示一片向日葵的图片，引导学生用"葵花圆圆"或"葵花朵朵"来形容向日葵形状和数量多的特点。学生在不知不觉中学会并运用了叠词形容事物特点的方法。真正达成了语言的积累与运用的课时目标。

张卓玲：刚刚许老师就语言的积累这一课时目标的有效落实谈了自己的体会，接下来我想谈谈对本节课朗读目标落实情况的一些看法。《四季》是学生入学以来刚刚学习的第四篇课文，所以朗读的课时目标设定与落实策略的选择就显得尤为重要。

课标中每个年段对朗读的要求都有"用普通话正确、流利有感情地朗读课文"，但在表述上却有细微差别。低年段要求"学习"、中年段要求"用"、高年段则要求"能用"，可见这样一个从学习到运用到熟练掌握的过程。因此我们可以深刻地感受到第一学段朗读的重点就是鼓励学生开口读，大胆读，"学习"怎样读课文。而王老师设定的朗读目标正是教给学生如何读好这首语言亲切而富有童趣的小诗。

张颖：在本节课上，教师还运用了借助插图，联系生活实际的方法，激发了学生朗读的兴趣。在教学第三小节时，教师出示了被果实压弯的谷穗这幅插图，引导学生进行观察，学生看到这沉甸甸的谷穗就像鞠着躬一样。这时教师因势利导，引导学生联系自己的生活体验边做鞠躬的动作边体会读，学生读得高兴，读得投入。在课文的第四小节的教学中，教师出示了雪人的插图，让孩子们观察这淘气、顽皮的雪人做了一个什么动作，从而启发学生结合自己的生活实际感受到雪人的骄傲和自豪。

张卓玲：此外教师还引导学生运用联系生活，展开想象获得初步的情感体验，感受语言的优美。在教学第一小节时，老师说："你看，此时这小草象征着春天，它多骄傲、自豪、多开心呀！你能读好它吗？"老师没有说一句有感情地朗读，却在潜移默化中教给学生把自己想象成文中的人物，带着和他一样的情感读就可以把课文读好。

在引导学生朗读"我就是冬天"这句话时，王老师让学生结合自己的感受和体验去读。我们听到，课堂上有的孩子重读了"我"体现雪人的骄傲和自豪，有的学生则是把"冬天"一词重读而且语速放缓读得意味深长，表现出一篇文章即将结束了。王老师尊重学生个人体验，让他们读出自己的体会和感受，在朗读中尽情释放着自己的情感。

张颖：本节课朗读的形式也很多样。老师设计了自由读、指名读、同桌互读、表演读等多种形式，还适时地进行示范读。在示范的过程中老师把声音、语气、动作、神态等多种信息传递给学生，使学生听得到，学得着。从而使学生经历了读通顺、读熟练、读出感情到最后熟读成诵，这样一个循序渐进的过程。

从这节课上，我们看到王老师运用多种形式的朗读策略激发了学生读的兴趣。那么低年段朗读指导应该达到什么程度，这也是我存在的一个困惑。

许蓓：刚刚团队教师结合《四季》一课交流了"有效落实低年级阅读教学课时目标"的四个具体方法，并且提出了教学中自己存在的几方面困惑。那"有效落实中年段、高年段阅读教学的课时目标"又有哪些具体的方法呢？这是我校语文团队接下来研修的方向。

都说学无止境，研修亦是如此，虽然今天的汇报交流即将结束，但我们的语文团队的校本研修会一直在路上。相信在市、区语文教研员的专业引领与助力中，我们的教师在专业成长的路上一定能且行且思且成长！